新编21世纪高等职业教育精品教材

智慧财经系列

管理会计

（第三版）

主　审◎赵峰松

主　编◎徐　艳　张俊清

副主编◎吴　奕　郭红秋　郭悦娥

费琳琪　沈淑荣　范晓娟

中国人民大学出版社

·北京·

图书在版编目（CIP）数据

管理会计/徐艳，张俊清主编．--3版．--北京：中国人民大学出版社，2025.1.--（新编21世纪高等职业教育精品教材）．-- ISBN 978-7-300-33213-0

Ⅰ．F234.3

中国国家版本馆CIP数据核字第2024BK0161号

新编21世纪高等职业教育精品教材·智慧财经系列

管理会计（第三版）

主　审　赵峰松

主　编　徐　艳　张俊清

副主编　吴　奕　郭红秋　郭悦娥

　　　　费琳琪　沈淑荣　范晓娟

Guanli Kuaiji

出版发行	中国人民大学出版社		
社　　址	北京中关村大街31号	**邮政编码**	100080
电　　话	010－62511242（总编室）		010－62511770（质管部）
	010－82501766（邮购部）		010－62514148（门市部）
	010－62515195（发行公司）		010－62515275（盗版举报）
网　　址	http://www.crup.com.cn		
经　　销	新华书店		
印　　刷	北京七色印务有限公司	**版　　次**	2017年1月第1版
开　　本	787 mm×1092 mm　1/16		2025年1月第3版
印　　张	16.75	**印　　次**	2025年1月第1次印刷
字　　数	400 000	**定　　价**	49.00元

前　言

教育、科技、人才是全面建设社会主义现代化国家的基础性、战略性支撑。教材是学校教育教学的主要依据，是立德树人的重要载体。本书深刻领会党的二十大报告深化教育领域综合改革，加强教材建设和管理，完善学校管理和教育评价体系的理念。本书的编写从高职高专教育理念和财经类专业的人才培养目标出发，以职业技术能力的培养为基点，融基本知识和案例分析为一体，突出技能实训。同时，力求深入浅出，以简单明了的案例分析说明问题，从而强化管理会计的实践性，突出针对性、实践性和可操作性等特点，重视理论联系实际，侧重于管理会计的实务操作技能的讲授。本书以习近平新时代中国特色社会主义思想为指导，全面融入党的二十大精神，始终把提高学生的思想道德素质与专业素养融为一体，培养学生诚实守信、爱岗敬业等优秀品质，为中国式现代化建设提供高技能人才支撑。本书注重培养学生发现问题、分析问题、解决问题的综合分析能力和决策分析能力。

本书以会计信息为基础，注重企业内部管理决策，侧重对经济行为的预测、决策、计划、控制、评价的阐述。本书分为四篇十一个模块，分别为：模块一管理会计概述；模块二成本性态分析；模块三变动成本法；模块四本量利分析；模块五预测的分析与应用；模块六短期经营决策的分析与应用；模块七长期投资决策的分析与应用；模块八全面预算；模块九成本控制；模块十责任会计；模块十一管理会计的岗位分析应用。各模块开篇安排“学习目标”“引例”，作为导读提示；各模块结束配有“案例分析”“技能训练”，用以归纳、练习、巩固所学知识。本书提供配套的教学资源包，包含教学课件PPT、备课教案、课程标准、习题答案等内容，方便学生自学与教师授课参考应用。

本书可作为高职高专财经类专业的教材，也可供企业财会人员、管理人员阅读。

本书的特色体现有：

1. 内容新颖，课程体系设计合理。本书广泛汲取了中西方管理会计学科的理论、方法与经验，内容新颖，重点突出，结构清晰，语言流畅，通俗易懂，图文并茂，并注重理论联系实际。

2. 目的明确。精选和提炼企业经济活动的常规业务，注重会计理论与方法的实用性和适用性，立足于素质教育，启发思维，开阔视野，提高技能。

3. 深浅适度。对内容的论述力求做到深入浅出，通俗易懂，既适合教师讲授，也便于学生自学。

4. 结合了辽宁省高职组会计技能大赛管理会计竞赛环节的设计要求，有很好的应用性。

本书由辽宁农业职业技术学院的老师组织编写，徐艳和张俊清担任主编，吴奕、郭红秋、郭悦娥、费琳琪、沈淑荣、范晓娟担任副主编。具体编写分工如下：吴奕、费琳琪编写模块一、二、三、九；张俊清、郭悦娥、王健编写模块五、六、七；郭红秋编写模块四、八、十；徐艳、范晓娟、沈淑荣、信钰编写模块十一。全书由徐艳进行修改和统稿。

由于编者水平所限，书中难免存在缺点和错误，不妥之处恳请同行和读者批评指正。

编者

目　录

第一篇　管理会计基础

模块一　管理会计概述 …… 003

任务一　管理会计的含义 …… 004
任务二　管理会计的职能 …… 005
任务三　管理会计与财务会计的关系 …… 007
任务四　管理会计的内容体系 …… 010
任务五　管理会计的形成与发展趋势 …… 011

模块二　成本性态分析 …… 016

任务一　成本及其分类 …… 017
任务二　成本性态及其分类 …… 018
任务三　混合成本的分解 …… 022

模块三　变动成本法 …… 030

任务一　变动成本法认知 …… 031
任务二　变动成本法与完全成本法的利润差额分析 …… 036
任务三　变动成本法的优缺点及应用 …… 039

模块四　本量利分析 …… 043

任务一　本量利分析认知 …… 044
任务二　单一品种的本量利分析 …… 046
任务三　多品种的本量利分析 …… 050
任务四　经营安全分析 …… 056

第二篇　预测与决策会计

模块五　预测的分析与应用 …… 063

任务一　预测的认知 …… 064
任务二　销售预测的分析与应用 …… 066
任务三　利润预测的分析与应用 …… 074
任务四　成本预测的分析与应用 …… 078
任务五　资金需要量预测的分析与应用 …… 084

模块六　短期经营决策的分析与应用 …… 094

任务一　决策的认知 …… 095
任务二　短期经营决策的分析认知 …… 098
任务三　生产决策的分析与应用 …… 107
任务四　定价决策的分析与应用 …… 117

模块七　长期投资决策的分析与应用 …… 122

任务一　长期投资决策的分析认知 …… 123
任务二　长期投资决策评价指标 …… 133
任务三　固定资产更新决策的应用 …… 143

第三篇　规划与控制会计

模块八　全面预算 …… 151

任务一　全面预算认知 …… 152
任务二　全面预算编制的方法 …… 154
任务三　全面预算的编制 …… 165

模块九　成本控制 …… 184

任务一　成本控制认知 …… 185
任务二　标准成本及其制定 …… 187
任务三　成本差异的计算与分析 …… 195

模块十 责任会计 …… 207

任务一 责任会计认知 …… 208
任务二 责任中心的划分 …… 210
任务三 内部转移价格 …… 216

第四篇 管理会计综合应用

模块十一 管理会计的岗位分析应用 …… 225

任务一 资金管理岗位分析应用 …… 226
任务二 成本管理岗位分析应用 …… 239
任务三 营运管理岗位分析应用 …… 244
任务四 绩效管理岗位分析应用 …… 249

参考文献 …… 259

第一篇

管理会计基础

模块一

管理会计概述

学习目标

知识目标

- 掌握管理会计的含义、职能与内容体系
- 熟悉管理会计与财务会计的联系和区别
- 了解管理会计的形成与发展趋势

技能目标

- 能够判断管理会计活动的范畴
- 能够理解管理会计的各种职能
- 能够区分管理会计与财务会计

引 例

海明公司的竞标为什么失败?

海明公司是一家专业生产灯具的企业，最近公司接到了一份特制灯具的投标邀请函，订单价值约2亿元。总经理立刻召集各部门的负责人开会，要求各部门快速准确地上报此订单的生产成本、追加成本及其他相关成本。同时，总经理要求财务主管提前做好产品成本核算，力争投标成功。经过两个月的充分准备，最终的结果却是海明公司投标失败，原因是产品成本预算过高，无法和竞争对手进行压价竞标。

请 分 析：此次竞标失败反映了海明公司在哪些方面存在问题?

分析提示：预算是企业管理会计的工作内容之一。

任务一 管理会计的含义

任务描述

企业的管理活动需要会计人员提供支撑性数据和相应信息，财务会计人员通过记录与核算提供财务信息，而管理会计人员则利用财务与非财务信息为企业管理者的预测、决策、规划等活动提供信息支持。

思考：什么是管理会计？

任务目标

掌握管理会计的含义，明确管理会计的工作主体、奋斗目标、对象、手段和本质，了解管理会计的地位。

相关知识

一 管理会计的定义

管理会计是指在当代市场经济条件下，以强化企业内部经营管理、实现利润最大化为目的，通过对财务信息和非财务信息的加工及处理，帮助企业管理层完成经营过程中的预测、决策、规划、控制和考核评价等活动的一个会计分支。

根据管理会计的含义，管理会计的工作主体是当代市场经济条件下的现代企业；管理会计的奋斗目标是确保企业实现利润最大化；管理会计的对象是企业的经营活动；管理会计的手段是对财务和非财务信息的加工及处理；管理会计的本质是企业管理的重要组成部分，并且是侧重于在现代企业内部经营管理中直接发挥作用的会计，因而又被称为“内部经营管理会计”，简称“内部会计”。

二 管理会计的地位

企业在日益激烈的竞争环境下谋求生存和发展，需要依赖客户的信任与支持。因此，企业必须足够了解产品特征和市场动态，不断完善产品的制造、设计和销售等环节。为保证这一目标的实现，企业的管理会计人员应该为管理者提供有效的决策信息，帮助企业扩大市场份额，取得竞争优势。管理会计在企业中的地位主要表现在以下两个方面。

（一）管理会计提供有效的决策信息，保障企业获得核心竞争力

日趋激烈的全球性竞争以及信息化财务管理时代的到来，对中国企业的科学决策和国际化经营管理提出了全新的要求，加快企业转型升级，提高企业科学决策水平已迫在眉睫。利用先进、科学的管理会计知识和方法，对相关信息进行过滤、整合、分析、研究，可以为企业提高科学决策水平提供有效的支撑。管理会计涵盖了企业的管理决策、设计规划与绩效管理系统，管理会计人员可利用其在财务报告与控制方面的专业技能帮助管理者制定及实施组织战略，为企业各级决策者提供强有力的决策支持，从而保障企业获得核心竞争力。

（二）管理会计活动贯穿于整个企业，创造巨大的价值

管理会计活动遍布于企业的生产、研发、设计、基本建设、营销等部门，能够为各个价值创造部门提供财务信息和特定的非财务信息、可量化信息和非量化信息、实际信息和预测信息、内部信息和外部信息、有形信息和无形信息等。管理会计人员借助多种方法将这些从不同的渠道取得的信息进行加工处理，使之为企业的预测、决策、规划、控制等环节服务，力求为企业创造尽可能多的价值。

思考与分析：

管理会计人员的主要工作是什么？

任务二 管理会计的职能

任务描述

管理会计活动贯穿于企业经营的全过程，通过运用一系列可行的方法为企业内部管理者提供决策信息，最终实现企业利润最大化的经营目标。在此过程中，管理会计人员从事的主要工作和完成的主要任务即体现了管理会计的职能。

思考：管理会计的职能有哪些？

任务目标

了解管理会计的组织；掌握管理会计的职能，明确各职能的具体含义。

相关知识

一 管理会计的组织

（一）管理会计人员

现代企业越来越注重企业运营的高效性，逐渐意识到管理会计的重要性，也因此开始引进管理会计人员。现代管理会计是一种跨学科、综合性强、融合生产管理和信息技术等新知识并且不断发展的管理技术。为满足管理会计的工作要求，企业应当配备合格的管理会计人员。美国管理会计师协会认为，一名成功的管理会计人员应当具有良好的教育背景和丰富的知识体系，并且应该展现出色的个人能力，包括沟通能力、数学分析能力、计算机操作能力和团队协作能力。

（二）管理会计人员的职业道德

管理会计人员在从事管理会计工作时，必须遵守如下职业道德：能力、保密、正直、客观。

1. 能力

（1）通过持续学习知识和技术，保持合适的职业竞争力。

（2）按照有关的法律规定和技术标准，执行职业任务。

（3）提供准确、清楚、简洁和及时的决策支持信息和建议。

（4）识别和沟通妨碍负责判断或者成功开展活动的职业限制或者其他约束。

2. 保密

（1）除了授权或法律要求之外，禁止披露工作中的机密信息。

（2）告知有关方面或人员正确使用工作过程中获得的机密信息，监管下属行为，确保信息的机密性。

（3）禁止违反职业道德或者法律使用机密信息。

3. 正直

（1）避免潜在或明显的利益冲突，告知任何可能的当事人避免发生潜在的利益冲突。

（2）禁止从事任何可能损害职业道德的活动。

（3）禁止从事或者支持损害职业的活动。

4. 客观

（1）公平客观地传递信息。

（2）充分披露影响使用者理解和分析报告的所有相关信息。

（3）按照组织政策和适用法律，及时披露信息。

二 管理会计的职能

某一事物的职能是客观存在于其内部的固有功能或属性。管理会计的职能是指管理会计人员在企业经营活动中从事的主要工作和完成的主要任务。作为现代企业管理重要组成部分的管理会计，其职能必然受到企业管理职能的约束。目前人们对企业管理的职能尚未形成统一的认识，但多数学者形成了企业管理具有五项职能的观点，即企业管理具有预测、决策、规划、控制和考核评价职能。根据该观点，管理会计的主要职能可以概括为五个方面：预测经营前景、参与经营决策、规划经营目标、控制经营过程和考核评价经营业绩。

（一）预测经营前景

预测是指采用科学的方法预计和推测客观事物的未来发展趋势。管理会计发挥预测经营前景的职能，即按照企业未来的总目标和经营方针，充分考虑经济规律的作用和经济条件的约束，选择合理的量化模型，有目的地预计和推测企业未来的销售、利润、成本及资金的变动趋势，为企业经营决策提供信息支持。

（二）参与经营决策

决策是在充分考虑各种可能的前提下，按照客观规律的要求，通过一定程序对未来实施的方向、目标、原则和方法做出决定的过程。决策是企业经营管理的核心，也是各部门管理人员的主要工作。管理会计发挥参与经营决策职能，主要体现在根据企业决策目标收集和整理相关信息资料，选择科学的方法计算有关长短期决策方案的评价指标，据以做出正确的财务评价，最终筛选出最优方案。

（三）规划经营目标

管理会计通过编制各种计划和预算实现规划经营目标的职能。在最终决策方案的基础上，将事先确定的有关经济目标分解落实到各有关预算中去，从而合理有效地组织协调供、产、销及人、财、物之间的关系，并为控制和考核评价创造条件。

（四）控制经营过程

管理会计发挥控制经营过程的职能，即在经营过程中将事前控制和事中控制有机结合，通过事前确定科学可行的各种标准，对执行过程中实际与计划发生的偏差进行原因分析，并及时采取措施进行调整，改进工作，确保经济活动的正常进行。

（五）考核评价经营业绩

管理会计通过建立责任会计制度实现考核评价经营业绩的职能。在各部门、各成员明确各自职责的前提下，逐级考核责任指标的执行情况，找出成绩与不足，从而为奖惩制度的实施和未来工作改进措施的形成提供必要的依据。

综上，管理会计的职能可以概括为分析过去、控制现在、筹划未来。管理会计各职能之间并不是相互独立的，而是相互联系、相互渗透的，在实践中综合发挥作用。

任务三　管理会计与财务会计的关系

任务描述

会计是一个信息系统，财务会计和管理会计是现代企业会计的两大重要领域。财务会计主要通过日常记录与核算为企业外部利益相关者提供财务信息，管理会计主要通过处理财务和非财务信息为企业内部管理者提供相关资料。

思考：管理会计与财务会计的联系和区别有哪些？

任务目标

熟悉管理会计和财务会计的联系和区别。

相关知识

管理会计从传统会计中分离出来以后，产生了管理会计与财务会计两大分支。财务会计主要通过日常的业务记录、登记账簿，定期编制财务报表，向企业外部利益相关者反映企业的财务状况、经营成果和现金流量情况。管理会计主要是为企业内部经营管理服务，通过提供相关的财务信息与非财务信息，为企业管理层预测、决策、规划、控制和考核评价提供有价值的资料。所以，管理会计与财务会计之间既有联系又有区别。

一 管理会计与财务会计的联系

（一）同属于现代会计

在逻辑关系上，管理会计产生之前，没有财务会计的概念。直到管理会计从传统会计中分离出来之后，才有了管理会计与财务会计两大概念。在结构关系上，管理会计与财务会计都源于同一母体，同属于现代会计，共同构成了现代企业会计系统的有机整体。两者相互依存、相互制约、相互补充。

（二）最终目标一致

管理会计和财务会计的工作主体相同，都是当代市场经济条件下的现代企业，两者都必须服从现代企业会计的总体要求，共同为企业实现管理目标服务。因此，管理会计和财务会计的最终奋斗目标一致，都是为了帮助企业实现利润最大化。

（三）互享部分信息

管理会计的主要工作内容是对财务会计信息进行深加工和处理，因而受到财务会计工作质量的约束。同时，财务会计也利用部分管理会计信息完善财务会计报告，为企业的信息使用者提供全面、完整、准确的相关信息。

二 管理会计与财务会计的区别

（一）服务对象不同

管理会计主要以企业内部管理者为服务对象，工作主体可分为多个层次，既可以是整个企业（如投资中心、利润中心），又可以是企业内部某个部门（如成本中心、费用中心）或某个岗位。而财务会计以企业外部信息相关者为服务对象，其工作主体往往只有一个层次，即以整个企业为工作主体。

（二）作用时效不同

管理会计不仅分析过去和控制现在，还能够利用现有资料预测和规划未来，即横跨过去、现在和未来三个时态，实质上属于算“活账”的“经营型会计”。而财务会计主要是反映过去，即反映过去实际已经发生的经济业务，实质上属于算“呆账”的“报账型会计”。

（三）遵循的原则不同

管理会计不完全受限于“公认的会计原则”，在实际工作中可灵活运用相关的现代管理理论作为指导原则。而财务会计必须严格遵守“公认的会计原则”，以保证财务信息的纵向一致性和横向可比性。

（四）工作程序不同

管理会计工作的程序性较差，没有固定的工作程序可以遵循，企业可以根据实际情况自行设计工作程序，这必然导致不同企业的管理会计工作存在较大的差异。而财务会计从凭证转换到登记账簿，直至编报财务报告，都必须遵循既定的工作程序，通常不得随意变更工作内容或颠倒工作顺序。因此财务会计工作具有一定的强制性和程序性。

（五）方法体系不同

管理会计可根据实际需要灵活选择适当的方法对不同问题进行分析，在处理过程中往往大量运用现代数学方法。而财务会计的方法比较稳定，核算时常常只需要运用简单的算术方法。

（六）信息特征及信息载体不同

管理会计所提供的信息往往是满足内部管理要求的有选择的、部分的和不定期的管理信息。这些信息既包括定量资料，又包括定性资料，其计量单位既可以使用货币单位，又可以选择实物量单位、时间量单位。其中，凡涉及未来的信息不要求过于精确，只要求满足及时性和相关性。管理会计主要是对内提供信息，故信息载体大多是没有统一格式的各种内部报告，并且对这些报告的种类也没有统一规定。

而财务会计需要定期向企业的利益相关者提供全面的、系统的、连续的和综合的财务信息。这些信息主要是以价值尺度反映的定量资料，具有真实性和准确性。财务会计主要是对外提供信息，故信息载体是具有统一格式的凭证系统、账簿系统和报表系统，并且对财务报告的种类往往有统一的规定。

（七）体系的完善程度不同

目前管理会计体系尚不健全，仍处于继续发展和不断完善的过程中，缺乏统一性和规范性。而财务会计体系目前已经发展到相对成熟和稳定的地步，形成了通用的会计规范和统一的会计模式，因此具有统一性和规范性。

（八）对会计人员素质的要求不同

由于管理会计的方法灵活多样，也不受限于固定的工作程序，体系缺乏统一性和规范性，这就决定了管理会计的水平很大程度上取决于会计人员素质的高低。同时，管理会计涉及的内容比较复杂，需要考虑的因素较多，所以要求管理会计人员具有一定的专业知识储备量和较强的分析能力。由此可见，管理会计对会计人员素质的要求较高。

财务会计体系相对成熟和稳定，具有统一性和规范性，工作效率的高低主要取决于工作熟练程度，所以相比之下，对财务会计人员素质的要求不如对管理会计人员素质的要求高。

任务四 管理会计的内容体系

任务描述

管理会计的内容与其职能相对应，包括预测分析、决策分析、全面预算、成本控制和责任会计等。通过对这些内容进行划分和组合，构成了现代管理会计的内容体系。

思考：管理会计的内容体系包括哪几部分？

任务目标

了解管理会计的原则，掌握管理会计的内容体系。

相关知识

一 管理会计的原则

管理会计的原则是为保证管理会计信息符合一定质量标准而确定的一系列工作规范的统称，是对管理会计工作提出的要求，具备广泛的适用性及指导作用。

（一）相关性原则

管理会计的基本职能是为企业内部管理提供决策所需信息。"相关性"是评价管理会计信息质量的首要标准。在生产技术日益发展、经营环境日趋不确定的情形下，要确保管理会计信息的相关性存在巨大的挑战。针对新的经济环境，管理会计研究者提出权变管理会计模式，根据当前精益化的制造模式、扁平化的组织架构与全球化的经济环境，开发出新的管理会计技术与信息系统，以确保管理会计信息的相关性。此外，除了传统的成本信息，管理会计系统还应当提供关于组织外部的环境与社会信息、竞争者信息以及顾客与市场等非财务战略信息，以满足组织战略决策的信息需求。

（二）最优化原则

管理会计作为组织经营与信息管理的汇集中心，既关注生产经营效率，又关注财务资本的有效使用，因此能够将经营与财务有效整合在一起，并通过提供相关、可靠的信息对组织的管理与决策产生影响力。管理会计根据具体的管理目标，按照优化设计的要求，认真收集、筛选、加工和处理信息，为决策者提供科学有效的最优信息。

（三）效益性原则

管理会计参与组织价值创造的前提是充分理解组织的战略目标与商业模式，在各项决策过程中应坚持成本-效益原则，即所决策项目取得的效益应大于该项目所发生的成本，能够为决策主体带来净效益，从而提高组织绩效、实现组织战略目标。

（四）重要性原则

重要性是指管理会计信息必须具有充分反映性和重要性，即管理会计在进行信息处理时，应从质和量两方面判断重要性，突出重点，分清主次，抓住主要矛盾。对经济活动有重大影响的因素认真对待，采取重点处理的方法；对经济活动影响不大的因素可简化处理，合并反映。

二　管理会计的基本内容

现代管理会计将其内容体系划分为四部分：管理会计基础、预测决策会计、规划控制会计和责任会计。

（一）管理会计基础

管理会计基础是指管理会计的基本理论、基本原理和基本方法，主要包括成本性态分析、变动成本法、本量利分析等。这些理论基础为企业管理层预测、决策、规划、控制和考核评价提供了科学依据，帮助企业提高经营管理水平和经济效益。

（二）预测决策会计

预测决策会计包括预测分析、短期经营决策、长期投资决策等内容，侧重于发挥预测经营前景和参与经营决策的职能。预测决策会计处于现代管理会计的核心地位，同时又是现代管理会计形成的关键标志之一。

（三）规划控制会计

规划控制会计包括全面预算、成本控制等内容，是在企业经营方针和决策目标确定的前提下，对日常经营活动进行规划和控制，以确保决策目标顺利实现。

（四）责任会计

责任会计是在分权管理思想指导下，划分企业内部各管理层次的相应职责、权限及所承担义务的范围和内容，通过考核评价各有关方面履行责任的情况，反映其真实业绩，并据以进行奖惩，从而调动企业全体员工的积极性。

任务五　管理会计的形成与发展趋势

任务描述

会计和管理都不是从来就有的，它们都是社会生产力发展到一定阶段的产物，并随着社会生产力的发展而不断发展。同时，伴随着社会历史条件的变化，尤其是商品经济的高度繁荣，人们对经济管理提出新的要求，管理会计也随之产生与发展起来。

思考： 管理会计是如何发展的？

任务目标

了解管理会计的形成与发展趋势。

相关知识

管理会计是社会化大生产和科学管理的必然产物，经历了由简单到复杂、由低级到高级的发展阶段。管理会计的实践最初萌芽于19世纪末20世纪初，形成和发展于第二次世界大战后，并于20世纪70年代后在世界范围内得到迅速发展。

一 管理会计的形成与发展阶段

（一）管理会计的初步形成

19世纪末20世纪初，随着社会生产力水平的提高和商品经济的高度繁荣，传统的管理方式由于无法克服企业粗放经营、资源浪费严重、基层生产效率低下等弊端，产生了同大机器工业生产越来越显著的矛盾，于是，适应时代发展和管理需要的科学管理应运而生。在泰罗的科学管理理论指导下，企业管理实践中先后应用了标准工时定额、差别工资制和预算管理等一系列标准化、制度化的科学方法，大大节约了劳动时间，提高了工作效率，增强了岗位责任，促进了生产发展。

伴随着企业管理方式的变革，传统会计的事后反映职能开始受到冲击和挑战。为了促进经营目标的实现，会计开始由近代会计向现代会计转变，原始的管理会计初见端倪。20世纪初，美国企业会计实务中开始出现“标准成本计算制度”、“差异分析制度”和“预算控制”，这标志着管理会计的初步形成。

（二）管理会计的迅速发展

第二次世界大战以后，技术革命迅速推动社会生产力的进步。机械化程度越来越高，生产规模越来越大，市场竞争越来越激烈，经济危机频繁发生。在这种新形势下，泰罗的科学管理理论已无法应对瞬息万变的市场环境，企业开始寻求更科学合理的内部管理。企业实践经历了从生产型管理模式到经营决策型管理模式的转变，实现了以生产为中心到以开发市场、调动各方面积极性、取得最大经济效益为中心的角色变换，进入市场经济条件下的良性循环，也因此跨入现代经济管理的新阶段。

为适应现代经济管理的要求，管理会计完善发展了规划控制会计的理论与实践，同时逐步充实了预测决策会计和责任会计等内容。不仅管理会计的内容得到了扩充，其应用范围也日益扩大，逐渐受到学术界和实务界的重视，并且一些国家相继成立了专业的管理会计组织，这标志着现代管理会计进入了成熟期。

思考与分析：

泰罗的科学管理理论的主要内容是什么？

二　管理会计的发展趋势

当前知识经济时代下，环境复杂多变，越来越多的国家加大了应用和推广管理会计的力度，管理会计的内容有了新的发展，并被迅速投入到企业的管理实践中。与社会经济发展趋势相适应，管理会计开始重视创造性思维，确定了人力资源的重要地位，从单纯的价值增值观转向应对外界变化的战略管理观，其发展趋势逐渐呈现出系统化、规范化、职业化、社会化和国际化。

案例分析

本模块引例中海明公司的竞标失败反映了其管理会计人才的缺乏，因为编制预算是管理会计人员工作内容的一部分。管理会计人员通过编制各种计划和预算，在最终决策方案的基础上，将事先确定的经营目标分解落实到各有关预算中去，合理有效地组织协调企业供、产、销和人、财、物之间的关系，并为控制和考核评价创造条件，从而完成规划经营目标的职能。

引例中的海明公司迫切需要引进具备管理会计工作能力的人才，让其正确、科学地参与到企业管理中，协助管理者创造更多的企业价值。在竞标活动中，总经理应该让管理会计人员事先做好订单的预算成本，包括生产成本、追加成本和其他相关成本，完成其管理会计工作中的规划职能，进而在激烈的市场竞争中灵活应变，取得成功。

技能训练

一、单项选择题

1. 管理会计的服务对象侧重于（　　）。

A. 投资者　　B. 债权人　　C. 企业管理人员　　D. 政府

2. 现代管理会计的核心是（　　）。

A. 决策控制　　B. 预算控制　　C. 业绩计量　　D. 成本核算

3. 现代会计中两个并列的重要领域是（　　）。

A. 管理会计与决策会计　　B. 财务会计与责任会计

C. 财务会计与管理会计　　D. 决策会计与责任会计

4. 管理会计对企业的经济活动进行规划和控制，主要利用（　　）。

A. 财务会计信息　　B. 业务信息

C. 计划信息　　D. 统计信息

5. 以下关于管理会计的说法错误的是（　　）。

A. 具有预测、决策、规划、控制和考核评价的基本职能

B. 与财务会计既有联系又有区别

C. 提供有选择的、部分的和不定期的管理信息

D. 必须严格遵守“公认的会计原则”

二、多项选择题

1. 管理会计的内容体系包括（　　）。

A. 管理会计基础　　B. 预测决策会计

C. 规划控制会计　　D. 责任会计

2. 现代管理会计的主要特点是（　　）。

A. 侧重于为企业内部的经营管理服务

B. 方式方法更为灵活多样

C. 面向未来

D. 广泛应用数学方法

3. 管理会计与财务会计的联系体现在（　　）。

A. 同属于现代会计　　B. 最终目标一致

C. 服务对象相同　　D. 互享部分信息

4. 管理会计的会计主体可以是（　　）。

A. 整个企业　　B. 销售部门

C. 生产车间　　D. 企业的主管部门

5. 以下关于管理会计的描述正确的是（　　）。

A. 管理会计在执行内部管理职能时，只能利用财务会计提供的资料

B. 管理会计的信息计量可以把货币性计量与非货币性计量相结合

C. 管理会计实质上属于“报账型会计”

D. 管理会计以企业内部管理者为服务对象

三、判断题

1. 管理会计的最终目标是提高企业的经济效益。（　　）

2. 管理会计侧重于为投资者服务。（　　）

3. 管理会计是随着经济的发展而产生和发展的。（　　）

4. 管理会计的核算程序比较固定，有强制性。（　　）

5. 管理会计实质上属于经营型会计。（　　）

6. 管理会计提供系统的、连续的、综合的财务信息。（　　）

7. 管理会计与财务会计相互依存、相互制约、相互补充。(　　)
8. 管理会计的基本职能是预测、决策、规划、控制和考核评价。(　　)
9. 管理会计必须严格遵守“公认的会计原则”。(　　)
10. 管理会计与财务会计同属于现代企业会计。(　　)

技能训练参考答案

模块二

成本性态分析

学习目标

知识目标

- 掌握成本的含义和分类、成本性态的含义和特征
- 熟悉高低点法、散布图法和回归直线法
- 了解直接分析法、技术测定法

技能目标

- 能运用成本性态的特征鉴别固定成本和变动成本
- 能进行混合成本的分解
- 能建立成本性态模型

引例

明达公司实习生的困惑

明达公司是一家专业生产汽车零部件的企业，主要生产汽车燃油箱和汽车发电机。最近公司来了一位实习生小李，他被安排在生产车间学习基本的操作流程。经过一段时间的学习，小李发现生产过程中所需的原材料有采购不合理的现象，导致有些原材料供过于求，而有些原材料供不应求，最终影响生产车间的生产进度。为了确定合理的采购品种、数量和相关成本，小李向会计部门借阅了最近一年的财务数据资料。通过对产品成本项目的分析，他发现随着产成品产量的增加，有些成本项目是固定不变的，有些成本项目是正比例上升的，而有些成本项目是有所上升但却没有规律可循的。他还发现，完工产品总成本是上升的，而单位产品成本随着产量的上升却出现了下降。小李对此倍感困惑，不知道其中的原因。

请 分 析：小李的困惑反映了隐藏在财务数据中的什么原理？

分析提示：管理会计中将成本按其性态分类可分为固定成本、变动成本和混合成本。

任务一 成本及其分类

任务描述

企业为了实现经营目标，在预测、决策、规划、控制和考核评价等各个环节，都必须对成本进行认真分析与研究，掌握成本的含义和分类。

思考：什么是成本？财务会计中的成本与管理会计中的成本含义有何不同？成本的分类有哪些？

任务目标

掌握成本的含义和分类，明确财务会计中成本概念与管理会计中成本概念的区别。

相关知识

一 成本的含义

财务会计学认为，成本是在一定条件下，企业为生产一定产品所发生的各种耗费的货币表现。管理会计学则认为，成本是企业在生产经营过程中对象化的，以货币表现的，为达到一定目的而应当或可能发生的各种经济资源的价值牺牲或代价。

显然，管理会计中对成本的定义特别重视成本的目的性与发生的必要性，而对成本发生的时态没有做严格的规定。在管理会计的范畴中，成本的时态可以是过去时、现在完成时或者将来时。因此，相对于财务会计，管理会计对成本的研究更广泛，从而能够更好地发挥预测、决策、规划、控制和责任考核评价等职能。

二 成本的分类

在实际工作中，为了适应企业不同经营管理的需要，成本可以从不同角度按照不同的标准进行分类。

（一）成本按经济用途分类

在财务会计中，为了正确确定产品生产过程中的实际耗费和计算损益，将成本按照经济用途（或称经济职能）分类，分为生产成本和非生产成本。

（二）成本按可归属性分类

成本按其对产品的可归属性可以分为直接成本和间接成本两大类。

（三）成本按可盘存性分类

成本的可盘存性是指一定期间内发生的成本是否计入产品成本，并作为资产结转下期。成本按可盘存性可以分为可盘存成本和不可盘存成本两类。

（四）成本按实际发生的时态分类

成本按实际发生的时态可以分为历史成本和未来成本两类。

成本分类的详细阐述

（五）成本按可控性分类

成本的可控性是指某特定单位对其成本的发生是否可以在事先预计并落实责任、在事中加以影响以及在事后进行考核的性质。成本按可控性分类是以一个特定单位和一个特定时期为基础的，具体可以分为可控成本和不可控成本两类。

（六）成本按相关性分类

成本的相关性是指成本的发生与特定决策方案是否有关的性质。成本按相关性可以分为相关成本和无关成本两类。

思考与分析：

管理会计学中最重要的一种成本分类是什么？

任务二 成本性态及其分类

任务描述

管理会计的主要目标是运用一系列可行的方法为企业内部管理者提供决策信息，其中最受关注的是成本信息。由于管理活动多种多样，成本类别和成本术语种类繁多，因此为了优化企业管理、提高经济效益，要求掌握管理会计中最重要的成本分类，即按成本性态进行分类，这也是管理会计其他内容的重要前提。

思考：什么是成本性态？管理会计中将成本按其性态如何分类？各类别的含义与特征是什么？

任务目标

掌握成本性态的含义与分类，明确固定成本、变动成本、混合成本的含义、特征、分类。

相关知识

一　成本性态的含义

成本性态，又称成本习性，是指在一定条件下，成本总额与特定业务量之间的依存关系。从成本性态的角度认识成本，可以揭示成本与业务量之间的内在联系，从而在数量上具体分析产品成本与生产能力之间的规律性联系。将成本按其性态进行分类，便于企业事前控制成本并进一步挖掘内在潜力，可以达到增产节约、增收节支的目的。因此，按成本性态分类是管理会计学对成本最重要的分类，也是管理会计学其他内容的重要前提。

二　成本按其性态的分类

成本按其性态可分为固定成本、变动成本和混合成本三大类。

（一）固定成本

1. 固定成本的含义

固定成本是指在一定时期和一定业务量范围内，其总额不随业务量的增减变动而变动的成本。如按直线法计提的固定资产折旧费、管理人员的工资、广告费、机器设备租金等。

2. 固定成本的特征

固定成本具体有两个特征：

（1）固定成本总额的不变性。即在一定时期和一定业务量范围内，固定成本总额不受业务量变动的影响，保持固定不变。固定成本总额性态模型为 $y=a$，如图 2－1 所示。

（2）单位固定成本的反比例变动性。即在一定时期和一定业务量范围内，单位固定成本随业务量的变动成反比例变动。单位固定成本性态模型为 $y=\frac{a}{x}$，如图 2－2 所示。

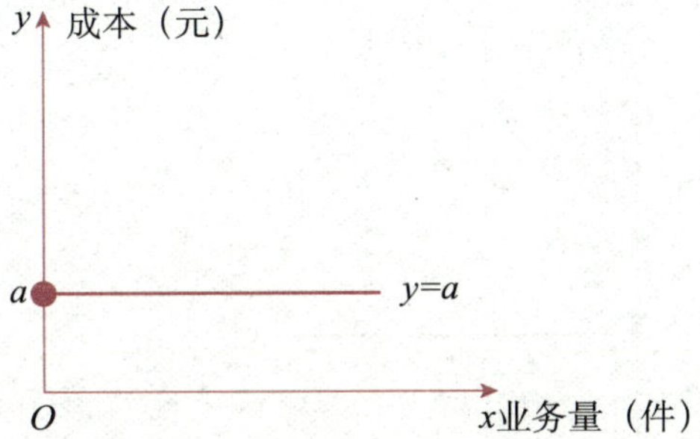

图 2－1　固定成本总额性态模型

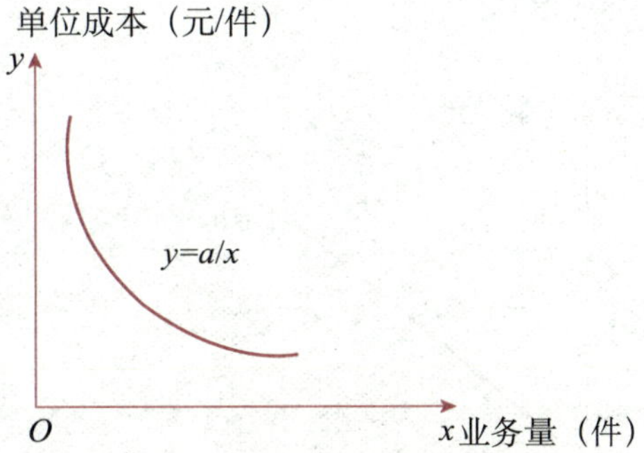

图 2－2　单位固定成本性态模型

3. 固定成本的分类

固定成本按其是否受企业管理层短期决策行为的影响，又可进一步细分为约束性固定成本和酌量性固定成本。正确区分这两类成本，可以帮助企业寻求降低固定成本的正确途径。

（1）约束性固定成本，又称经营能力成本，是指一定时期内，企业根据生产经营能力确定的固定成本总额，一般不受管理层短期决策行为的影响。这类固定成本包括厂房和机器设备的折旧费、不动产税、保险费、管理人员的工资等。由于企业的生产经营能力一旦形成，短期内通常难以改变，因此据此确定的固定成本具有较大的约束性。在实际管理中控制该类固定成本，不能采用降低成本总额的措施，而应充分合理地利用企业的生产经营能力，提高产品产量，相对降低单位产品负担的固定成本。

（2）酌量性固定成本，又称可调整固定成本，是指管理层的短期决策行为可以在不同时期改变其数额的固定成本。这类固定成本包括广告费、新产品开发费、职工培训费、经营性租赁费等。该类成本在一定的预算执行期内固定不变，与当期业务量无关，但在编制下期预算时可由管理层根据企业的实际需要和财务负担能力进行调整。在实际管理中控制该类固定成本的方法是，在不影响生产经营的前提下，尽量减少其支出总额，不断提高企业经济效益。

（二）变动成本

1. 变动成本的含义

变动成本是指在一定时期和一定业务量范围内，其总额随业务量成正比例变动的成本。如按工作量法计提的固定资产折旧费、直接人工、直接材料，制造费用中随产量成正比例变动的物料用品费、燃料费、动力费，销售费用中按销量支付的佣金、包装费、装运费等。

2. 变动成本的特征

变动成本具有两个特征：

（1）变动成本总额的正比例变动性。即在一定时期和一定业务量范围内，变动成本总额随业务量的变动而成正比例变动。变动成本总额性态模型为 $y=bx$，如图 2－3 所示。

（2）单位变动成本的不变性。即在一定时期和一定业务量范围（业务量不为零）内，单位变动成本不受业务量变动的影响，保持不变。单位变动成本性态模型为 $y=b$，如图 2－4 所示。

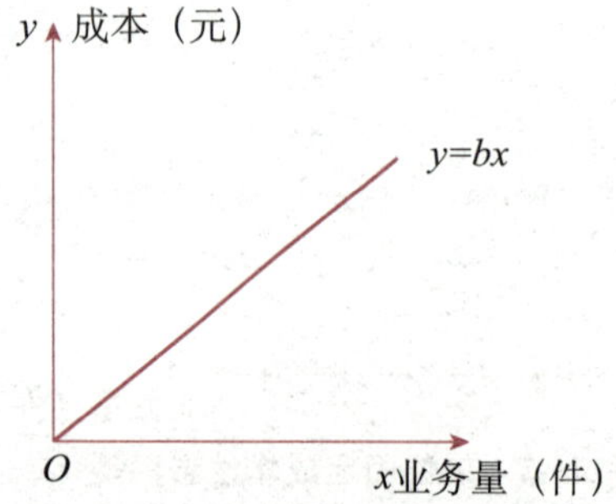

图 2－3　变动成本总额性态模型

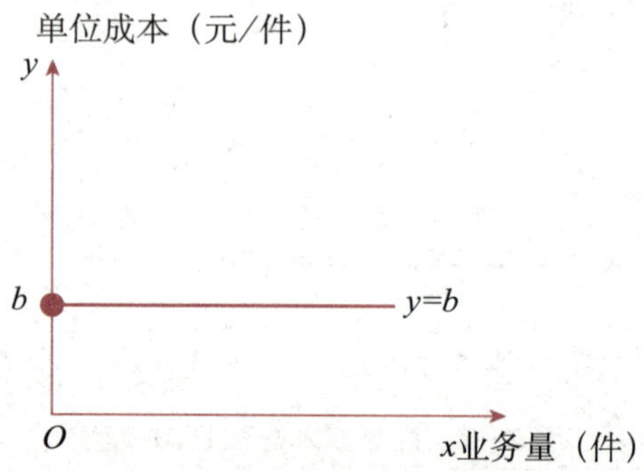

图 2－4　单位变动成本性态模型

3. 变动成本的分类

变动成本按其发生的原因又可进一步细分为技术性变动成本和酌量性变动成本。正确区分这两类成本，可以帮助企业寻求降低变动成本的正确途径。

（1）技术性变动成本，是与业务量有明确的技术或实物关系，其单位成本受客观因素决定，消耗量由技术因素决定的变动成本。例如，生产组装某计算机需用的部件，在外购价格一定的条件下，其成本就属于受设计技术影响的、与计算机产量成正比例关系的技术性变动成本。在实际管理中，企业应当采用技术革新手段，提高材料综合利用率和劳动生产率，降低该类变动成本。

（2）酌量性变动成本，是指单位成本不受客观因素影响，管理层可以通过决策行为改变其数额的变动成本。例如，在保证质量的前提下，企业可以在不同供货单位采购价格水平不同的原材料，其原材料成本就属于酌量性变动成本。在实际管理中，企业应当通过合理决策、降低材料采购成本、优化劳动组合、控制开支等方法降低该类变动成本。

（三）混合成本

1. 混合成本的含义

混合成本是指其总额随业务量变动而变动，但又不成正比例变动的成本。如检验人员工资、行政管理费等。

2. 混合成本的特征

混合成本兼有固定成本和变动成本的性质，采用“是否变动”和“是否正比例变动”双重分类标志，不论哪个标志在前，分类的结果既不属于固定成本也不属于变动成本，而是介于两者之间，既随业务量变动又不成正比例变动的混合成本。

混合成本分类的详细阐述

3. 混合成本的分类

混合成本按其与业务量之间的关系，可以进一步细分为阶梯式混合成本、标准式混合成本、低坡式混合成本和曲线式混合成本。

综上所述，成本按其性态分类及每种成本的细分结果如图 2－5 所示。

- 成本按其性态分类
  - 固定成本
    - 约束性固定成本
    - 酌量性固定成本
  - 变动成本
    - 技术性变动成本
    - 酌量性变动成本
  - 混合成本
    - 阶梯式混合成本
    - 标准式混合成本
    - 低坡式混合成本
    - 曲线式混合成本

图 2－5 成本按其性态分类

小贴士

成本性态中的相关范围

管理会计中，研究成本性态必须充分考虑相关范围的影响。前面介绍固定成本和变动成本时均强调了一定时期和一定业务量范围内，这就是对相关范围的考虑。只要在相关范围内，不管时间多久、业务量增减变动幅度多大，固定成本总额的不变性和变动成本总额的正比例变动性都成立。但若超出相关范围，这些特征将未必存在。因为不管是从长远时期看，还是从业务量的无限变动看，都没有数额绝对不变的成本，也不可能存在绝对成正比例变动的成本。因此，成本性态的分类与特征必须以相关范围为前提条件。

任务三 混合成本的分解

任务描述

在实际工作中，企业的大多数成本是以混合成本的形式存在的，其与业务量之间的关系不明晰，不能满足成本管理的需要。因此，对于混合成本，企业需要通过成本性态分析，将其分解为固定成木和变动成本，从而为短期决策、预测分析、全面预算、成本控制和责任会计提供必要信息。

思考：什么是成本性态分析？混合成本的分解方法有哪些？如何建立成本性态模型？

任务目标

掌握成本性态分析的含义、混合成本分解的方法和成本性态模型的建立，明确高低点法、散布图法和回归直线法的应用。

相关知识

成本性态分析是管理会计的一项最基本的工作。通过成本性态分析，企业可以从定性和定量两方面找出成本各组成部分与业务量之间的关系，从而更好地实现预测、决策、规划、控制和考核评价等职能。

一 成本性态分析的含义

成本性态分析是指在成本按其性态分类的基础上，按照一定的程序和方法，将全部成本进一步区分为固定成本和变动成本两大类，并建立相应的成本函数模型的过程。由于实际工作中，大多数成本是以混合成本形式存在的，因此企业需要通过成本性态分析对混合成本进行分解。为了便于定量分析，一般用一个简单的线性方程 $y=a+bx$ 来模拟成本性态模型，其中 y 表示成本总额，a 表示固定成本总额，b 表示单位变动成本，x 表示业务量。

二　混合成本分解的方法

企业通过成本性态分析对混合成本进行分解，故混合成本分解的方法即推算其中固定成本和变动成本数额的方法。具体包括：直接分析法、技术测定法、历史资料分析法。本书将重点讨论历史资料分析法，而直接分析法和技术测定法将在本任务的“小贴士”中做简要介绍。

历史资料分析法是在拥有企业若干期相关成本与业务量历史资料的基础上，运用一定的数学方法对其进行数据处理，从而确定其中的固定成本和变动成本，以完成成本性态分析的一种定量分析方法。

历史资料分析法要求企业资料齐全，成本数据与业务量的资料要同期配套，具备相关性，并以企业的历史成本与未来成本具有相似性为前提。因此，该种方法适用于生产条件较为稳定、成本水平波动不大及有关历史资料比较完备的企业。

历史资料分析法具体又包括三种常用方法：高低点法、散布图法和回归直线法。

（一）高低点法

高低点法，又称两点法，是指通过观察一定相关范围内的各期业务量与相关成本所构成的所有坐标点，以业务量为标准选出最高点和最低点的坐标，据此推算出混合成本中的固定成本和单位变动成本的一种成本性态分析方法。

高低点法的具体步骤是：

（1）确定业务量的最高点和最低点坐标。在一定相关范围内的各期业务量与相关成本所构成的所有坐标点中，以业务量为标准，找出最高点和最低点坐标，即（$x_{高}$，$y_{高}$）和（$x_{低}$，$y_{低}$）。

例 2-1 至例 2-3 参考答案

（2）计算单位变动成本。

$$b=\frac{y_{高}-y_{低}}{x_{高}-x_{低}}$$

（3）计算固定成本。将最高点坐标值或最低点坐标值与 b 值代入直线方程 $y=a+bx$，则有 $a=y_{高}-bx_{高}$ 或 $a=y_{低}-bx_{低}$。

（4）建立成本性态模型。将 a 和 b 的值代入 $y=a+bx$，得到成本性态模型。

【例 2-1】　甲工厂某年上半年的维修成本在相关范围内的变动情况如表 2-1 所示。

表 2-1　甲工厂某年上半年的维修成本资料

月份	业务量（小时）	维修费（元）
1	5 500	745
2	7 000	850
3	5 000	700
4	6 500	820
5	7 500	960
6	8 000	1 000

要求：用高低点法进行混合成本的分解，并建立成本性态模型。

解

高低点法的优点是简便易行，便于理解。它的缺点是只从若干期历史资料中选择了两组数据作为计算依据，在此基础上建立的成本性态模型很可能不具有代表性，容易导致较大的误差。因此，该方法只适用于成本变化趋势比较稳定的企业。

（二）散布图法

散布图法，又称目测画线法，是指将一定期间的业务量与成本数据标注在坐标图中，形成若干个散布点，然后通过目测画一条尽可能接近所有坐标点的直线，并据此推算出固定成本和单位变动成本的一种成本性态分析方法。

散布图法的具体步骤是：

（1）标出散布点。将各期业务量与对应的混合成本标注在平面直角坐标图中。

（2）画直线。目测画一条直线，使其尽可能通过或接近所有坐标点。

（3）确定固定成本。在纵轴上读出该直线的截距值，即固定成本总额 a。

（4）计算单位变动成本。在直线上任取一点，将其坐标值代入公式 $b=\frac{y-a}{x}$，求得 b 值。

（5）建立成本性态模型。将 a 和 b 的值代入 $y=a+bx$，得到成本性态模型。

【例 2-2】 乙企业某年下半年某项混合成本资料如表 2-2 所示。

表 2-2 乙企业某年下半年某项混合成本资料

月份	业务量（台）	成本（元）
7	30	4 000
8	50	6 500
9	45	6 000
10	60	7 000
11	80	9 000
12	75	8 500

要求：用散布图法进行混合成本的分解，并建立成本性态模型。

解

散布图法能够考虑所提供的全部历史资料，其坐标图可以反映成本的变动趋势，比较形象直观，易于理解，比高低点法更科学，计算结果也更精确。但由于散布图法完全靠目测画成本直线，主观随意性较大，容易导致不同的人有不同的结论，从而影响分析结果的客观性。

（三）回归直线法

回归直线法，又称最小二乘法，是指根据一定期间业务量与对应混合成本的历史资料，运用最小二乘法原理，建立反映成本和业务量之间关系的回归直线方程，并据此推算出固定成本和单位变动成本的一种成本性态分析方法。

回归直线法的具体步骤是：

（1）加工已有历史资料，计算 $\sum x$、$\sum y$、$\sum xy$、$\sum x^2$、$\sum y^2$。

（2）计算相关系数 r，判断业务量 x 和混合成本 y 之间的相关性。相关系数 r 的取值范围一般在－1～1。当 $r=-1$ 时，表明 x 与 y 完全负相关；当 $r=0$ 时，表明 x 与 y 之间不存在线性关系；当 $r=1$ 时，表明 x 与 y 完全正相关。通常只要 r 接近 1，就说明 x 与 y 基本正相关，可以用回归直线法进行混合成本的分解。

$$r=\frac{n\sum xy-\sum x\sum y}{\sqrt{\left[n\sum x^2-\left(\sum x\right)^2\right]\left[n\sum y^2-\left(\sum y\right)^2\right]}}$$

（3）计算 b 值和 a 值。

$$b=\frac{n\sum xy-\sum x\sum y}{n\sum x^2-\left(\sum x\right)^2}$$

$$a=\frac{\sum y-b\sum x}{n}$$

（4）建立成本性态模型。将 a 和 b 的值代入 $y=a+bx$，得到成本性态模型。

【例 2-3】 丙企业某年上半年某项混合成本资料如表 2-3 所示。

表 2-3 丙企业某年上半年某项混合成本资料

月份	业务量（小时）	成本（元）
1	30	270
2	40	330
3	50	450
4	40	370
5	60	460
6	80	520

要求： 用回归直线法进行混合成本的分解，并建立成本性态模型。

解

第一步，加工表中资料，得到数据整理表。

月份	x	y	x^2	y^2	xy
1					
2					
3					
4					
5					
6					
合计					

第二步，计算相关系数。

第三步，计算 a 值和 b 值。

第四步，建立成本性态模型。

回归直线法运用了最小二乘法的原理，计算结果比前两种方法更准确。与高低点法相比，由于回归直线法选择了全部观测数据，因此避免了高低点法可能具有的偶然性；与散布图法相比，由于回归直线法用计算代替目测，因此是一种较精确的混合成本分解方法。但回归直线法计算工作量大，比较麻烦。

思考与分析：

除了历史资料分析法，混合成本分解的方法还有哪些？

小贴士

混合成本分解的直接分析法与技术测定法

直接分析法，又称个别确认法，是指在成本发生的当时，对每项成本的具体性态进行分析，使其直接归属于固定成本或变动成本的一种方法。该方法简便易行，但要求掌握大量第一手资料，实际分析的工作量太大，因此适用于小企业开展成本性态分析。

技术测定法，又称工程技术法，是指利用经济工程项目财务评价技术方法所测定的企业正常生产过程中投入与产出的关系，分析确定在实际业务量基础上固定成本和变动成本水平，并揭示其变动规律的一种方法。该方法是一种独立的分析方法，以建设前期的设计资料为依据，因此适用于投入产出关系比较稳定的新企业及已建立标准成本制度的企业。但该方法应用难度高，相应的分析成本也高。

案例分析

本模块引例中小李的困惑反映了隐藏在财务数据中的成本性态原理。成本性态，又称成本习性，是指在一定条件下，成本总额与特定业务量之间的依存关系。成本按其性态可分为固定成本、变动成本和混合成本三大类。

从成本性态的角度认识成本，可以揭示成本与业务量之间的内在联系，从而在数量上具体分析产品成本与生产能力之间的规律性联系。将成本按其性态进行分类，便于企业事前控制成本并进一步挖掘内在潜力，可以达到增产节约、增收节支的目的。

在实际工作中，企业的大多数成本是以混合成本的形式存在的，其与业务量之间的关系不明晰，不能满足成本管理的需要。因此，对于混合成本，企业需要通过成本性态分析，将其分解为固定成本和变动成本，从而实现短期决策、预测分析、全面预算、成本控制和责任会计等职能。

所以，小李可以根据明达公司的历史成本资料，采用成本性态分析方法进行混合成本的分解。常用的具体方法有高低点法、散布图法和回归直线法。通过这些方法，建立成本性态模型，最终将混合成本分解为固定部分和变动部分，从而为企业的预测、决策、规划、控制和评价等提供必要信息。

技能训练

一、单项选择题

1. 成本按（　　）分类，可分为生产成本和非生产成本。
A. 相关性　　B. 可控性　　C. 经济用途　　D. 可盘存性
2. 在相关范围内，当业务量变动时，单位固定成本将（　　）。
A. 固定不变　　B. 成正比例变动　　C. 成反比例变动　　D. 无法确定
3. 在相关范围内，当业务量变动时，单位变动成本将（　　）。
A. 固定不变　　B. 成正比例变动　　C. 成反比例变动　　D. 无法确定
4. 混合成本分解的历史资料分析法不包括（　　）。
A. 高低点法　　B. 散布图法　　C. 回归直线法　　D. 技术测定法
5. 随业务量变动而变动，但又不成正比例变动的成本是（　　）。
A. 固定成本　　B. 变动成本　　C. 混合成本　　D. 生产成本
6. 下列成本中，不受企业管理层短期决策行为影响的是（　　）。
A. 广告费　　B. 设备折旧费　　C. 经营性租赁费　　D. 职工培训费

二、多项选择题

1. 成本按其性态分类，可分为（　　）。
A. 固定成本　　B. 变动成本　　C. 混合成本　　D. 直接成本
2. 变动成本的特点有（　　）。
A. 总额的不变性　　B. 总额的正比例变动性
C. 单位变动成本的不变性　　D. 单位变动成本的变动性
3. 混合成本可以进一步细分为（　　）。
A. 阶梯式混合成本　　B. 标准式混合成本
C. 低坡式混合成本　　D. 曲线式混合成本
4. 下列成本中，属于约束性固定成本的是（　　）。
A. 设备折旧费　　B. 管理人员薪酬　　C. 不动产税　　D. 广告费
5. 下列成本中，属于标准式混合成本的是（　　）。
A. 电话费　　B. 质检员的工资　　C. 燃气费　　D. 水费
6. 混合成本分解的历史资料分析法包括（　　）。
A. 高低点法　　B. 散布图法　　C. 回归直线法　　D. 直接分析法

三、判断题

1. 成本性态是指成本总额与特定业务量之间的依存关系。（　　）
2. 固定成本总额永远是固定不变的。（　　）
3. 成本按经济用途分类，可分为直接成本和间接成本。（　　）
4. 高低点法以成本为标准确定最高点和最低点坐标。（　　）
5. 降低酌量性变动成本应从降低单位产品变动成本的消耗量着手。（　　）
6. 混合成本兼具固定成本和变动成本的性质。（　　）

四、计算题

1. 已知甲企业 20×6 年 1—6 月的设备维修费资料如表 2－4 所示。

表 2－4　1—6 月的设备维修费资料

月份	业务量（小时）	维修费（元）
1	4 500	72 600
2	3 200	68 000
3	5 800	80 620
4	6 900	85 300
5	3 500	69 960
6	7 000	87 000

要求：用高低点法进行混合成本的分解，并建立成本性态模型。

2. 已知蓝天企业只生产一种产品，20×6 年 1—10 月的制造费用资料如表 2－5 所示。

表 2－5　1—10 月的制造费用资料

月份	产量（件）	制造费用（元）
1	150	16 000
2	200	20 000
3	300	27 000
4	250	25 000
5	300	26 000
6	250	24 000
7	350	28 000
8	300	25 000
9	250	23 000
10	150	16 000

要求：用高低点法进行混合成本的分解，并建立成本性态模型。

3. 已知丙企业 20×6 年 1—6 月某产品产量与制造费用资料，如表 2－6 所示。

表 2－6　1—6 月的某产品产量与制造费用资料

月份	业务量（小时）	维修费（元）
1	4 000	100 000
2	6 250	130 000
3	7 500	150 100
4	5 000	110 000
5	6 000	125 000
6	8 000	150 000

要求：用回归直线法进行混合成本的分解，并建立成本性态模型。

技能训练参考答案

模块三

变动成本法

学习目标

知识目标

- 掌握变动成本法与完全成本法的概念
- 熟悉两种成本法的区别及税前营业利润产生差额的原因
- 了解变动成本法的优缺点

技能目标

- 能运用两种成本法计算相关指标
- 能分析两种成本法下税前营业利润的差额
- 能编制不同成本法下的利润表

引例

利润为什么不一样?

畅达服装厂某年只生产经营一种服装，当年产量是 10 000 件，销售量是 8 000 件，年初存货量是 0 件，年末存货量是 2 000 件。已知销售单价是 500 元，某年的相关成本资料如表 3－1 所示。年底，厂长根据财务数据估算的年利润是 190 万元，但财务科长上报的年利润却是 194 万元。

表 3－1　畅达服装厂某年相关成本资料

单位：元

项目	成本
单位变动成本：	
直接材料	100
直接人工	80
变动制造费用	20
固定制造费用	200 000

续表

项目	成本
销售费用（固定）	150 000
管理费用（固定）	150 000
财务费用	0

请 分 析： 为什么厂长和财务科长得出的利润数据不一样？

分析提示： 成本计算方法有两种，即完全成本法和变动成本法。

任务一　变动成本法认知

任务描述

成本是评价企业经营管理的一个重要指标，贯穿于预测、决策、规划、控制和考核评价等各个环节。为满足不同的管理要求，产生了两种成本计算方法，即变动成本法和完全成本法。

思考： 什么是变动成本法？什么是完全成本法？

任务目标

掌握变动成本法和完全成本法的概念，理解两种成本法的区别。

相关知识

一　变动成本法与完全成本法的概念

在财务会计中，凡是在生产领域发生的成本都将其列为生产成本。而管理会计认为，尽管产品是在生产领域中形成的，但并非所有生产成本都应当被纳入产品成本。所以在管理会计中，计算产品成本时，必须摆脱财务会计的传统思维模式，重新认识产品成本和期间成本的本质。

按照成本性态分析，生产成本可分为变动生产成本和固定生产成本。对于变动生产成本，其总额在相关范围内随产品产量变动成正比例变动，而对于固定生产成本，其总额在相关范围内不随产品产量变动而变动，与产品的实际生产无直接联系。生产领域中的固定生产成本即固定制造费用，它定期创造了维持企业生产经营的条件，并且不管实际利用程度如何，都固定地按期发生，具有时效性。因此它本质上是与会计期间相联系而发生的费用，应当与非生产成本一起计入期间成本，而不应该计入产品成本。

基于以上原理，产生了变动成本法与完全成本法两种成本计算方法。

（一）变动成本法

变动成本法是以成本性态分析为前提，将变动生产成本作为产品成本，包括直接材料、直接人工和变动制造费用，而将固定生产成本（即固定制造费用）和非生产成本作为期间成本，按贡献式损益确定程序计算损益的一种成本计算方法。

（二）完全成本法

完全成本法是以成本的经济用途为前提，将全部生产成本作为产品成本，包括直接材料、直接人工和制造费用（固定制造费用及变动制造费用），而将非生产成本作为期间成本，按传统式损益确定程序计算损益的一种成本计算方法。

二 变动成本法与完全成本法的区别

根据变动成本法与完全成本法的概念可知，两者在成本计算中存在许多差异，主要体现在以下五个方面。

（一）应用依据不同

变动成本法是根据成本性态分析将全部成本划分为固定成本与变动成本两部分。对于具有混合性质的制造费用，将其按生产量分解为固定制造费用与变动制造费用两部分；对于具有混合成本性质的销售费用、管理费用及财务费用，将其按销售量分解为固定部分和变动部分。

完全成本法是根据成本经济用途将全部成本分为生产成本与非生产成本两部分。凡在生产领域中为生产产品而发生的成本均为生产成本，而发生在流通领域和服务领域因企业日常销售和管理而发生的成本均归为非生产成本。

（二）产品成本及期间成本的构成不同

在变动成本法下，成本按其性态分类，产品成本只包括变动生产成本，期间成本由固定生产成本和非生产成本构成。在完全成本法下，成本按其经济用途分类，产品成本包括全部生产成本，期间成本由非生产成本构成。可见，这两种成本法对固定制造费用的处理不同，导致了产品成本及期间成本的构成不同。

例 3-1 至例3-5
参考答案

【例 3-1】 甲企业只产销一种产品。20×6 年产量为 8 000 件，销售量为 7 000 件，年初无存货，年末存货量为 1 000 件。已知销售单价是 100 元，直接材料费用为 30 元/件，直接人工费用为 20 元/件，变动制造费用为 10 元/件，固定制造费用为 80 000 元/年，变动销售费用为 2 元/件，固定销售费用为 4 000 元/年，固定管理费用为 2 000 元/年。

要求： 分别用变动成本法和完全成本法计算企业的产品成本和期间成本。

解

(1) 采用变动成本法计算。

(2) 采用完全成本法计算。

(三) 销货成本及存货成本的水平不同

当期末存货量不为零时，变动成本法下的固定制造费用被纳入期间成本，不可能计入销货成本或存货成本；而完全成本法将固定制造费用计入产品成本，并在销货与存货之间进行分配，使一部分固定制造费用计入销货成本，另一部分固定制造费用计入存货成本递延到下期，所以导致了两种成本计算法下销货成本及存货成本的水平不同。

1. 销货成本

销货成本是指已经销售出去的产品成本，其一般的计算公式为：

销货成本＝期初存货成本＋本期生产成本－期末存货成本

＝期初存量×单位成本＋本期产量×单位成本－期末存量×单位成本

（1）在变动成本法下，由于产品成本只包括变动生产成本，且单位变动成本具有相关范围的不变性，因此，销货成本＝(期初存量＋本期产量－期末存量)×单位成本＝本期销量×单位变动生产成本。

（2）在完全成本法下，由于产品成本包含固定制造费用，而不同期间单位产品分摊的固定制造费用受各期产量的影响，因此，当前后各期产量相等时，单位固定制造费用相同，而单位变动生产成本不变，故单位生产成本相同。此时，销货成本＝本期销量×单位生产成本。但是，当前后各期产量不相等时，单位固定制造费用不同，而单位变动生产成本不变，故单位生产成本不同。此时，销货成本＝期初存货成本＋本期生产成本－期末存货成本。

2. 存货成本

存货成本是指生产完工入库但尚未销售出去的产品成本，其一般计算公式为：

存货成本＝期末存货量×单位成本

变动成本法中的单位成本即单位变动生产成本，而完全成本法中的单位成本即单位生产成本，既包括单位变动生产成本，又包括单位固定制造费用，所以变动成本法下的存货成本必定小于完全成本法下的存货成本。

【例 3－2】 根据例 3－1 的资料，现要求分别计算在变动成本法与完全成本法下本年销货成本与期末存货成本。

解

(1) 采用变动成本法计算。

(2) 采用完全成本法计算。

（四）损益确定程序不同

变动成本法与完全成本法不仅在成本构成方面存在差异，还在损益确定程序上有区别。变动成本法采用贡献式损益确定程序计算税前营业利润，而完全成本法采用传统式损益确定程序计算税前利润。

1. 贡献式损益确定程序

变动成本法采用贡献式损益确定程序计算税前营业利润，即首先用销售收入补偿本期销售产品的变动成本，从而确定贡献边际，再用贡献边际补偿固定成本以确定当期税前营业利润。

计算公式为：

销售收入－变动成本＝贡献边际

贡献边际－固定成本＝税前营业利润

其中，

变动成本＝销货成本＋变动期间成本

＝单位变动生产成本×本期销售量＋单位变动期间成本×本期销售量

固定成本＝固定制造费用＋固定期间成本

＝固定制造费用＋固定销售费用＋固定管理费用＋固定财务费用

2. 传统式损益确定程序

完全成本法采用传统式损益确定程序计算税前营业利润，即首先用销售收入补偿本期销售产品的销货成本，从而确定销售毛利，再用销售毛利补偿期间成本以确定当期税前营业利润。

计算公式为：

销售收入－销货成本＝销售毛利

销售毛利－期间成本＝税前营业利润

两种成本法下的损益确定程序对比如表 3－2 所示。

表 3－2　两种成本法下的损益确定程序对比

贡献式损益确定程序（变动成本法）	传统式损益确定程序（完全成本法）
销售收入	销售收入
减：变动成本	减：销货成本
变动生产成本	期初存货成本
变动销售费用	本期生产成本
变动管理费用	可供销售的商品生产成本
变动财务费用	期末存货成本

续表

贡献式损益确定程序（变动成本法）	传统式损益确定程序（完全成本法）
变动成本合计	销货成本合计
贡献边际	销售毛利
减：固定成本	减：期间成本
固定制造费用	销售费用
固定销售费用	管理费用
固定管理费用	财务费用
固定财务费用	
固定成本合计	期间成本合计
营业利润	营业利润

【例 3－3】 根据例 3－1 的资料，现要求分别计算变动成本法与完全成本法下的本年税前营业利润。

解

(1) 采用变动成本法计算。

(2) 采用完全成本法计算。

（五）提供的信息用途不同

变动成本法与完全成本法最本质的区别在于提供的信息用途不同。

变动成本法侧重于为内部管理服务，是为满足面向未来决策、强化企业内部管理的要求而产生的。它提供的信息能够科学地反映成本与业务量之间、利润与销售量之间的关系，有助于企业加强成本管理，强化预测、决策、规划、控制和考核评价等职能，促进以销定产，有效减少因盲目生产而带来的损失。

完全成本法侧重于对外服务，是为反映企业生产耗费、满足对外提供报表的需要而产生的。它提供的信息能够揭示传统的产品成本构成内容与变化规律，有助于提高企业扩大生产，刺激增产的积极性。

思考与分析：

两种成本计算法下营业利润产生差异的原因是什么？

任务二 变动成本法与完全成本法的利润差额分析

任务描述

管理会计中有两种主要的成本计算方法：变动成本法和完全成本法。这两种成本计算法的产品成本及期间成本的构成不同、销货成本及存货成本的水平不同、损益确定程序不同，因此产生的营业利润可能存在差异。

思考：两种成本计算法下营业利润产生差额的原因是什么？变动规律是什么？

任务目标

掌握两种成本计算法下营业利润产生差额的原因及变动规律。

相关知识

一 两种成本法下营业利润产生差额的原因

两种成本法下营业利润产生差额的根本原因是在当期损益中扣除的固定生产成本水平不同。

通过分析比较两种成本法的损益确定程序可知，影响营业利润的因素主要是销售收入、期间成本、变动生产成本、固定生产成本。对于销售收入，其由销售单价和销售量决定，故在两种成本法中完全相同，不会导致营业利润产生差额。对于期间成本，在变动成本法下从销售收入中先扣除变动期间成本，再扣除固定期间成本，而在完全成本法下期间成本被一次性地从销售收入中扣除，故在两种成本法下均全部被扣除，不会导致营业利润产生差额。对于变动生产成本，在两种成本法下均包含在销货成本中被等额扣除，故也不会导致营业利润产生差额。所以，造成两种成本法下营业利润出现差额的因素只剩下固定生产成本，即两种成本法下营业利润产生差额的根本原因是在当期损益中扣除的固定生产成本水平不同。

二 两种成本法下营业利润差额的变动规律

两种成本法下营业利润的差额具体表现为完全成本法下期末存货吸收的固定制造费用与期初存货释放的固定制造费用之间的差额。

在其他因素相同的情况下，两种成本法下营业利润的具体差异如下所示：

完全成本法下的利润－变动成本法下的利润
　＝变动成本法下的固定生产成本－完全成本法下的固定生产成本
　＝本期固定制造费用－(期初存货中的固定制造费用＋本期固定制造费用
　　－期末存货中的固定制造费用)
　＝期末存货中的固定制造费用－期初存货中的固定制造费用

当企业产销平衡，无期初和期末存货时，则两种成本法下的营业利润相等，无差额；当企业产销不平衡，期初存货中的固定制造费用大于期末存货中的固定制造费用时，则完全成本法计算的税前营业利润小于变动成本法计算的税前营业利润；当企业产销不平衡，期初存货中的固定制造费用小于期末存货中的固定制造费用时，则完全成本法计算的税前营业利润大于变动成本法计算的税前营业利润。

【例 3-4】 某企业只产销一种产品，销售单价为 50 元，直接材料费用为 5 元/件，直接人工费用为 7 元/件，变动制造费用为 3 元/件，固定制造费用总额为 72 000 元，固定销售费用为 12 000 元，固定管理费用为 16 000 元。假定无变动销售及管理费用，存货按先进先出法计价，该企业近三年的产销量资料如表 3-3 所示。

表 3-3　近三年的产销量资料　　单位：件

产销量	第一年	第二年	第三年
期初存货量	0	0	1 000
本期生产量	8 000	9 000	7 200
本期销售量	8 000	8 000	8 000
期末存货量	0	1 000	200

要求：用变动成本法和完全成本法分别计算各年税前营业利润，并分析比较两种方法下的利润差额。

解

(1) 采用变动成本法计算税前营业利润。

因此，变动成本法下的利润表如下所示。

变动成本法下的利润表　　单位：元

项目	第一年	第二年	第三年
销售收入			
减：变动成本			
贡献边际			
减：固定成本			
营业利润			

(2) 采用完全成本法计算税前营业利润。

因此，完全成本法下的利润表如下所示。

完全成本法下的利润表

项目	第一年	第二年	第三年
销售收入			
减：销货成本			
销售毛利			
减：期间成本			
营业利润			

【例 3-5】 蓝天公司近两年的产销量、成本、售价等资料如表 3-4 所示。

表 3-4 近两年的产销量及成本资料

项目	第一年	第二年
生产量（件）	8 000	10 000
销售量（件）	8 000	6 000
单位变动生产成本（元/件）	15	15
固定制造费用（元）	40 000	40 000
固定销售及管理费用（元）	10 000	10 000
单价（元）	40	40

现按变动成本法计算的第一年营业利润是 150 000 元，第二年营业利润是 100 000 元，存货采用先进先出法计价。

要求： 利用利润差异分析计算完全成本法下各年税前营业利润。

解

任务三 变动成本法的优缺点及应用

任务描述

变动成本法产生于1936年，随着企业环境的改变和市场竞争的加剧，管理者们逐渐认识到企业内部管理的重要性。通过前面所述变动成本法与完全成本法的比较分析，可知变动成本法在确定成本和损益方面具有一定的管理优势，能够更有效地为企业内部管理服务。因此，在实际工作中，变动成本法开始受到企业的重视。

思考：变动成本法有哪些优缺点？

任务目标

掌握变动成本法的优缺点，了解变动成本法的应用。

相关知识

一　变动成本法的优缺点

（一）变动成本法的优点

（1）重新界定成本内涵，简化了成本核算工作。

（2）促使企业重视销售工作，防止盲目生产。

（3）为企业短期经营决策提供有用的管理信息。

（4）有助于企业进行成本控制与考核评价。

变动成本法优缺点的详细阐述

（二）变动成本法的缺点

虽然变动成本法有许多优点，但仍存在如下缺点：

（1）不符合传统成本观念的要求。

（2）不能适应长期决策的需要。

（3）不能适应定价决策的需要。

二　变动成本法的应用观点

由于变动成本法在加强企业内部管理方面的突出特点，管理者们开始重视变动成本法在企业实践中的应用，以帮助其完成预测、决策、规划、控制和考核评价等工作。目前关于变动成本法的应用主要有三种不同的观点：

（1）双轨制。

（2）单轨制。

（3）结合制。

变动成本法应用观点的详细阐述

思考与分析：

除了变动成本法，成本管理领域还有哪些管理会计工具和方法？

小贴士

作业成本法

作业成本法，是指以“作业消耗资源、产出消耗作业”为原则，按照资源动因将资源费用追溯或分配至各项作业，计算出作业成本，然后再根据作业动因，将作业成本追溯或分配至各成本对象，最终完成成本计算的成本管理方法。

作业成本法的详细阐述

案例分析

本模块引例中厂长和财务科长得出的年利润数据不一样，是因为他们采用了不同的成本计算方法。厂长是采用变动成本法计算的年利润，得出的数值是 190 万元，而财务科长是采用完全成本法计算的年利润，得出的结果是 194 万元。

变动成本法按照贡献式损益确定程序计算税前营业利润。计算公式为：销售收入－变动成本＝贡献边际，贡献边际－固定成本＝税前营业利润。其中，变动成本＝销货成本＋变动期间成本＝单位变动生产成本×本期销售量＋单位变动期间成本×本期销售量，固定成本＝固定制造费用＋固定期间成本＝固定制造费用＋固定销售费用＋固定管理费用＋固定财务费用。因此厂长计算出的税前营业利润是 190 万元。

完全成本法按照传统式损益确定程序计算税前营业利润。计算公式为：销售收入－销货成本＝销售毛利，销售毛利－期间成本＝税前营业利润。因此财务科长计算出的税前营业利润是 194 万元。

所以，由于采用不同的成本计算方法，导致了税前营业利润的差额，具体表现为完全成本法下期末存货吸收的固定制造费用与期初存货释放的固定制造费用之间的差额。当企业产销平衡，无期初和期末存货时，则采用两种成本法计算的营业利润相等，无差额；当企业产销不平衡，期初存货中的固定制造费用大于期末存货中的固定制造费用时，则采用完全成本法计算的税前营业利润小于采用变动成本法计算的税前营业利润；当企业产销不平衡，期初存货中的固定制造费用小于期末存货中的固定制造费用时，则采用完全成本法计算的税前营业利润大于采用变动成本法计算的税前营业利润。

技能训练

一、单项选择题

1. 完全成本法的期间成本是指（　　）。

A. 直接材料　　B. 直接人工　　C. 制造费用　　D. 非生产成本

2. 变动成本法的产品成本是指（　　）。

A. 固定生产成本　　B. 变动生产成本　　C. 固定非生产成本　　D. 变动非生产成本

3. 应用变动成本法的前提条件是将全部成本划分为（　　）。

A. 生产成本和非生产成本　　B. 销货成本和存货成本

C. 固定成本和变动成本　　D. 制造成本和期间成本

4. 当产销量相等，无期初、期末存货时，完全成本法下的净收益与变动成本法下的净收益呈现何种关系？（　　）

A. 完全成本法下的净收益等于变动成本法下的净收益

B. 完全成本法下的净收益大于变动成本法下的净收益

C. 完全成本法下的净收益小于变动成本法下的净收益

D. 无法确定

5. 变动成本法与完全成本法之间最本质的区别是（　　）。

A. 营业利润确定程序不同　　B. 产品成本的构成内容不同

C. 应用的前提条件不同　　D. 提供信息的用途不同

二、多项选择题

1. 假定固定成本总额、单价和单位变动成本均保持不变，下列情况中，采用变动成本法和完全成本法计算的税前利润相等的是（　　）。

A. 期末存货量等于期初存货量　　B. 期末存货量大于期初存货量

C. 期末存货量小于期初存货量　　D. 前后两期的产量和销量都相等

2. 变动成本法和完全成本法下产品成本中的共同项目有（　　）。

A. 直接材料　　B. 直接人工　　C. 变动销售费用　　D. 变动制造费用

3. 变动成本法与完全成本法的区别包括（　　）。

A. 应用的前提条件不同　　B. 产品成本及期间成本的构成内容不同

C. 营业利润的确定程序不同　　D. 提供信息的用途不同

4. 以下哪些属于变动成本法的优点？（　　）

A. 简化成本核算工作　　B. 满足长期决策的需要

C. 有利于进行成本控制与业绩评价　　D. 适应定价决策的需要

5. 变动成本法下，确定销售产品变动成本主要依据（　　）进行计算。

A. 销售产品变动生产成本　　B. 期初存货成本

C. 销售产品变动推销及管理费用　　D. 期末存货成本

三、判断题

1. 采用变动成本法计算的产品成本小于采用完全成本法计算的产品成本。（　　）

2. 在完全成本法下，固定生产成本全部计入期末存货成本。（　　）

3. 按完全成本法确定的营业净利润也可能等于按变动成本法确定的营业净利润。（　　）

4. 变动成本法下的期末产成品和在产品估价必然高于完全成本法下的估价。（　　）

5. 当本期生产量等于销售量时，按完全成本法确定的净收益等于按变动成本法确定的净收益。（　　）

四、计算题

1. 明辉公司只产销一种产品，产品单价为 40 元/件，直接材料为 5 元/件，直接人工为 9 元/件，变动制造费用为 2 元/件，固定制造费用总额为 480 000 元，固定销售及管理费用为 100 000 元，假设无变动销售及管理费用。现已知某年该公司无年初存货，本年产量为 40 000 件，本年销量为 30 000 件，年末存货量为 10 000 件。

要求：用完全成本法和变动成本法分别确定明辉公司该年的营业利润。

2. 达力公司只产销一种产品，产品单位售价为 10 元，单位变动成本为 4 元，固定生产成本为 24 000 元，固定销售及管理费用为 6 000 元。假设无变动销售及管理费用。现已知某年该公司无年初存货，本年产量为 8 000 件，本年销量为 6 000 件，年末存货量为 2 000 件。

要求：用完全成本法和变动成本法分别确定达力公司该年的营业利润。

技能训练参考答案

模块四

本量利分析

学习目标

知识目标

- 掌握本量利分析的基本原理及应用
- 熟悉贡献边际基本公式
- 了解本量利分析方法

技能目标

- 能进行单一品种条件下的本量利分析
- 能进行多品种条件下的本量利分析
- 能分析企业的经营安全状态

引例

小张的创业计划

小张是一名在校大学生，依托学校创新创业孵化基地提供的场所进行创业。他开了家宠物养护店，提供宠物护理、美容、寄养等服务。经营一年之后，小张正在考虑如何改善宠物养护店的获利情况，并对一些项目进行了分析。该店20×9年的经营资料如表4－1所示。

表4－1　宠物养护店经营资料　　　　单位：元

服务项目	销量	单价	单位变动成本	固定成本
护理	3 000次	50	20	80 000
美容	1 000次	100	20	
寄养	2 000天	70	50	

请 分 析：(1) 小张开展的创业项目是否有利可图？

(2) 如何优化经营项目才能改善获利情况？

分析提示：产品成本、业务量和利润之间的依存关系。

任务一 本量利分析认知

任务描述

本量利分析是管理人员从事管理决策的有力工具。作为以营利为目的的企业组织，其生产经营的直接目的，是以一定的成本生产出社会需要的产品，并将产品销售出去，取得利润。因此，企业为实现更多的利润，就需要客观地研究成本、业务量和利润三者之间的关系，分析其内在规律性，为比较经营方案进行经济评估，做出正确的决策，提供准确可靠的数字依据。

思考：什么是本量利分析？它有什么作用？

任务目标

了解本量利分析的内涵，掌握本量利关系、贡献边际及其指标的计算公式。

相关知识

一 本量利分析的含义

本量利分析是“成本-业务量-利润关系分析”的简称，是指在成本性态分析的基础上，以数学化的会计模型与图示来研究企业在一定时期内成本、业务量和利润之间的内在规律性联系，为预测、决策和规划提供必要的财务信息的一种专门方法，也称量本利分析。

本量利分析无论是在西方还是在我国，应用都十分广泛。它可以应用于整个企业，也可以运用于企业的某个部门，甚至可以应用于某一具体的产品线。进行本量利分析，可以促使企业采取措施降低风险；可以进行保本点预测和保利点预测等；也可以进行生产决策和定价决策；在企业全面预算、成本控制和责任会计中，同样可以运用到本量利分析。

二 本量利分析的基本公式

本量利分析考虑的主要因素包括固定成本（用 a 表示）、单位变动成本（用 b 表示）、产量或者销量（用 x 表示）、单价（用 p 表示）、销售收入（用 px 表示）和利润（用 P 表示）等。这些变量之间的关系可用下列公式进行反映：

利润＝销售收入－总成本

　　＝销售收入－变动成本－固定成本

=（单价−单位变动成本）×销售量−固定成本

即

$$P = px - (a + bx) = (p - b)x - a$$

三 贡献边际及相关指标的计算

贡献边际也称贡献毛益、边际贡献、边际利润等，是本量利分析的一个十分重要的概念。贡献边际为产品的销售收入扣除相应变动成本后的余额。它除了主要以贡献边际总额（Tcm）表示外，还可以用单位贡献边际（cm）和贡献边际率（cmR）两种形式表示。

单位贡献边际是指单位产品的销售价格减去单位变动成本后的差额，也等于贡献边际总额除以有关销售量，它反映一种产品的创利能力，即增加一单位销售量可以提供的毛利；贡献边际率是指单位销售收入所提供的贡献边际的比率，数量上等于贡献边际总额占销售收入总额的百分比，也等于单位贡献边际除以单价。

贡献边际及其指标计算公式如下：

$$\begin{aligned}\text{贡献边际总额}(Tcm) &= \text{销售收入总额}-\text{变动成本总额}=px-bx\\ &= \text{单位贡献边际}\times\text{销售量}=cm\cdot x\\ &= \text{销售收入}\times\text{贡献边际率}=px\cdot cmR\end{aligned}$$

$$\begin{aligned}\text{单位贡献边际}(cm) &= \text{单价}-\text{单位变动成本}=p-b\\ &= \frac{\text{贡献边际}}{\text{销售量}}=\frac{Tcm}{x}\\ &= \text{销售单价}\times\text{贡献边际率}=p\cdot cmR\end{aligned}$$

$$\begin{aligned}\text{贡献边际率}(cmR) &= \frac{\text{贡献边际总额}}{\text{销售收入}}\times 100\%=\frac{Tcm}{px}\times 100\%\\ &= \frac{\text{单位贡献边际}}{\text{单价}}\times 100\%=\frac{cm}{p}\times 100\%\end{aligned}$$

根据本量利基本公式，贡献边际总额、固定成本及利润之间的关系可以表示如下：

$$\text{利润}\ (P)=\text{贡献边际总额}-\text{固定成本}=Tcm-a$$

从上式中可以看出，企业各种产品提供的贡献边际是产品扣除自身变动成本后为企业所做的贡献，与企业利润的形成密切相关。因为它首先用于收回企业的固定成本，如果还有剩余，企业才能盈利，否则将会发生亏损，如果二者相等，则企业处于正好保本的状态。

由该公式还可以推导出下列变形公式：

$$\text{贡献边际总额}\ (Tcm)=\text{固定成本}+\text{利润}=a+P$$

$$\text{固定成本}\ (a)=\text{贡献边际总额}-\text{利润}=Tcm-P$$

与贡献边际率有关的一个指标是变动成本率。变动成本率（bR）是指销售收入中变动成本所占的比重。计算公式为：

$$\text{变动成本率}\ (bR)=\frac{\text{变动成本总额}}{\text{销售收入总额}}\times 100\%=\frac{bx}{px}\times 100\%$$

$$=\frac{\text{单位变动成本}}{\text{单价}}\times100\%=\frac{b}{p}\times100\%$$

显然，将贡献边际率与变动成本率指标相联系，可以看出：

$$cmR+bR=\frac{cm}{p}+\frac{b}{p}=\frac{cm+b}{p}=\frac{p-b+b}{p}=1$$

这说明贡献边际率与变动成本率具有互补性质，凡是变动成本率高的企业，贡献边际率必然低，则创利能力弱；反之，贡献边际率高，创利能力强。

例 4-1 至例 4-10 参考答案

【例 4-1】 A 企业只生产一种产品，单价 p 为 5 元，单位变动成本 b 为 3 元，固定成本 a 为 20 000 元。20×6 年生产经营能力为 12 500 件。

要求：(1) 计算单位贡献边际、贡献边际总额与贡献边际率。

(2) 计算利润。

(3) 计算变动成本率。

(4) 观察贡献边际率与变动成本率的关系。

解

(1) 全部贡献边际指标：

单位贡献边际=

贡献边际总额=

贡献边际率=

(2) 利润=

(3) 变动成本率=

(4) 贡献边际率与变动成本率的关系：

思考与分析：

本量利分析、贡献边际及相关指标的基本公式有哪些？

任务二 单一品种的本量利分析

任务描述

本量利分析主要包括保本分析和保利分析两项内容。在激烈的市场竞争条件下，为了保证自身的生存，企业管理者必须经常对其生产经营的保本点（盈亏平衡点）进行分析研究，作为其开展生产经营的最低目标，并随市场和企业内部因素的变化不断调整，以减少生产经营的盲目性，取得好的经济效益。保利分析建立在保本分析的基础上。在正常情况下，企业生产经营的目的绝不仅仅满足于保本，而是尽可能实现更多的利润，为此，企业管理层需预测销售量达到某一水平时可能实现的利润，或测算为实现目标利润所必须达到的销售量水平。本任务旨在介绍单一品种下的本量利分析方法。

思考： 什么是保本点？企业如何通过保本分析和保利分析来进行经济决策？

任务目标

掌握单一品种的本量利分析图，掌握保本分析与保利分析的方法。

相关知识

一　单一品种的保本分析

保本是指企业在一定时期内经营所获得的收入与发生的成本持平，处于既无盈利也无亏损的状态。保本分析就是研究企业恰好处于保本状态时业务量、成本和利润之间依存关系的一种定量分析方法，是确定企业经营安全程度和进行保利分析的基础。保本分析的关键在于保本点的确定。

（一）保本点的含义与表现形式

保本点也称盈亏平衡点，是指能使企业达到保本状态的业务量的总称。在该业务量水平上，企业收入与总成本持平，业务量增加，企业会盈利；业务量减少，企业会亏损。

单一品种的保本点的表现形式有两种：一是保本点销售量（简称“保本量”）；二是保本点销售额（简称“保本额”）。它们都是标志企业达到收支平衡实现保本额销售业务量的指标。

（二）保本点的确定方法

单一品种的保本点确定方法有图解法、基本等式法和贡献边际法。

1. *图解法*

图解法是指通过绘制保本图来确定保本点位置的一种方法。该方法的原理是当总收入等于总成本时，企业恰好保本。如图 4－1 所示，横轴为销售量，纵轴为总收入和总成本。在图上画出销售收入线和总成本线，若两条直线相交，则交点（x_0，y_0）为保本点。据此可以读出保本量 x_0 和保本额 y_0 的数值。

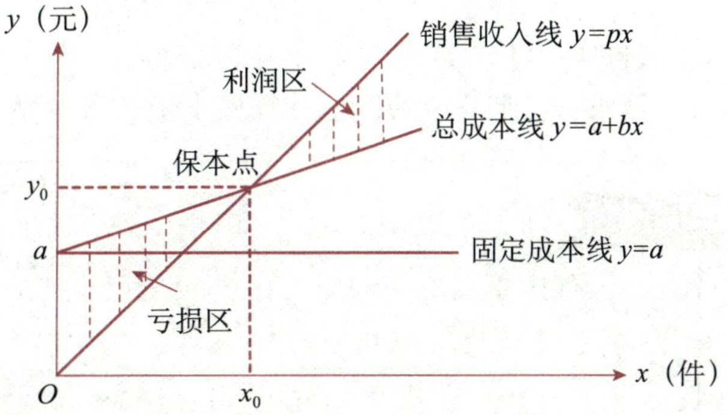

图 4－1　保本图

图解法的优点在于形象、直观，容易理解。但因为绘图比较麻烦，且需要在数轴上读出保本量和保本额，结果可能不够准确。

2. 基本等式法

基本等式法在本量利分析的基本公式基础上，先求出保本量，再计算出保本额。其基本公式如下：

$$保本量(x_0)=\frac{固定成本}{单价-单位变动成本}=\frac{a}{p-b}$$

$$保本额(y_0)=单价\times 保本量=px_0$$

按照基本等式法，在知道单价 p，固定成本 a 和单位变动成本 b 的基础上，可以求出保本点和保本额。

【例 4-2】 B 工厂生产和销售一批产品，该产品的单位售价为 50 元，单位变动成本为 30 元，固定成本为 60 000 元，计算该企业的保本量和保本额。

解

保本量（x_0）=

保本额（y_0）=

3. 贡献边际法

企业还可以利用贡献边际与业务量、利润之间的关系来计算保本量和保本额。因为贡献边际首先用于弥补企业的固定成本，所以当企业处于保本点时，贡献边际总额等于固定成本总额，即有如下公式：

$$保本量(x_0)=\frac{固定成本}{单位贡献边际}=\frac{a}{cm}$$

$$保本额(y_0)=\frac{固定成本}{贡献边际率}=\frac{a}{cmR}$$

$$=\frac{固定成本}{1-变动成本率}=\frac{a}{1-bR}$$

【例 4-3】 延用例 4-2 中的资料。

要求：按照贡献边际法计算保本量和保本额。

解

保本量（x_0）=

保本额（y_0）=

二 单一品种的保利分析

保本分析表明，企业只有达到保本点销售额才能不亏不盈，但企业生产经营的目的不是仅仅满足保本，而是尽可能实现多的利润。因此，只有在考虑到盈利存在的条件下才能充分揭示成本、业务量和利润之间正常的关系，以使企业能实现经营目标。盈利条件下的本量利分析实质上是逐一描述业务量、成本、单价、利润等因素相对于其他因素而存在的定量关系的过程，也可简称为保利分析。

（一）保利点及其计算

保利点是指在确定的单价和成本水平下，为确保预期目标利润（TP）能够实现，而应达到的销售量和销售额的统称。为此，保利点也称实现目标利润的业务量，具体可以用保利量（x'）和保利额（y'）表示。

根据本量利分析的基本公式，可推导出如下保利点的计算公式：

$$保利量(x') = \frac{固定成本总额+目标利润}{单价-单位变动成本} = \frac{a+TP}{p-b}$$

$$= \frac{固定成本总额+目标利润}{单位贡献边际} = \frac{a+TP}{cm}$$

$$保利额(y') = 单价 \times 保利量 = p \cdot x'$$

$$= \frac{固定成本总额+目标利润}{贡献边际率} = \frac{a+TP}{cmR}$$

$$= \frac{固定成本总额+目标利润}{1-变动成本率} = \frac{a+TP}{1-bR}$$

【例 4-4】 已知：仍使用例 4-2 中的资料，假设目标利润（TP）为 12 000 元，价格和成本水平不变。

要求： 计算保利点。

解

保利量（x'）=

保利额（y'）=

（二）保利单价及其计算

保利单价又称为目标单价，是指在成本、销量等因素既定的条件下，为保证实现目标利润应当达到的单价，用 p' 表示。

保利单价的计算公式为：

$$保利单价(p') = 单位变动成本 + \frac{固定成本总额+目标利润}{预计销售量}$$

（三）利润与其他因素的关系

以上关于保本点、保利点的本量利分析，都是假定在相关范围内除业务量以外的销售单价、单位变动成本、固定成本、品种结构等诸多因素保持不变的条件下讨论的，业务量的变动是影响销售收入和总成本的唯一因素。然而企业实际生产经营过程难免存在各种不确定的因素，这些不确定的因素会导致某些基本假设条件不再成立，进而影响损益平衡点和目标利润的确定。

1. 销售量变动

在其他条件不变的情况下，产品销售量的变动，对利润产生同方向的影响。销售量增加，使销售收入和边际贡献总额随之增加，保本点不变，从而使利润增加；反之，利润减少。

2. 产品单价

在其他条件不变的情况下，产品销售价格的变动，对利润产生同方向的影响。单价上升，销售收入和边际贡献随之增加，使保本点降低，利润增加；反之，使保本点提高，利润减少。

3. 单位变动成本

在其他因素不变的情况下，单位变动成本的变化对利润产生反方向的影响。单位变动成本增加，边际贡献相应减少，使保本点上升，利润减少；反之，使保本点降低，利润增加。

4. 固定成本

在其他因素不变的情况下，固定成本总额发生变化，不会影响销售收入及边际贡献，但固定成本增加，需要由更多的边际贡献来补偿，从而使保本点上升，利润减少；反之，使保本点下降，利润增加。

以上讨论的是单一因素变动对利润的影响。实际上，由于企业经营环境的变化，或由于企业采取某些行动，会使有关因素发生相互关联的影响，因此需要分析几个因素同时变动对利润的影响，以利于决策。

思考与分析：

单一品种条件下，本量利分析对于控制企业成本有何意义？

任务三 多品种的本量利分析

任务描述

在实际经济生活中，绝大多数企业都不止生产经营一种产品，因为不同产品的销售量无法直接相加，前面介绍的以单一品种为基础的本量利模型就无法运用。这就需要进一步研究适用于多品种条件下的本量利分析方法。

思考：多品种的产品结构下，企业依据什么来优化产品组合？

任务目标

掌握多品种条件下本量利分析的具体方法。

相关知识

在多品种条件下，企业没有统一的保本销售量，只能以保本销售额来反映企业所处的保本点状态。多品种条件下的本量利分析主要有以下几种常用的方法。

一　综合贡献边际率法

综合贡献边际率法是在确定了企业综合贡献边际率（记作 cmR'）的基础上，分析多品种条件下本量利关系的一种方法。

该方法不要求在各品种间分配固定成本，而是将各品种所创造的贡献边际一律视为补偿企业全部固定成本的收益来源。企业的综合保本额和综合保利额计算公式如下：

$$\text{综合保本额}=\frac{\text{固定成本总额}}{\text{综合贡献边际率}}=\frac{a}{cmR'}$$

$$\text{综合保利额}=\frac{\text{固定成本总额}+\text{目标利润}}{\text{综合贡献边际率}}=\frac{a+TP}{cmR'}$$

该方法的关键是确定综合贡献边际率，具体计算方法有以下三种。

（一）总额法

该方法是指用企业各种产品创造的贡献边际总额与销售收入总额之比来确定综合贡献边际率的一种方法。公式是：

$$\text{综合贡献边际率}\ (cmR')=\frac{\text{贡献边际总额}}{\text{销售收入总额}}\times 100\%=\frac{\sum Tcm}{\sum px}\times 100\%$$

采用总额法，只需掌握企业一定时期内贡献边际总额和销售收入总额就可以计算出综合贡献边际率，不必了解每一品种的单价、单位变动成本和销售量等信息，因此相对简单。但该方法没有办法确定各品种的保本点。

【例 4-5】　A 厂生产经营下列三种产品，20×6 年全厂预计发生固定成本 300 000 元，各种产品的预计销量、单价、单位变动成本等具体信息见表 4-2，假定 20×6 年企业目标利润为 300 000 元。

表 4-2　A 企业计划资料　　单位：元

品种	销量 x_i	单价 p_i	单位变动成本 b_i	销售收入 px_i	贡献边际 Tcm_i	贡献边际率 cmR_i
甲	10 000 套	100	85	1 000 000	150 000	15%
乙	2 500 件	200	160	500 000	100 000	20%
丙	100 000 台	5	2.5	500 000	250 000	50%

要求：（1）用总额法计算该厂的综合贡献边际率。

（2）测算该厂 20×6 年的综合保本额。

（3）计算该厂的综合保利额。

解

（1）根据表 4-7 的资料，可以计算出：

全厂计划销售收入=

贡献边际总额=

综合贡献边际率=

（2）20×6 年该厂综合保本额=

（3）该厂的综合保利额=

（二）贡献边际率总和法

该方法要求先计算出单个品种为全厂创造的贡献边际率（以 cmR'' 表示），再求出所有品种的贡献边际率之和，即可得到全厂综合贡献边际率。公式为：

$$\text{某种产品为全厂创造的贡献边际率}(cmR''_i)=\frac{\text{该产品创造的贡献边际}}{\text{全厂销售收入之和}}\times 100\%=\frac{Tcm_i}{\sum px_i}\times 100\%$$

$$\text{综合贡献边际率}(cmR')=\sum\text{每种产品为全厂创造的贡献边际率}=\sum cmR''_i$$

如果企业已知每种产品创造的贡献边际率，可以运用该方法。但采用贡献边际率总和法同样无法进一步确定每种产品的保本点与保利点。

【例 4-6】 沿用例 4-5 中的资料。

要求：采用贡献边际率总和法计算综合贡献边际率。

解

甲产品为全厂创造的贡献边际率=

乙产品为全厂创造的贡献边际率=

丙产品为全厂创造的贡献边际率=

综合贡献边际率=

（三）加权平均法

加权平均法即在掌握每种产品本身的贡献边际率（记作 cmR_i）的基础上，按各项产品销售额占企业收入的比重（记作 B_i）进行加权平均，据以计算综合贡献边际率的一种方法。公式如下：

$$\text{综合贡献边际率}(cmR') = \sum(\text{某种产品的贡献边际率} \times \text{该产品的销售额比重}) = \sum(cmR_i \cdot B_i)$$

其中：

$$\text{某种产品的贡献边际率}(cmR_i) = \frac{\text{该产品的贡献边际}}{\text{该产品销售收入}} \times 100\% = \frac{Tcm_i}{px_i} \times 100\% = \frac{\text{该产品的单位贡献边际}}{\text{该产品单价}} \times 100\% = \frac{cm_i}{p_i} \times 100\%$$

$$\text{某种产品的销售额比重}(B_i) = \frac{\text{该产品计划销售额}}{\text{各种产品计划销售额合计}} \times 100\% = \frac{px_i}{\sum px_i} \times 100\%$$

采用加权平均法可以计算出综合保本额和综合保利额，还可以在此基础上按每一品种所占的销售比重，计算出每一品种的保本额和保利额，也可以进一步计算得出它们的保本量和保利量。

【例4-7】 仍沿用例4-5中的资料。

要求：(1) 按加权平均法计算综合贡献边际率。

(2) 计算综合保本额和综合保利额。

(3) 计算每种产品的保本额和保本量。

解

(1) 从表4-2第7列可以查到三种产品的贡献边际率分别为15%、20%和50%。

甲产品的销售比重=

乙产品的销售比重=

丙产品的销售比重=

综合贡献边际率=

(2) 综合保本额=

综合保利额=

(3) 甲产品保本额=

乙产品保本额=

丙产品保本额=

甲产品保本量=

乙产品保本量=

丙产品保本量=

上述三种计算综合贡献边际率的方法分别适用于掌握资料详略不同的情况。采用加权平均法要求掌握更详细的资料，但也能提供比其他两种方法更为有用的信息而更具有实用性。在管理会计实务中，大多按照加权平均法计算综合贡献边际率。

因为销售额比重会影响企业综合贡献边际率水平，所以销售额比重即品种结构因素必然成为影响多品种本量利关系的另一重要因素。因此，在其他条件不变的前提下，企业应积极调整产品结构，努力提高贡献边际率水平较高的产品销售比重，降低贡献边际率水平较低的产品销售比重，从而提高企业的综合贡献边际率水平，降低企业保本额和保利额。

二 分算法

分算法是指按照一定的标准将全厂固定成本在各种产品之间分配，然后就每一个品种分别运用单一产品的保本点分析公式进行本量利分析的方法。

有的企业虽然组织多品种生产经营，但是由于生产技术的缘故采用封闭式生产方式。在这种条件下，可以区分产品的专属固定成本，也可以将共同固定成本按照一定的标准分配给各产品。分算法实施的关键是确定合适的分配固定成本的指标，例如对制造公司而言，常用的指标有产品重量、加工工时等。

【例 4-8】 仍沿用例 4-5 中的资料。

要求： 用分算法计算各产品的保本量和保本额（假定固定成本按贡献边际的比重分配）。

解

固定成本分配率=

分配给甲产品的固定成本=

分配给乙产品的固定成本=

分配给丙产品的固定成本=

甲产品的保本量=

甲产品的保本额=

乙产品的保本量=

乙产品的保本额=

丙产品的保本量=

丙产品的保本额=

三 主要品种法

主要品种法是指在多种产品中确定一种主要品种，对其进行本量利分析，即可完成多品种条件下本量利分析任务的一种方法。

该方法适用于企业生产经营的多种产品中有一种主要产品，能够向企业提供绝大多数的贡献边际，而其他产品所提供的贡献边际所占比重比较小，或为无足轻重的副产品或发展余地不大。因为主要产品必然是企业生产经营的重点，也应当负担企业的固定成本。在这种方法下，只要对主要产品的有关资料进行本量利分析即可。

【例 4－9】 甲企业组织生产三种产品，有关资料见表 4－3，本期发生的固定成本为 600 万元。

表 4－3 甲企业的生产经营资料　　　　金额单位：万元

品种	销售收入		贡献边际		贡献边际率
	金额	比重	金额	比重	
A	2 000	20%	900	90%	45%
B	100	1%	80	8%	80%
C	7 900	79%	20	2%	0.25%
合计	10 000	100%	1 000	100%	—

要求：（1）如果分别以销售额和贡献边际率作为判断主要产品的标志，应当选择哪种产品作为主要产品。

（2）以贡献边际作为判断主要产品的标志，计算企业本期最保守的保本额。

解

思考与分析：

综合贡献边际率法、分算法和主要品种法的特点分别是什么？

小贴士

多品种条件下本量利分析具体方法的比较

主要品种法和分算法都属于将多品种条件下的本量利分析转化成或简化为单一产品本量利分析的形式，但有各自的运用条件。如采用主要品种法要求品种主次分明；而采用分算法要求能够客观地将固定成本在各产品之间进行分配。采用综合贡献边际率法要求资料齐全，产品结构相对稳定。在实际应用时，应根据具体情况，选择适合本企业特点的方法进行多品种本量利分析。

任务四 经营安全分析

任务描述

在变化的经济环境中，了解企业所能承受的销售低迷程度，对管理者而言也是十分重要的。许多企业在计算保本点的基础上，还要考虑企业经营的安全程度，确定安全边际指标。

思考：怎样判断一个企业的经营是否安全？

任务目标

掌握安全边际指标和保本作业率指标，了解安全边际率与保本作业率之间的关系。

相关知识

一 安全边际指标

（一）安全边际的意义

安全边际是指实际或预计销售量（额）超过盈亏临界点销售量（额）的差额。该指标标志着企业从现有销售量（额）到盈亏临界点还有多大的距离，此差距说明企业现有销售量（额）再降低多少，就可能发生损失。显然，差距越大，安全边际越大，企业的抗风险能力越强，发生亏损的可能性越小，其经营越安全；反之，差距越小，安全边际越小，其抗风险能力越差，发生亏损的可能性也越高，经营的安全程度越低。

（二）安全边际的计算

计算公式如下：

$$安全边际量=预计(或实际)销售量-保本量$$

$$安全边际额=预计(或实际)销售额-保本额$$

$$安全边际率=\frac{安全边际量}{预计(或实际)销售量}\times 100\%$$

$$=\frac{安全边际额}{预计(或实际)销售额}\times 100\%$$

安全边际量与安全边际额对企业而言都是正指标，即越大越好。实际中一般用安全边际率来评价企业经营的安全程度，企业经营安全性检验标准如表 4-4 所示。

表 4-4 企业经营安全性检验标准

安全边际率	10%以下	10%～20%	20%～30%	30%～40%	40%以上
安全程度	危险	值得注意	比较安全	安全	很安全

在目标利润和安全边际既定的情况下，保本点指标还可依下列公式计算：

$$保本量（x_0）=\frac{固定成本\times安全边际量}{目标利润}$$

$$保本额（y_0）=\frac{固定成本\times安全边际额}{目标利润}$$

二 保本作业率指标

一些西方国家的企业不用安全边际率，而采用保本作业率指标来评价企业的经营安全程度。

保本作业率也称危险率（记作 dR），是指保本点业务量占现有或预计销售业务量的百分比，该指标是一个反指标，越小说明企业经营越安全。其计算公式为：

$$保本作业率（dR）=\frac{保本量}{现有或预计销售量}\times100\%=\frac{x_0}{x_1}\times100\%$$

$$=\frac{保本额}{现有或预计销售额}\times100\%=\frac{y_0}{y_1}\times100\%$$

三 安全边际率与保本作业率的关系

安全边际率与保本作业率之间存在以下关系：

安全边际率＋保本作业率＝1

【例 4－10】 某企业保本量为 3 000 件，保本额为 150 000 元；预计销售量为 3 600 件，预计销售额为 180 000 元。

要求：（1）计算该企业的安全边际量、安全边际额和安全边际率。

（2）计算该企业的保本作业率。

（3）观察安全边际率与保本作业率的关系。

（4）评价该企业的经营安全程度。

解

（1）安全边际指标的计算：

安全边际量＝

安全边际额＝

安全边际率＝

（2）保本作业率＝

（3）安全边际率与保本作业率的关系：

（4）评价该企业的经营安全程度：

思考与分析：

如果一个企业的安全边际率为20%，其经营是否安全？

案例分析

（1）本模块引例中小张的宠物养护店提供的服务分别可以提供单位贡献边际30元、80元和20元，减除固定成本80 000元后，可以获得130 000元的利润，因此可以获利。

（2）由（1）的分析可以得出小张提供的护理、美容和寄养服务的贡献边际率分别为60%、80%和28.57%，从贡献边际率的角度来看，护理服务和美容服务的盈利能力较强，要提高宠物养护店的经营效益，在生产资源允许的情况下，应当在护理服务和美容服务上面投入更多的生产资源和广告资源，从而提高护理和美容业务的销售比重，提高综合边际贡献率，促使企业经营状态向有利方向发展。

技能训练

一、单项选择题

1. 生产单一品种产品的企业，保本销售额为（　　）。

A. 保本销售量×单位利润

B. 固定成本总额÷贡献边际率

C. 固定成本总额÷(单价一单位变动成本)

D. 固定成本总额÷贡献边际

2. 从保本图上得知，对单一产品分析，（　　）。

A. 单位变动成本越大，总成本线斜率越大，保本点越高

B. 单位变动成本越大，总成本线斜率越小，保本点越高

C. 单位变动成本越小，总成本线斜率越小，保本点越高

D. 单位变动成本越小，总成本线斜率越大，保本点越低

3. 某企业只生产一种产品，单价为6元，单位变动生产成本为4元，单位销售和管理变动成本为0.5元，销量为500件，则其产品贡献边际为（　　）元。

A. 650　　B. 750　　C. 850　　D. 950

4. 下述因素中，导致保本销售量上升的是（　　）。

A. 销售量上升　　B. 产品单价下降

C. 固定成本下降　　D. 产品单位变动成本下降

5. 已知产品销售单价为24元，保本销售量为150件，销售额可达4 800元，则安全边际率为（　　）。

A. 33.33%　　B. 25%　　C. 50%　　D. 20%

6. 保本作业率与安全边际率之间的关系是（　　）。

A. 两者相等　　B. 前者一般大于后者

C. 后者一般大于前者　　D. 两者之和等于 1

7. 销售量不变，保本点越高，则能实现的利润（　　）。

A. 越小　　B. 不变　　C. 越大　　D. 不一定

二、多项选择题

1. 本量利分析的基本内容有（　　）。

A. 保本点分析　　B. 安全性分析　　C. 利润分析　　D. 保利点分析

2. 安全边际率等于（　　）。

A. 安全边际量÷实际销售量　　B. 保本销售量÷实际销售量

C. 安全边际额÷实际销售额　　D. 保本销售额÷实际销售额

3. 从保本图可知（　　）。

A. 保本点右边，成本大于收入，是亏损区

B. 销售量一定的情况下，保本点越高，盈利区越大

C. 实际销售量超过保本点销售量部分即安全边际

D. 安全边际越大，盈利面积越大

4. 贡献边际率的计算公式可表示为（　　）。

A. 1－变动成本率　　B. 贡献边际/销售收入

C. 单位贡献边际/单价　　D. 固定成本/保本销售额

5. 下列两个指标之和为 1 的有（　　）。

A. 安全边际率与贡献边际率　　B. 安全边际率与保本作业率

C. 保本作业率与变动成本率　　D. 变动成本率与贡献边际率

三、判断题

1. 目标利润的变动，只会影响保本点，不会影响保利点。（　　）

2. 当其他条件不变时，单价降低将使保本点提高。（　　）

3. 如果企业的销售量为零，则其亏损额就是固定成本。（　　）

4. 企业各种产品所提供的贡献边际构成了企业的营业净利润。（　　）

5. 安全边际率与保本作业率越大，则企业经营安全程度越好。（　　）

四、计算题

1. 某企业产销 A、B、C、D 四种产品，有关资料如表 4－5 所示。

表 4－5　产品销售资料　　单位：元

产品名称	销售量（件）	销售收入总额	变动成本总额	单位贡献边际	固定成本总额	利润（或亏损）
A	(1)	40 000	(2)	8	7 000	9 000
B	3 000	60 000	(3)	(4)	10 000	−1 000
C	1 000	60 000	20 000	(5)	9 000	(6)
D	5 000	(7)	25 000	4	(8)	6 000

要求：计算填列表中用数字（1）、（2）、（3）、（4）、（5）、（6）、（7）、（8）表示的项目。

2. 某企业只产销一种产品，20×6 年销售量为 8 000 件，单价为 240 元，单位成本为 180 元，其中单位变动成本为 150 元，该企业计划 20×7 年利润比 20×6 年增加 10%。

要求：运用本量利分析原理进行规划，说明从哪些方面采取措施，才能实现目标利润（假定采取某项措施时，其他条件不变）。

3. 某公司生产甲、乙、丙三种产品，其固定成本总额为 19 800 元，三种产品的有关资料如表 4－6 所示。

表 4－6 产品销售资料

品种	销售单价（元）	销售量（件）	单位变动成本（元）
甲	2 000	60	1 600
乙	500	30	300
丙	1 000	65	700

要求：（1）采用加权平均法计算该公司的综合保本销售额及各产品的保本销售量。

（2）计算该公司的税前营业利润。

4. 某公司 20×6 年取得的销售收入为 180 000 元，销售成本为 160 000 元，其中固定成本为 88 000 元，若 20×7 年计划增加广告费 3 200 元，产品单价仍为 40 元/件。

要求：（1）预测 20×7 年该公司的保本点。

（2）若 20×7 年计划实现目标利润 52 800 元，则目标销售额应为多少？

技能训练参考答案

第二篇

预测与决策会计

模块五

预测的分析与应用

学习目标

知识目标

- 熟悉预测的含义、分类和程序
- 掌握销售预测、利润预测的不同方法
- 熟悉成本预测、资金需要量预测的不同方法

技能目标

- 能运用不同方法对企业的销售、利润进行预测
- 能运用不同方法对企业的成本和资金需要量进行预测

引　例

童装厂的错误预测

某市童装厂生产销售连年稳定增长。年初该厂设计了一批童装新品种。由于工艺比原来复杂，成本较高，价格比普通童装高出了70%以上。为了摸清这批新产品的市场吸引力，该厂在春节前举办了童装迎春展销会。小批量投放市场十分成功，顾客购买踊跃，许多商家主动上门订货。厂长决心趁热打铁，尽快组织批量生产，及时抢占市场。为了确定计划生产量，以便安排以后月份的生产，厂长根据以前的月销售统计数，运用加权平均法，计算出以后月份预测数。考虑到展销会的热销场面，他决定利用生产能力的80%生产新品种，20%生产老品种。2月份的产品很快就被订购完了。然而，4月初时3月份的产品还没有落实销路。几家老客商也都反映销量不好不愿意继续订购这类童装了。对市场上出现的巨大的需求变化，厂长感到十分纳闷儿。他弄不明白，这些新品种都经过试销，自己亲自参加市场调查和预测，为什么会事与愿违呢?

请 分 析：为什么市场的实际销售情况会与厂长市场调查与预测的结论大相径庭?

分析提示：预测的方法有很多种，每一种方法都有不同的适用范围。预测时应根据预测对象的特点，有针对性地对预测方法加以选择，如果选择不当，就难以保证预测目标的实现。

任务一 预测的认知

任务描述

在现代企业管理中，决策是其重心所在。而正确的决策必须以科学的预测为前提，可见预测分析在企业管理中极其重要。企业要想在市场竞争中立于不败之地，就必须做好预测分析，不仅要了解市场的过去和现状，更为重要的是必须面向未来，对未来的发展趋势做出科学的预计和推测。

思考：什么是预测？预测的主要种类有哪些？如何进行预测？

任务目标

掌握预测的含义和分类，明确预测的一般程序。

相关知识

一 预测的含义

预测是指根据过去的历史资料和现在所能取得的信息，运用所掌握的科学知识和实践经验，按照事物的发展规律，有目的地预计和推测未来的过程。管理会计中的预测分析指的就是运用专门的方法进行经营预测的过程。

二 预测的分类

在实际工作中，为了适应企业经营管理的不同需要，预测可以按不同的标志从多个角度进行分类。

（一）按预测的内容分类

1. 销售预测

销售预测，是指在对市场进行充分调查的基础上，根据历史销售资料和市场上对产品需求的变化情况，对企业某种产品在未来一定时期和区域内的销售发展变化趋势所进行的科学预计和推测。

2. 利润预测

利润预测，是指按照企业经营目标的要求，在销售预测的基础上，通过综合分析影响利润变动的价格、成本、产销量等因素，对企业未来一定时期内可能达到的利润水平和变动趋势所进行的科学预计和推测。

3. 成本预测

成本预测，是指根据历史成本资料以及企业现有的经济、技术条件和未来的发展目标，运用专门方法，对企业未来一定时间内成本水平及其发展变动趋势所进行的科学预计和推测，主要包括目标成本预测和成本变动趋势预测。

4. 资金需要量预测

资金需要量预测，是指以未来企业生产经营规模的发展和资金利用效果的提高为前提，根据历史资金资料，在销售预测、利润预测、成本预测的基础上，运用一定方法，对未来一定时间内的资金需要量及其相关方面所进行的科学预计和推测。

（二）按预测的期限分类

1. 短期预测

短期预测是指对计划年度或季度经济发展前景所进行的预测。短期预测主要是制订年度计划、季度计划、月度计划，明确一年以内经济活动的具体任务。

2. 中期预测

中期预测是指对一年以上、五年以下经济活动的预测，一般将预测期限定为三年。中期预测主要是用来制订中期计划，并对长期计划的执行情况及长期决策的经济效果进行检查，以便及时发现问题，纠正偏差。

3. 长期预测

长期预测是指对五年以上的经济发展前景所进行的预测。长期预测主要为企业制订远景规划及重大的经营管理决策提供依据。

（三）按预测所采用的方法分类

预测所采用的方法是多种多样的，但总的来说可以分为定性预测法和定量预测法两大类。

1. 定性预测法

定性预测法又称非数量预测法，是指根据预测的目的和要求，在调查研究的基础上，借助有关专业人员的知识技能、实践经验和综合分析能力，对某一事物未来的发展趋势所进行的判断和推测的方法。这种方法通常用于缺乏完备、系统的信息资料或难以将信息资料定量化的情况，主要有判断分析法、市场调查法、综合意见法、主观概率法等。

2. 定量预测法

定量预测法又称数量分析法，是指根据过去比较完备、系统的信息资料，运用现代数学方法和信息处理工具对有关数据资料进行科学的加工处理，并借用经济数学模型对预测对象未来的数量特征值进行推断的方法。定量预测法按照具体运用方式的不同，又可分为趋势预测法和因果预测法两种。

（1）趋势预测法。趋势预测法又称外推预测法或时间序列分析法，是指以某项指标值过去的时间数列为依据，运用数学方法，对研究对象未来的发展趋势进行预计和推断的方法，如简单平均法、移动平均法、加权平均法、指数平滑法、直线趋势法、修正的时间序列回归分析法等。

（2）因果预测法。因果预测法，是指根据事物之间相互依存、相互制约的因果关系，建立经济数学模型，最终通过建立的模型由现象已知数值推测未知数值的推断方法，如本量利分析法、回归分析法、投入产出法、经济计量法等。

在实际的预测工作中，定性预测法和定量预测法并不相互排斥，而是相互补充、相辅相成。预测者只有根据企业的实际情况，把两者结合运用，才能取得良好的预测效果。考虑到和有关课程内容的衔接，本教材在进行预测分析时对定性预测法只是简单介绍，重点对有关的定量预测法进行阐述。

三 预测的程序

预测是一项细致复杂的工作，必须有计划、有步骤地进行。从预测开始到最终完成形成预测报告，企业一般需分以下几个步骤进行。

（一）确定预测的对象

预测的对象是指预测什么，即确定出预测的内容、范围、目标和要求，并规定预测的时间期限和数量单位等。

（二）搜集整理预测信息资料

预测需建立在充分的信息基础之上，预测对象确定后，应尽可能搜集可靠、真实、全面的信息资料，并对所搜集的信息资料进行加工整理、去伪存真，以确保预测资料的系统性、可比性、连续性。

（三）选择预测方法并实施预测

预测方法多种多样，不同的方法有不同的适用条件。预测时应根据预测对象的特点，有针对性地对预测方法加以选择，如果选择不当，就难以保证预测目的的实现。预测方法选定后，即可利用搜集整理的预测信息资料，对预测对象进行实际预测。

（四）对预测结果进行分析评价

预测结果生成后，经过一段时间，还需对上一阶段的预测结果进行检查验证和分析评价，发现不足，及时加以修正，以使其更加符合实际。

（五）提供预测报告

经过上一阶段的修正补充，需将最后的预测结果以适当的形式呈报给有关领导，以便领导做出正确的决策。

任务二 销售预测的分析与应用

任务描述

预测分析的基本内容主要包括销售预测、利润预测、成本预测和资金需要量预测。其中，销售预测是其他各项预测的前提。只有在做好销售预测的前提下，才能相互衔接地开展好其他各项经营预测。

思考：什么是销售预测？销售预测的方法有哪些？各种方法的适用范围及优缺点有哪些？

任务目标

了解销售预测的含义，熟悉销售预测的定性预测法，掌握销售预测的定量预测法的应用。

相关知识

一　销售预测的含义及作用

销售预测是指在对市场进行充分调查的基础上，根据历史销售资料和市场上对产品需求的变化情况，对企业某种产品在未来一定时期和区域内的销售发展变化趋势所进行的科学预计和推测。

销售预测具有如下作用：

（1）销售预测是其他各项预测的前提。

（2）销售预测是正确编制销售预算的基础。

（3）销售预测是企业进行正确经营决策的重要依据。

二　销售预测的分析方法

（一）定性预测法

销售预测的定性预测法主要有市场调查法、判断分析法和产品寿命周期分析法。

1. 市场调查法

市场调查法是指在市场调查的基础上，根据产品销售的具体特点和调查所得的资料，进行销售预测的方法。市场调查法的内容主要包括对以下四个方面：

（1）对产品本身的调查。任何产品都会经历从萌芽期、成长期、成熟期到衰退期四个阶段，也称为产品的市场寿命周期。即便对同一种产品来讲，由于受到科学技术水平、社会经济发展水平以及消费环境变化的影响，其在不同的社会时期的寿命周期有不断缩短的趋势。对产品本身的调查，就是要了解产品在当前市场的寿命周期长度以及所处的寿命周期阶段，以把握产品的市场销售前景，因为不同的阶段对产品的销售量会产生很大的影响。

（2）对消费者消费情况的调查。一种产品能否售出主要取决于市场需求，而消费者的情况、消费心理、个人爱好、消费风俗习惯等，对产品及其供应者的要求等都会影响产品的需求量。因此，掌握消费者的爱好和对产品的购买意图是市场调查的一项很重要的内容，这对生活消费品的销售预测来讲尤为重要，因为生活消费品使用面广、选择性强，消费者的消费意愿极易变化，消费行为对市场需求的影响更为直接。

（3）对产品的市场竞争情况的调查。企业的销售情况除了受到以上因素的影响之外，还受到产品的市场竞争情况的影响。市场经济离不开竞争，要在市场经济中求得生存和发展，既要清楚本企业产品的竞争能力，又要了解竞争对手的情况，包括在产品的设计、生产、销售价格等方面的新动向及其对销售将会产生的影响等，从而能够正确估计本企业产品在市场上的地位。

（4）对国内外和本地区经济发展趋势的调查。一国或地区的社会经济发展趋势都会直接或间接地影响市场需求。因此，了解国民收入增长情况、社会商品购买力情况、消费动向、行业生产增长速度和规模等，将有助于对产品的市场需求作出正确的判断。

2. 判断分析法

判断分析法是指通过聘请具有丰富经验的经营管理人员、知识渊博的经济专家或市场营销人员对企业一定时期的销售情况进行综合研究，及时作出判断的预测方法。由于凭借专门人员的丰富经验进行判断预测，因此该法一般适用于历史资料不够完备可靠、无法进行定量分析的企业。判断分析法主要包括个别专家意见汇集法、专家小组法和德尔菲法。

（1）个别专家意见汇集法。个别专家意见汇集法也称主观判断法，它是由本企业熟悉销售业务、对于市场的未来发展变化的趋势比较敏感的领导者、主管人员和业务人员，根据其多年的实践经验集思广益，分析各种不同意见并对之进行综合分析评价后所进行的判断预测。即分别向每位专家征求对本企业产品未来销售情况的个人意见，然后将这些意见加以综合分析，确定预测值。

这一方法产生的依据是，企业内部的各有关人员由于工作岗位和业务范围及分工有所不同，尽管他们对各自的业务都比较熟悉，对市场状况及企业在竞争中的地位也比较清楚，但其对问题理解的广度和深度却往往受到一定的限制。在这种情况下，就需要各有关人员既能对总的社会经济发展趋势和企业的发展战略有充分的认识，又能全面了解企业当前的销售情况，进行信息交流和互补，在此基础上经过意见汇集和分析，就能作出比较全面客观的销售判断。采用这一方法，费时不长，耗费较小，运用灵活，并能根据销售市场的变动及时对预测数据进行修正，是一种比较实用的方法。

（2）专家小组法。专家小组法也属于一种客观判断法，它是由企业组织各有关方面的专家组成预测小组，通过召开各种形式座谈会的方式，进行充分广泛的调查研究和讨论，然后运用专家们的集体智慧作出最后的预测判断。

这一方法是由各专家组成小组面对面进行的集体讨论和研究，因此可以相互启发和补充，使对预测问题的分析、研究更为全面和深入，避免各专家之间因信息资料不共享而使预测带有片面性。采用这一方法，要求各专家从企业的整体利益出发，畅所欲言，充分表达各自的观点，而不受不同意见的干扰和影响。此方法的缺陷是预测小组中专家意见可能受权威专家的影响，客观性较德尔菲法差。

（3）德尔菲法。德尔菲法又名专家意见法、专家调查法或函询调查法，与专家小组法“面对面”的预测形式相反，主要采用“背对背”的通信方式征询专家小组成员的预测意见，各专家在互不通气的情况下，根据自己的观点和方法进行预测，然后由企业把各个专家的意见汇集在一起，通过不记名方式反馈给各位专家，请他们参考别人的意见修正本人原来的判断。经过几轮征询，专家小组的预测意见趋于集中，企业最终据此做出符合市场未来发展趋势的预测结论。

采用这一方法征询意见时，各专家之间应尽量互不通气，以使各人能根据自己的经验、观点和方法进行预测，避免专家之间因为观点不同、地位不同等而产生干扰和影响。同时，在每次重复征询意见过程中，都应注意把上次征询意见的结果进行加工整理后反馈给各专家，特别要注意不应忽略少数人的意见，以使各专家在重复预测时能作出较全面的分析和判断。

3. 产品寿命周期分析法

产品寿命周期分析法是指利用产品销售量在不同寿命周期阶段上的变化趋势，进行销售预测的一种定性分析方法，它是对其他预测分析方法的补充。产品寿命周期是指产品从投入市场到退出市场所经历的时间，一般要经过萌芽期、成长期、成熟期和衰退期四个阶段。判断产品所处的寿命周期阶段，可根据销售增长率指标进行。一般萌芽期增长率不稳定，成长期增长率最大，成熟期增长率稳定，衰退期增长率为负数。了解产品所处的寿命周期阶段，有助于正确选择预测方法，如：萌芽期历史资料缺乏，可以运用定性分析法进行预测；成长期可以运用回归分析法进行预测；成熟期销售量比较稳定，适用趋势预测分析法。

（二）定量预测法

销售预测的定量预测法主要包括算术平均法、加权平均法、移动平均法、指数平滑法、回归直线法等。

1. 算术平均法

算术平均法又称简单平均法，是以某产品在过去若干期间内的实际销售量（额）作为样本进行简单的平均计算，以其算术平均数作为该产品未来期间内销售预测值的一种预测方法。计算公式如下：

计划期销售预测值＝各期销售量（额）之和/期数

用符号表示为：

$$Y=\frac{\sum X}{n}$$

式中，Y 代表销售预测值；X 代表销售量（额）；n 代表销售资料期数。

算术平均法的最大优点是简单明了，易于掌握；其最大的缺点是没有考虑不同时期（如远期和近期）实际销售量（额）的发展趋势对销售预测值的影响，可能会造成一定的预测误差。所以，这种方法一般只适用于各个时期销售量或销售额变化比较平稳的商品预测，如没有季节性变化的食品、文具、日常用品等。

例 5－1 至例 5－5 参考答案

【例 5－1】 某公司生产经营 A 产品，该产品过去 6 年的实际销售额资料如表 5－1 所示。

表 5－1　A 产品销售资料表　　单位：万元

年份	20×1	20×2	20×3	20×4	20×5	20×6
销售额	1 350	1 470	1 560	1 680	1 690	1 678

要求： 运用算术平均法预测该公司 20×7 年的销售额。

解

20×7年的销售额预测值=

2. 加权平均法

加权平均法，是指将过去若干历史时期的销售量（额）按照近大远小（近期权数大，远期权数小）的原则分别确定出不同的权数，并计算销售量（额）的加权算术平均数以作为未来销售量（额）预测值的预测方法。

加权平均法对权数的确定可采用以下两种办法，从而引申出两种计算方法：

（1）取绝对数权数。即按自然数序列1，2，3，…，n为各期销售量确定权数，如第一期取权数为1，第二期取权数为2，…，第n期取权数为n。

计算公式如下：

$$销售预测值=\frac{\sum 各期销售量(额)\times 权数}{权数之和}$$

用符号表示为：

$$Y=\frac{\sum XW}{\sum W}$$

式中，Y代表销售预测值；X代表销售量（额）；W代表权数。

（2）取相对数权数或小数权数。即为各期销售量取递增的相对数权数或小数权数，但必须使权数之和等于1。这样公式就改为：

$$销售预测值=\sum 各期销售量(额)\times 权数$$

用符号表示为：

$$Y=\sum XW$$

与简单平均法相比，加权平均法由于按近大远小的原则为不同历史时期的资料确定权数，考虑了距离预测期远近数据的不同影响，因而更加科学合理，计算也较方便，在实践中应用较多。但由于确定权数存在主观性，可能出现预测的人为差异。

【例5-2】 某公司生产经营A产品，该产品过去6年的实际销售额资料如表5-2所示。

表5-2 A产品销售额资料表 单位：万元

年份	20×1	20×2	20×3	20×4	20×5	20×6
销售额	650	670	660	680	690	678

假设以下两种情况：

（1）权数分别为1、2、3、4、5、6。

（2）权数分别为0.1、0.1、0.1、0.2、0.2、0.3。

要求： 分别运用加权平均法预测该公司20×7年的销售额。

解

(1) 权数分别为1、2、3、4、5、6时，20×7年的销售额预测值为：

(2) 权数分别为0.1、0.1、0.1、0.2、0.2、0.3时，20×7年的销售额预测值为：

3. 移动平均法

移动平均法，是指根据销售量（额）的历史资料，按时间先后顺序计算移动平均数来确定销售量（额）预测值的一种方法，具体是指从 n 期的时间数列中选取 m 期（m 数值固定，且 $m<n/2$，m 期也称为样本期）数据作为样本值，求其 m 期的算术平均数，并不断向后移动计算观测期平均值，以最后一个 m 期的平均数作为未来第 $n+1$ 期销售预测值的一种方法。这种方法假设预测值主要受最近 m 期数据的影响。

计算移动平均数时一般采用简单算术平均法。计算公式如下：

$$\text{销售预测值}=\frac{\sum \text{最后移动期销售量(额)}}{\text{移动期数}}$$

用符号表示为：

$$Y_{n+1}=\frac{X_{n-(m-1)}+X_{n-(m-2)}+\cdots+X_{n-1}+X_n}{m}$$

式中，Y_{n+1} 代表第 $n+1$ 期销售预测值；X 代表各期销售量（额）；n 代表总期数；m 代表移动期数。

在计算移动平均数时，移动期数的长短要视具体情况而定。一般来说，若各期销售量（额）波动不大，宜采用较长的移动期进行平均；若各期销售量（额）波动较大，则宜采用较短的移动期进行平均。由于移动平均法只选用了 n 期数据中的最后 m 期作为计算依据，故而代表性较差。因此，该法适用于销售量（额）略有波动的产品预测。

【例5-3】 某公司生产经营A产品，该产品过去8年的实际销售量资料如表5-3所示。

表5-3 A产品销售量资料表 单位：吨

年份	20×1	20×2	20×3	20×4	20×5	20×6	20×7	20×8
销售量	3 250	3 300	3 150	3 350	3 450	3 500	3 400	3 600

要求： 运用移动平均法预测公司20×9年的销售量（假设样本期为3期）。

解

20×9年的销售量预测值为：

小贴士

修正移动平均法

为了使预测值能更好地反映销售量变化的趋势，可以对预测结果按趋势值进行修正，这种对移动平均法结果修正的方法称为修正移动平均法。计算公式如下：

修正后的预测期预测值=预测期预测值+(预测期预测值－预测前期预测值)

用符号表示为：

$$\overline{Y}_{n+1}=Y_{n+1}+(Y_{n+1}-Y_n)$$

式中，$\overline{Y}_{n+1}$代表修正后的预测期预测值；Y_{n+1}代表移动平均法计算出的预测期预测值；Y_n代表预测前期预测值；n代表期数。

4. 指数平滑法

指数平滑法是一种特殊的加权平均法，它是在前期销售量（额）实际数和预测数的基础上，利用事先确定的平滑指数α及$1-\alpha$作为权数进行加权计算，预测未来销售量（额）的一种方法。计算公式如下：

销售预测值=平滑指数×前期实际销售量(额)+(1－平滑指数)×前期预测销售量(额)

用符号表示为：

$$Y_{n+1}=\alpha X_n+(1-\alpha)Y_n$$

式中，Y_{n+1}代表预测期预测值；Y_n代表预测前期预测值；X_n代表前期实际销售值；α代表平滑指数；n代表期数。

小贴士

平滑指数的取值

平滑指数的取值通常在0.3～0.7。平滑指数α越大，则前期实际数对预测结果的影响越大；平滑指数α越小，则前期实际数对预测结果的影响越小。

若销售量（额）波动较大或进行短期预测时，则平滑指数α取较大值；若销售量（额）波动较小或进行长期预测时，则平滑指数α取较小值。

指数平滑法运用比较灵活，适用范围较广，但在平滑指数的选择上，企业往往是根据过去的实际值和预测值的比较得出的，带有一定的主观随意性。为避免人为因素对平滑指数的影响，企业应充分考虑近期预测值和实际值对未来预测值的影响，随时调整平滑指数，并利用不同的平滑指数进行反复的验证，方可达到预测值和实际值之间差异的最小化，得到最佳的销售预测值。

【例5-4】 某公司20×6年实际销售量为3 600吨，假设原预测20×6年销售量为3 475吨。

要求：运用指数平滑法预测公司20×7年的销售量（假设平滑指数为0.6）。

解

20×7年的销售量预测值为：

5. 回归直线法

回归直线法，也称最小二乘法或一元回归分析法。它假定影响预测对象销售量（额）y 的因素只有一个 x，构建方程 $y=a+bx$，按照最小二乘法原理，最终确定一条误差最小的、能正确反映自变量 x 和因变量 y 之间关系的直线。

回归直线法的具体步骤为：

（1）验证 x 和 y 的相关性，可以通过计算 r 判断。

$$r=\frac{n\sum xy-\sum x\sum y}{\sqrt{[n\sum x^2-(\sum x)^2]\times[n\sum y^2-(\sum y)^2]}}$$

（2）计算 a 和 b，计算公式为：

$$\begin{cases} b=\dfrac{n\sum xy-\sum x\sum y}{n\sum x^2-(\sum x)^2} \\ a=\bar{y}-b\bar{x}=\dfrac{\sum y}{n}-b\dfrac{\sum x}{n} \end{cases}$$

（3）构建方程 $y=a+bx$，结合自变量 x 的取值，即可求出预测对象 y。

回归直线法运用了最小二乘法的原理，计算结果相对更加准确。但运用回归直线法时必须保证销售量（额）及其影响因素具有一定的因果关系，这样回归才有意义。同时由于计算工作量大，计算过程比较麻烦，实际工作中可以使用 Excel 软件中的数据分析工具计算。

【例 5-5】　某公司生产经营 A 产品，该产品过去 8 年的实际销售量和广告费资料如表 5-4 所示。

表 5-4　A 产品销售量和广告费资料表

年份	20×1	20×2	20×3	20×4	20×5	20×6	20×7	20×8
销售量（万吨）	230	236	241	246	252	257	262	276
广告费（万元）	10	13	12	14	13	12	15	16

假定 A 产品销售量只受广告费支出大小的影响，20×9 年预计广告费支出 17 万元。

要求：运用回归直线法预测公司 20×9 年的销售量。

解

通过分析，可以知道一般情况下广告费会影响销售量，因此广告费属于自变量，销售量属于因变量，构建二者之间的回归方程。

根据上述资料，计算数据，填入下表。

A产品销售量和广告费数据整理表

年份	广告费（万元）x	销售量（万吨）y	xy	x^2	y^2
20×1					
20×2					
20×3					
20×4					
20×5					
20×6					
20×7					
20×8					
合计					

(1) 计算 r=

这说明：

(2) 计算 a 和 b。

(3) 构建方程 y=

(4) 将 x= 17(万元)代入方程，可以得到 20×9 年的销售量为：

y=

任务三 利润预测的分析与应用

任务描述

利润是衡量企业生产经营成果的重要指标。利润预测是财务预测的重要组成部分，能为企业编制利润计划和进行目标管理提供依据。同时，利润预测对企业进行生产经营决策意义也非常重大。所以，企业要对利润进行科学预测，确定目标利润，并据此安排企业的经营活动。

思考：什么是利润预测？利润预测的方法有哪些？各种方法的适用范围及优缺点有哪些？

任务目标

了解利润预测的含义，掌握利润预测的各种方法。

相关知识

一 利润预测的含义及作用

利润预测，是指按照企业经营目标的要求，在销售预测的基础上，通过综合分析影响利润变动的产品销售价格、产品变动成本和固定成本、产品产销量、产品产销结构等因素，对企业未来一定时期内可能达到的利润水平和变动趋势所进行的科学预计和推测。

利润预测具有如下作用：

（1）利润预测可以合理地确定目标利润，改善企业的经营管理。

（2）利润预测是正确编制利润预算的重要依据。

（3）利润预测可以为企业的资金需要量预测提供信息。

二 利润预测的分析方法

利润预测一般包括目标利润的预测方法和利润的敏感性分析方法。本教材重点介绍目标利润的预测方法。

目标利润是指在一定时期内争取达到的利润额，反映了企业在一定时期内财务状况、经营状况和经济效益的预期目标。

对目标利润进行预测的方法主要有本量利分析法、贡献边际法、经营杠杆系数法、相关比率法等。

（一）本量利分析法

本量利分析法的全称为“成本-业务量（生产量或销售量）-利润分析法”，也称损益平衡分析法，是指利用固定成本及变动成本、商品销售量（额）与利润的变动规律对目标利润进行预测的方法。

本量利之间的关系，用公式表示如下：

利润＝销售收入－总成本

　　＝销售收入－(变动成本总额＋固定成本总额)

例5-6至例5-11
参考答案

＝销售量×单价－(销售量×单位变动成本＋固定成本总额)

＝销售量×(单价－单位变动成本)－固定成本总额

上述有关公式中有五个变量：销售量、单价、单位变动成本、固定成本总额、利润。只要已知公式右边的变量，就可以求出另一个未知量利润。注意，这里的利润一般是指未扣除利息和所得税前的利润，称为“息税前利润”。

【例 5－6】 某公司生产经营 A 产品，该产品 20×7 年销售量的预测值为 6 000 件，现已知 A 产品的市场销售价格为每件 560 元，单位变动成本为 200 元，全年固定成本总额为 200 000 元。

要求：运用本量利分析法预测 20×7 年该公司的目标利润。

解

20×7年的目标利润＝销售量×(单价－单位变动成本)－固定成本总额

（二）贡献边际法

贡献边际法是指利用贡献边际与业务量、成本及利润之间的关系对目标利润进行预测的一种方法。根据本量利的基本公式，结合贡献边际的相关概念可以推出以下预测利润的公式：

利润＝贡献边际总额－固定成本总额

＝销售收入×贡献边际率－固定成本总额

＝(销售单价×销售量)×贡献边际率－固定成本总额

＝单位贡献边际×销售量－固定成本总额

其中，

贡献边际率＝贡献边际总额/销售收入＝单位贡献边际/销售单价

贡献边际总额＝销售收入－变动成本总额

单位贡献边际＝销售单价－单位变动成本

【例 5－7】 某公司产销 A、B、C 三种产品，贡献边际率分别为 40%、30%、20%，在销售总额中各种产品的销售比重分别为 20%、50%、30%，预计 20×7 年销售收入总额为 2 000 万元，固定成本总额为 300 万元。

要求：运用贡献边际法预测该公司 20×7 年的目标利润。

解

20×7年的目标利润＝销售收入×贡献边际率－固定成本总额

（三）经营杠杆系数法

在其他因素不变的条件下，利润变动率要大于产销量变动率，这种现象称为经营杠杆效应。表明经营杠杆效应大小的指标是经营杠杆系数。根据经营杠杆系数的公式，可以推出以下预测利润的公式：

目标利润 = 基期利润×(1＋销售量变动率×经营杠杆系数)

其中：

经营杠杆系数＝利润变动率/销售量变动率

经营杠杆系数＝基期贡献边际/基期利润

$$利润变动率=\frac{目标利润-基期利润}{基期利润}$$

【例 5－8】 某公司 20×6 年利润为 200 000 元，已知 20×7 年的经营杠杆系数为 1.4，销售量变动率为 12%。

要求：运用经营杠杆系数法预测该公司 20×7 年的利润额。

解

20×7 年的利润额＝

（四）相关比率法

相关比率法是指根据利润与有关指标之间的内在关系，对计划期间的利润进行预测的一种方法。常用的三种根据相关比率的公式推出利润的方法如下。

1. 销售利润率法

销售利润率法是指根据预计的销售收入和销售利润率对计划期目标利润进行推测的方法。计算公式如下：

利润＝预计销售收入总额×销售利润率

【例 5－9】 某公司预计 20×7 年销售利润率为 30%，销售收入为 4 000 万元。

要求：运用销售利润率法预测该公司 20×7 年的目标利润。

解

20×7 年的目标利润＝

销售利润率法在使用时有两个前提条件：一是销售预测已完成，并且准确；二是销售利润率较为稳定，能够反映企业未来经营趋势。

2. 资金利润率法

资金利润率法是根据企业预计资金利润率水平，结合基期实际资金的占用状况与未来计划投资额来确定目标利润的一种方法。计算公式如下：

利润＝预计资金平均占用额×资金利润率

【例 5－10】 某公司 20×6 年度实际固定资产平均占用额为 230 万元，全部流动资金平均占用额为 120 万元。20×7 年计划扩大生产规模，拟在年初购置一套价值 32 万元的新型加工设备投入生产。年初追加流动资金 8 万元，预计 20×7 年度资金利润率为 24%。

要求： 运用资金利润率法预测该公司 20×7 年的目标利润。

解

20×7 年的目标利润＝

3. 利润增长比率法

利润增长比率法是根据企业基期已经达到的利润水平，结合近期若干年（通常为近 3 年）利润增长比率的变动趋势，以及影响利润的有关因素在未来可能发生的变动等情况，确定一个相应的预计利润增长比率，从而确定目标利润的一种方法。计算公式如下：

利润＝基期实际利润总额×(1＋预计利润增长比率)

【例 5－11】 某公司 20×6 年度实际利润总额为 50 万元，根据过去 3 年盈利情况的分析，确定 20×7 年的利润增长比率为 10%。

要求： 运用利润增长比率法预测该公司 20×7 年的目标利润。

解

20×7 年的目标利润＝

以上公式中预计销售收入总额可采用有关销售的预测资料，预测资金平均占用额可采用有关固定资金、流动资金的预测资料。公式中的各种比率，可以以基期利润率为依据，考虑计划年度变动因素加以确定，也可参照同行业平均先进水平调整确定。

任务四 成本预测的分析与应用

任务描述

成本是衡量企业经济效益的重要指标，也是管理会计研究的主要对象之一。成本预测在现代企业经营管理工作中具有十分重要的意义，是企业生产经营决策、定价决策以及投资决策的基础。通过成本预测可以掌握未来的成本水平及其变动趋势，为编制成本计划、进行成本控制、成本分析和成本考核提供依据。

思考：什么是成本预测？成本预测的方法有哪些？各种方法的适用范围及优缺点是什么？

任务目标

了解成本预测的含义及作用，掌握成本预测的各种方法。

相关知识

一 成本预测的含义及作用

成本预测，是指根据历史成本资料以及企业现有的经济、技术条件和未来的发展目标，运用专门方法，对企业未来一定时间内成本水平及其发展变动趋势所进行的科学预计和推测。

成本预测主要包括目标成本预测和成本变动趋势预测。其中，目标成本预测是预测为实现目标利润所应达到的成本水平或应控制的成本限额；成本变动趋势预测是根据成本变动的规律，确定企业计划期可达到的成本水平。

成本预测具有如下作用：

（1）通过成本预测，可以提高管理工作的预见性，同时有利于控制成本，促进成本水平的降低，提高企业的经济效益。

（2）成本预测是正确编制成本预算的重要依据。

（3）通过成本预测，能够揭示企业生产经营各个方面与产品成本之间的内在联系，为企业制定经营决策提供重要依据，如最佳生产决策、定价决策、存货决策、投资决策等。

二 成本预测的分析程序

进行产品成本预测时需要考虑是对可比产品或不可比产品成本的预测。

可比产品是指以往年度正常生产过的产品，其过去的成本资料比较健全和稳定。

不可比产品是指企业以往年度没有正式生产过的产品，其成本水平无法与过去进行比较，因而就不能像可比产品那样通过采用下达降低成本指标的方法控制成本支出。

以下成本预测程序主要是针对可比产品成本预测的。

（一）确定初选目标成本

成本预测时，首先需要根据企业的经营总目标，确定初选的目标成本。目标成本是指企业为实现经营目标所应达到的成本水平，也是企业未来期间成本管理所应达到的目标。

确定初选目标成本主要有两种方法：一是选择某一先进的成本水平作为初选目标成本；二是根据企业预测期的目标利润来测算目标成本。

（二）成本初步预测

确定初选目标成本后，企业需要初步预测在当前生产经营条件下成本可能达到的水平，并找出与初选目标成本的差距。成本初步预测是指在当前生产条件下且不采取任何新的降低成本措施，确定预测期可比产品能否达到初选目标成本要求的一种预测。

初步预测是根据历史资料来推算的，一般可以采用以下两种方法：一是按上年预计平均单位成本测算预测期可比产品成本；二是根据前 3 年可比产品成本资料测算预测期可比产品成本。

（三）提出各种成本降低方案

提出各种成本降低方案，对比、分析各种成本方案的经济效果。成本降低方案的提出主要可以从改进产品设计、改善生产经营管理、控制管理费用三个方面着手，这些方案应该既能降低成本，又能保证生产和产品质量的需要。

（四）选择成本最优方案并确定正式目标成本

企业的成本降低措施和方案确定后，应进一步测算各项措施对产品成本的影响程度，据以修订初选目标成本，正确确定企业预测期的目标成本。

在测算各项措施对产品成本的影响程度时，应抓住影响成本的重点因素进行测算。一般可以从节约原材料或减少原材料消耗、提高劳动生产率、合理利用设备、节约管理费用、减少废品损失等方面进行测算。

以上成本预测程序表示的只是单个成本预测过程，而要达到最终确定的正式成本目标，这种过程必须反复多次。也就是说，只有经过多次的预测、比较以及对初步成本目标的不断修改、完善，才能最终确定正式成本目标。

三 成本预测的分析方法

（一）可比产品成本预测法

可比产品成本预测法也称历史资料分析预测法，是根据企业成本的历史资料和相关数据，并采用一定的方法对这些数据进行相应处理，建立相关的数学模型，并根据该模型对企业的产品成本进行预测，适用于企业现存产品或者与现存产品相似的产品成本的预测。具体的方法有高低点法、加权平均法和回归直线法等。

1. 高低点法

高低点法是以成本习性分析为基础，依据成本的历史资料，选用一定时期历史资料中最高业务量和最低业务量的总成本之差 Δy 与两者业务量之差 Δx 进行对比，求得单位变动成本 b，进而计算出固定成本 a，再根据总成本数学表达式确定出成本预测模型 $y=a+bx$，从而能够预测总成本和变动成本的一种方法。具体步骤参见模块二成本性态分析中混合成本分解的方法。

例 5－12
参考答案

【例 5－12】 某公司生产经营 A 产品，该产品过去 8 年的产量和成本资料如表 5－5 所示。

表 5－5 A 产品产量和成本资料表

年份	20×1	20×2	20×3	20×4	20×5	20×6	20×7	20×8
总产量（万件）	100	160	60	120	210	90	150	180
总成本（万元）	10 220	15 000	8 700	13 200	19 950	10 950	15 450	17 700

要求： 运用高低点法预测 20×9 年产量达到 300 万件时的总成本。

解

第一步，根据表 5-5 的资料，确定业务量的最高点和最低点坐标，分别是（　，　）、（　，　）。

第二步，计算单位变动成本 $b=$

第三步，计算固定成本 $a=$

第四步，建立模型 $y=$

当 20×9 年总产量达到 300 万件时，预测其总成本为：

$y=$

2. 加权平均法

加权平均法是指根据过去若干期间固定成本总额和单位变动成本的历史资料，按照事先确定的权数进行加权，计算出加权平均的成本水平，从而确定成本预测模型，以期实现预测未来总成本的一种定量预测方法。

加权平均法的具体步骤是：

（1）对固定成本 a 和单位变动成本 b 进行加权平均，公式如下：

$$a=\frac{\sum wa}{\sum w}$$

$$b=\frac{\sum wb}{\sum w}$$

（2）建立总成本方程：

$$y=\frac{\sum wa}{\sum w}+\frac{\sum wb}{\sum w}x$$

（3）预测总成本。

例 5-13 参考答案

【例 5-13】 某公司生产经营 A 产品，该产品过去 5 年成本资料如表 5-6 所示。

表 5-6　A 产品成本资料表

单位：元

年份	固定成本总额 a	单位变动成本 b	权数 w
20×4	60 000	40	1
20×5	65 000	36	2
20×6	70 000	30	3
20×7	72 000	28	4
20×8	73 000	26	5

要求： 运用加权平均法预测该公司 20×9 年生产 20 000 件 A 产品时的成本总额。

解

(1) 对a和b进行加权平均：

a＝

b＝

(2) 建立总成本方程：

y＝

(3) 该公司20×9年生产20 000件A产品时，预测的成本总额为：

y＝

3. 回归直线法

回归直线法，又称最小二乘法，是指根据一定期间业务量与对应成本的历史资料，运用最小二乘法原理，建立反映成本和业务量之间关系的回归直线方程，并据此进行成本预测的方法。具体步骤参见模块二成本性态分析中混合成本分解的方法。

例5－14
参考答案

【例5－14】 某公司生产经营A产品，该产品过去6年成本资料如表5－7所示。

表5－7　A产品产量与成本资料表

年份	20×3	20×4	20×5	20×6	20×7	20×8
产量（千件）	2	3	4	3	4	5
总成本（万元）	73	72	70	73	69	65

要求： 运用回归直线法预测公司20×9年产量达到7 000件时的总成本。

解

根据上述资料，计算数据，填入下表。

A产品产量和成本数据整理表

年份	产量（千件）x	总成本（万元）y	xy	x^2	y^2
20×3					
20×4					
20×5					
20×6					
20×7					
20×8					
合计					

(1) 计算相关系数。

r＝

由r的计算结果可以看出：

(2) 计算a和b。

(3) 构建方程：

y=

(4) 该公司20×9年生产A产品7 000件时，预测的成本总额为：

y=

（二）不可比产品成本预测法

不可比产品成本预测法也称新产品成本预测法，适用于企业以往年度没有正式生产过的、其成本水平无法与过去进行比较的新产品成本预测。具体的方法有技术测定法、产值成本法和目标成本法。

1. 技术测定法

技术测定法是指在充分挖掘生产潜力的基础上，根据产品设计结构、生产技术条件和工艺方法，对影响人力、物力消耗的各项因素进行技术测试和分析计算，从而确定产品成本的一种方法。该方法比较科学，但工作量较大，较适合于品种少、技术资料比较齐全的产品。

2. 产值成本法

产值成本法是指按工业总产值的一定比例确定产品成本的一种方法。企业在进行实际预测时，可以参照同类企业相似产品的实际产值成本率，加以分析确定。计算公式如下：

$$某种产品的预测单位成本=\frac{某产品的总产值\times 预计产值成本率}{预计产品产量}$$

该方法简单易行，计算工作量小，但预测的结果不太准确。

3. 目标成本法

目标成本法可计算为实现目标利润所应达到的成本水平或应控制的成本限额。它是在销售预测和利润预测的基础上，结合本量利分析预测目标成本的一种方法。用这种方法确定的目标成本，能够与企业的目标利润联系起来，有利于目标利润的实现。制定目标成本一般是在综合考察未来一定期间内有关产品的品种、数量、价格和目标利润等因素的基础上进行的。计算方法一般有以下几种：

（1）根据目标利润制定目标成本。计算公式如下：

目标成本=预计销售收入−目标利润

【例5-15】 某公司主要生产经营A产品，预计20×7年的产销量为8 000件，预计销售单价为70元/件，预计的目标利润为40 000元。

要求：根据目标利润预测该公司20×7年的目标成本。

解

20×7年目标成本＝

例5-15至例5-17
参考答案

（2）根据资金利润率制定目标成本。计算公式如下：

目标成本＝预计销售收入－平均资金占用额×预计资金利润率

【例5-16】 某公司20×6年度实际固定资产平均占用额为270万元，全部流动资金平均占用额为80万元。20×7年计划扩大生产规模，拟在年初购置一套价值42万元的新型加工设备投入生产。年初追加流动资金18万元，预计资金利润率为13%，20×7年预计的销售额为380万元。

要求：根据资金利润率预测该公司20×7年的目标成本。

解

20×7年目标成本＝

（3）根据销售利润率制定目标成本。计算公式如下：

目标成本＝预计销售收入×(1－销售利润率)

【例5-17】 某公司预计20×7年销售额为1 000万元，销售利润率为25%。

要求：根据销售利润率预测该公司20×7年的目标成本。

解

20×7年目标成本＝

（4）以过去先进的成本水平作为目标成本。

这种方法以本企业历史上最好的成本水平或国内外同行业同类产品的先进成本水平作为目标成本，也可以将本企业上年实际成本水平扣除行业或主管单位下达的成本降低率后，作为目标成本。这种方法的缺陷是没有将目标成本同目标利润联系起来，因此与企业的实际成本水平存在一定的差距。

任务五 资金需要量预测的分析与应用

任务描述

保证资金供应，合理组织资金运用，提高资金利用效果，既是企业正常运营的前提，又是企业的奋斗目标之一。进行资金需要量预测可以有意识地把生产经营活动引导到以最少的资金占用取得最佳经济效益的轨道上来。资金需要量是筹资的数量依据，应当科学合理地进行预测。

思考：什么是资金需要量预测？资金需要量预测的方法有哪些？

任务目标

了解资金需要量预测的含义和作用，掌握资金需要量预测的方法。

相关知识

一 资金需要量预测的含义及作用

资金需要量预测，是指以未来企业生产经营规模的发展和资金利用效果的提高为前提，根据历史资金资料，在销售预测、利润预测、成本预测的基础上，运用一定方法，对未来一定时间内的资金需要量及其相关方面所进行的科学预计和推测。资金需要量预测是指包括流动资金和固定资金在内的资金需要总量的预测。

资金需要量的科学预测可以保证筹集的资金既能满足生产经营的需要，又不会产生闲置资金。

二 资金需要量预测的分析方法

资金需要量预测的分析方法主要包括销售百分比法、因素分析法和资金习性预测法等。

（一）销售百分比法

资金需要量预测最常用的方法是销售百分比法。销售百分比法是一种在分析报告年度资产负债表中有关项目与销售额关系的基础上，根据市场调查和销售预测取得的资料，确定资产、负债和所有者权益的有关项目占销售额的百分比，然后依据计划期销售额及假定不变的百分比关系预测计划期资金需要量的一种方法。

采用销售百分比法预测资金需求量的基本步骤是：

（1）分析资产负债表中各个项目与销售额之间的依存关系，并确定出随销售额变动的资产、负债等项目。

周转中的货币资金、正常的应收账款和存货等流动资产项目，一般都会因销售额的增长而相应地增加。而固定资产是否会因销售额增加，则需视基期的固定资产是否已被充分利用而确定。如尚未被充分利用，则可进一步挖掘其利用潜力，从而生产更多的产品；如固定资产的利用已达到饱和状态，则增加销售就需要增加对固定资产的购置。长期资产如长期股权投资、无形资产等，一般不随销售额的增长而增加。应付账款、应付票据、应交税费等流动负债项目，通常会因销售的增长而自动增加。而非流动负债和股东权益等项目，则一般不随销售额的增长而增加。

（2）确定未来销售收入增长率，计算出因销售增加引起的资产和负债占用量。

（3）分析计算企业内部可利用资金的数额。这部分金额通常包括计划期提取的折旧准备（应减除计划期用于更新改造的金额）和留存收益两个项目。

（4）估计企业零星资金的需要量。

（5）计算计划期预计需要追加的资金数额。计算公式如下：

计划期内需要追加的资金 = 由于销售增长所引起增加的资产占用量 − 由于销售增长所引起增加的负债占用量 − 可利用的折旧 − 留存收益 + 零星资金需要量

用符号表示为：

$$\Delta F = K(A-L)-D-R+M$$

式中，ΔF 表示预测期预计需要追加资金的数量；K 表示预计未来销售收入增长率；A 表示随销售额变动而变动的资产项目基期金额（敏感资产）；L 表示随销售额变动而变动的负债项目基期金额（敏感负债）；D 表示为计划期提取的折旧摊销额与同期用于更新改造的资金差额（剩余折旧）；R 表示按计划期销售收入及基期销售净利润率计算的净利润与预计发放股利之差额（剩余利润）；M 表示计划期新增的零星资金开支数额（保险储备）。

其中，

K=（预计销售收入−基期销售收入）/基期销售收入

R=预计销售额×基期销售净利润率×（1−股利支付率）

（6）预测资金需要总量。资金需要总量主要包括两个部分，即基期实际拥有的资金量和预测期所应追加的资金需要量。计算公式为：

预测期资金需要总量=基期期末拥有资金量+预测期预计追加资金量

例 5-18
参考答案

【例 5-18】 某公司 20×6 年销售收入总额为 250 000 元，获得税后净利润 10 000 元，发放股利 5 000 元，厂房设备利用率已达饱和状态，该公司 20×6 年 12 月 31 日简略资产负债表如表 5-8 所示。若该公司计划 20×6 年度销售收入总额将达到 400 000 元，并仍按 20×6 年股利发放率支付股利，预计折旧额为 10 000 元，其中 60%预计用于更新改造，又假定零星资金追加量为 6 000 元。

表 5-8 公司资产负债表（简表）

20×6 年 12 月 31 日

单位：元

资产	金额	负债及所有者权益	金额
库存现金	5 000	应付账款	25 000
应收账款	42 500	应交税费	12 500
存货	50 000	长期负债	57 500
固定资产（净值）	75 000	普通股股本	100 000
无形资产	27 500	留存收益	5 000
资产合计	200 000	负债及所有者权益合计	200 000

要求：运用销售百分比法预测 20×7 年需追加的资金数量和资金需要总量。

解

第一步：确定A和L。

分析资产项目：

A＝

分析负债项目：

L＝

第二步：确定其他变量K、D、R、M。

K＝

D＝

R＝

M＝

第三步：计算20×7年预计需要追加资金的数量：

ΔF＝K(A－L)－D－R＋M

＝

第四步：计算20×7年资金需要总量：

预测期资金需要总量＝基期期末拥有资金量＋预测期预计追加资金量

＝

（二）因素分析法

因素分析法又称分析调整法，是以有关项目基期年度的平均资金需要量为基础，根据预测年度的生产经营任务和资金周转加速的要求，进行分析调整，来预测资金需要量的一种方法。计算公式如下：

资金需要量＝(基期资金平均占用额－不合理资金占用额)

×(1±预测期销售增减率)×(1－预测期资金周转速度增长率)

【例5-19】 某公司20×6年度资金平均占用额为3 500万元，经分析，其中不合理资金部分为500万元。预计20×7年度销售增长5%，资金周转加速2%。

例5-19 参考答案

要求： 运用因素分析法预测该公司20×7年资金需要量。

解

20×7年资金需要量＝

这种方法计算简便，容易掌握，但预测结果不太精确。通常适用于品种繁多、规格复杂、资金用量较小的项目。

（三）资金习性预测法

资金习性是指资金占用量与产品产销量变动之间的依存关系。按照资金习性的这种关系，可将占用资金分为不变资金、变动资金和半变动资金。

不变资金是指一定产销量范围内，不受产销量变动影响的资金。

变动资金是指随产销量变动而同比例变动的资金。

半变动资金是指虽随产销量变动而变动，但不成正比例变动的资金。

由于半变动资金可以分解为不变资金和变动资金，最终可以将资金总额分成不变资金和变动资金两部分。

设产销量为自变量 x，资金总额为因变量 y，它们之间的关系可表示为：资金总额 (y)＝不变资金 (a)＋变动资金 (bx)，其中，a 为不变资金，b 为单位产销量所需变动资金。

资金习性预测法是指根据资金习性预测未来资金需要量的一种方法，具体又可利用回归直线法和高低点法进行估计。

例 5－20
参考答案

1. 利用回归直线法进行资金需要量的预测

【例 5－20】 某企业 20×3 年至 20×8 年某产品历年产销量和资金占用情况如表 5－9 所示。20×9 年预计该产品销售量为 15 万件。

表 5－9　某产品产销量和资金占用情况表

年份	20×3	20×4	20×5	20×6	20×7	20×8
产销量 x（万件）	12	11	10	12	13	14
资金占用 y（万元）	100	95	90	100	105	110

要求： 利用回归直线法预计该企业 20×9 年的资金需要量。

解

（1）构建资金占用和产销量的回归方程：

（2）根据上述资料，计算数据，填入下表。

产销量和资金变化数据整理表

年度	产销量 x（万件）	资金占用 y（万元）	xy	x^2
20×3				
20×4				
20×5				
20×6				
20×7				
20×8				
合计				

(3) 计算a和b：

(4) 构建方程：

(5) 该公司20×9年产销量为15万件时，预测的资金需要量为：

y=

2. 利用高低点法进行资金需要量的预测

【例5-21】 某企业历年现金占用与销售收入之间的关系如表5-10所示。

例5-21 参考答案

表5-10　现金占用与销售收入变化情况表

年份	20×3	20×4	20×5	20×6	20×7	20×8
销售收入 x（万元）	200	240	260	270	280	300
现金占用 y（万元）	11	12	13	14	15	16

要求： 利用高低点法计算现金占用项目中不变资金和变动资金的数额。

解

(1) 构建现金占用和销售收入的方程 $y=a+bx$。

(2) 利用高低点法列方程，计算a和b：

(3) 构建现金占用与销售收入的方程：

(4) 构建其他项目与销售收入的方程：

以此思路，存货、应收账款、流动负债、固定资产等也可根据历史资料做这样的划分。计算后填入下表。

分项资金需要量预测表

项目	年度不变资金 （*a*）（万元）	每一万元销售收入所需 变动资金（*b*）（万元）
流动资产		
现金	1	0.05
应收账款	5	0.13
存货	12	0.24
小计	18	0.42
减：流动负债		
应付账款及应付费用	8	0.12
净资金占用	10	0.3
固定资产		
厂房、设备	40	0
所需资金合计	50	0.3

根据上表的资料得出预测模型为：

(5) 20×9年该企业的预计销售收入为300万元，则预测的资金需要量为：

案例分析

本模块引例中厂长虽然对童装新品种预先经过了市场调查与预测，但还是出现了事与愿违的结果，其原因在于厂长运用市场调查与预测的方法不恰当。在运用时忽视了市场环境的一致性，对春节前的购销旺季的特殊销售状况和市场的正常销售状况不加区别，错误地估计自己产品完全适应了市场需求，销售量将继续增长，而忘记了时过境迁，消费者的购买动机和购买行为会发生变化，从而给企业产品的销售带来巨大影响。同时，该厂在进行产品销售预测时，简单地套用了加权平均法，而没有看到市场预测的基本条件已经发生变化。由于加权平均法对各期的销售量做了加权平均，从而会降低偶然性变化的影响程度，因而它主要适用于对销售比较稳定、基本上只受偶然性变化影响的销售状况进行预测。当销售状况受到必然性变化的影响时，就不能采用这种方法来进行预测。该厂在春节前生产销售的是老产品，而春节以后，根据春节这个特殊时期的销售状况决定主要生产销售新产品，用老产品的统计资料来预测新产品的销售量，作为安排生产的依据，必然会得出错误的结论。

影响销售预测的因素很多，它们彼此间的关系也很复杂。因此，做好销售预测要求大量应用市场信息，综合考虑各种影响因素，并且恰当地运用分析方法。在实际的销售预测工作中，定量预测法必须和定性预测法结合使用，相互补充、相辅相成，才能取得良好的预测效果。

技能训练

一、单项选择题

1. 预测分析的内容不包括（　　）。

A. 销售预测　　B. 成本预测　　C. 利润预测　　D. 所得税预测

2. 下列属于定性分析法的是（　　）。

A. 趋势分析法　　B. 市场调查法　　C. 因果分析法　　D. 高低点法

3. 在采用加权平均法预测销售量时，确定各期权数的数值应满足的要求是（　　）。

A. 近小远大　　B. 近大远小　　C. 前后一致　　D. 逐期递减

4. 某公司 20×6 年利润为 200 000 元，20×6 年的经营杠杆系数为 1.8，预计销售量变动率为 20%，则 20×7 年的利润预测额为（　　）元。

A. 200 000　　B. 240 000　　C. 272 000　　D. 360 000

5. 某公司 20×6 年 1—5 月的产量分别为 200 件、300 件、350 件、400 件、380 件，单位变动成本分别为 600 元/件、610 元/件、605 元/件、610 元/件、600 元/件，固定成本总额分别为 40 000 元、52 000 元、54 000元、56 000 元、54 000 元。若 20×6 年 6 月计划产量为 420 件，则利用高低点法预测 6 月总成本为（　　）元。

A. 300 600　　B. 320 600　　C. 320 040　　D. 314 000

6. 下列各项中，可用于预测追加资金需要量的方法是（　　）。

A. 算术平均法　　B. 销售百分比法　　C. 指数平滑法　　D. 回归分析法

二、多项选择题

1. 预测分析的方法一般分为两大类，分别是（　　）。

A. 定量分析法　　B. 因果预测分析法

C. 判断分析法　　D. 定性分析法

2. 下列销售预测方法中，属于定性分析法的有（　　）。

A. 德尔菲法　　B. 营销员判断法

C. 因果预测分析法　　D. 产品寿命周期分析法

3. 销售预测常用的定量分析法有（　　）。

A. 回归直线法　　B. 加权平均法　　C. 算术平均法　　D. 指数平滑法

4. 反映本-量-利关系的基本公式包括（　　）。

A. 利润＝销售收入－总成本

B. 利润＝销售收入－变动成本－固定成本

C. 利润＝单价×销售量－单位变动成本×销售量－固定成本

D. 利润＝(单价－单位变动成本)×销售量－固定成本

5. 可比产品成本预测的方法主要有（　　）。

A. 回归直线法　　B. 加权平均法　　C. 高低点法　　D. 技术测定法

6. 下列属于企业资金需要量预测方法的是（　　）。

A. 因素分析法　　　　　　B. 资金习性预测法
C. 连环替代法　　　　　　D. 销售百分比法

三、判断题

1. 定性分析法与定量分析法在实际应用中是相互排斥的。(　　)

2. 销售预测中的算术平均法适用于销售量稳定、没有季节性波动的产品的预测。(　　)

3. 指数平滑法中，近期的实际值影响较大，故 α 的取值较大；远期的实际值影响较小，故 α 的取值较小。(　　)

4. 成本预测是其他各项预测的前提。(　　)

5. 利用销售百分比法预测资金需要量时，应将固定资产视为无关项目处理。(　　)

6. 已知甲企业 20×6 年度资金平均占用额为 2 200 万元，经分析，其中不合理部分 200 万元，预计 20×7 年度销售下降 5%，资金周转速度会下降 2%。预测 20×7 年度企业资金需要量为 1 862 万元。(　　)

四、计算题

1. 已知某公司 20×3—20×8 年的 A 产品销售量资料如表 5－11 所示。

表 5－11　A 产品销售量资料表　　单位：万件

年份	20×3	20×4	20×5	20×6	20×7	20×8
销售量	4 800	5 000	5 200	5 500	5 600	5 650
权数	0.08	0.11	0.15	0.17	0.23	0.26

要求：（1）运用算术平均法预测公司 20×9 年的销售量。

（2）运用加权平均法预测公司 20×9 年的销售量。

（3）运用 3 期移动平均法预测公司 20×9 年的销售量。

（4）假设 20×8 年预测销售量为 5 700 万件，平滑指数为 0.6，运用指数平滑法预测公司 20×9 年的销售量。

2. 某公司 20×8 年产品销售量为 15 000 件，销售单价为 100 元，单位变动成本为 50 元，固定成本为 500 000 元。假设 20×9 年该公司产销量变动率为 6%。

要求：运用经营杠杆系数法预测 20×9 年该公司利润额。

3. 某公司 20×3—20×8 年生产的 A 产品有关成本资料如表 5－12 所示。

表 5－12　A 产品产量和成本资料　　金额单位：元

年份	20×3	20×4	20×5	20×6	20×7	20×8
固定成本（a）	480 000	500 000	520 000	510 000	530 000	550 000
单位变动成本（b）	60	65	70	68	72	74
权数（w）	1	2	3	4	5	6

已知该公司 20×9 年的产量将达到 20 000 件。

要求：运用加权平均法预测该公司总成本。

4. 某公司 20×8 年销售收入总额为 850 000 元，获得税后净利润 42 500 元，发放股利 17 000 元，生产能力利用率为 70%，该公司 20×8 年 12 月 31 日资产负债表（简表）如

表 5－13 所示。若该公司计划 20×9 年度销售收入总额将达到 1 000 000 元，并仍按 20×8 年股利发放率支付股利，预计折旧额为 60 000 元，其中 80%预计用于更新改造原有的设备，又假定零星资金追加量为 20 000 元。

表 5－13 资产负债表（简表）

20×8 年 12 月 31 日　　　　单位：元

资产	金额	负债及所有者权益	金额
库存现金	20 000	应付账款	100 000
应收账款	150 000	应付票据	80 000
存货	200 000	长期负债	200 000
固定资产（净值）	300 000	普通股股本	350 000
长期股权投资	40 000	留存收益	40 000
无形资产	60 000		
资产合计	770 000	负债及所有者权益合计	770 000

要求： 运用销售百分比法预测 20×9 年需追加的资金数量和资金需要总量。

技能训练参考答案

模块六

短期经营决策的分析与应用

学习目标

知识目标

- 了解决策的含义和种类
- 掌握短期经营决策分析涉及的相关成本的概念
- 熟悉短期经营决策的分析方法
- 掌握生产决策的分析方法
- 掌握定价决策的分析方法

技能目标

- 能运用正确的方法进行产品的生产决策
- 能运用正确的方法进行产品的定价决策

引例

特殊价格追加订货的决策

小陈大学毕业后进入一家生产电器产品的企业，主要负责企业产品的预测和决策。该企业主要生产经营A产品，全年最大生产能力为20 000台，单位变动成本为300元/台。20×8年初该企业已按700元/件的价格接受正常生产任务15 000台。现有一个客户要求以400元/台的价格追加订货5 000台，而且该客户向经理承诺："我出的价格虽低，但我会常来照顾你的生意，我们的合作将是长久的。"对于好不容易送上门来的生意，经理觉得拒绝非常可惜，但又觉得客户给的价格太低，于是他要求小陈好好决策一下是否该以这样低的特殊价格接受这批订货。

请 分 析： 企业是否该接受这批订货？小陈决策时应该主要考虑哪些因素？

分析提示： 客户追加订货的价格虽然远远低于产品的销售价格，但略高于产品的变动成本，而且订货数量在企业生产能力范围之内。

任务一 决策的认知

任务描述

现代管理理论认为，管理的重心在经营，经营的重心在决策。决策的意义非常重大，它是管理的首要职能；它的成败直接影响人类文明的发展和进步，以及一个国家、一个民族的整体实力；它是一个组织的核心工作，其好坏直接决定组织的兴衰成败。正确的决策对于企业的生存发展至关重要。

思考：什么是决策？决策的种类有哪些？决策的分析程序有哪些？

任务目标

掌握决策的含义和种类，明确决策的分析程序。

相关知识

一 决策的含义及种类

（一）决策的含义

决策是指人们为了实现一定目标，借助于科学的理论和方法，进行必要的计算、分析和判断，从若干个可供选择的方案中，选择并决定其中一个最优方案的决断过程。

管理会计中的决策是指为了有效地协助企业管理层做出正确的判断和决策，针对企业未来经营活动所面临的问题，管理会计人员在调查研究的基础上，充分利用财务会计信息和其他有关资料，根据企业的主客观条件，借助于科学的理论和专门方法做出的有关未来经营战略、方针、目标、措施与方法的决策过程。

思考与分析：

管理会计中的预测、决策及预算三者之间有什么关系？

（二）决策的种类

1. 按决策时间长短进行分类

（1）短期决策。短期决策通常是指涉及一年（或一个营业周期）以内的收支和盈亏决策。该决策侧重探讨的是现有生产经营能力的最佳利用，即在现有的资产规模条件下，如何充分配置和利用现有的人力、物力、财力资源，以获取最佳的经营效益。

短期决策主要具有以下特点：

1）从性质上看，短期决策一般不涉及新的固定资产投资，因此属于经营决策的范畴，又称为短期经营决策，如生产决策、销售决策、产品定价决策、存货决策等。

2）从时间上看，短期决策只涉及一年内的一次性专门业务，决策结果的影响较短。

3）从范围上看，短期决策涉及面小、对企业的影响只涉及当期经济利益。它主要解决的问题是现有资源的最佳利用问题。

4）从方法上看，短期决策一般不考虑货币时间价值因素和风险因素。

（2）长期决策。长期决策是指那些产生报酬的期限超过一年，并对较长时间的收支盈亏产生影响的决策。长期决策考虑的重点是企业应获取什么样的新资源。

长期决策主要具有以下特点：

1）从性质上看，长期决策需要投入大量资金，形成新的生产经营能力，对企业生产经营产生较长时间的影响，故也称长期投资决策或资本支出决策，如固定资产更新改造决策、生产设备的购置决策等。

2）从时间上看，长期决策涉及的通常是期限超过一年的业务，投资时间较长，回收时间也较长，决策结果的影响时间也较长。

3）从范围上看，长期决策涉及面广，主要包括固定资产等方面的资金投入，有时也包括购买长期股票、债券等方面的投入，一般需要投入较多资金，对企业的影响较大。

4）从方法上看，长期决策必须考虑货币时间价值因素和风险因素。

2. 按决策者掌握信息的程度进行分类

（1）确定型决策。确定型决策是指决策者对未来情况所掌握的信息都是肯定的数据，只要比较不同方案的计算结果就能做出结论的决策。这类决策所涉及的各种备选方案的各项条件都是已知并且是确定的，而且一个方案只会有一个确定的结果。这类决策问题比较明显，决策比较容易。

（2）风险型决策。风险型决策是指决策者对未来情况所掌握的信息不是完全肯定的数据，而是存在着几种可能的结果，无论选择何种方案都带有一定的风险的决策。这类决策所涉及的各种备选方案的各项条件虽然也是已知的，但却是不完全确定的，可能存在着多种状况。每一方案的执行都可能会出现两种或两种以上的结果，但每一种状况的出现可以依据有关数据事先估测出其出现的可能性的大小，也就是其客观概率。这类决策由于结果的不唯一性，使决策存在一定的风险。

（3）不确定型决策。不确定型决策是指决策者对未来情况所掌握的信息不仅数据不肯定，而且这些数据出现的概率也难以估计的决策。这类决策只能依靠决策者的实践经验和判断能力来解决。这类决策与风险型决策有些近似。一个方案可能有两个或两个以上不确定结果。两者已知条件基本相同，但不确定型决策的各项条件无法确定其客观概率，只能以决策者的实际经验和判断能力，或采用数学的方法判断确定其主观概率并将其作为决策依据。

3. 按决策的层次进行分类

（1）高层决策。高层决策是指企业的最高阶层领导所做的决策，即涉及企业全局性、长远性大问题的决策。这类决策属于战略性的决定。

(2) 中层决策。中层决策是指由企业中层管理人员所做出的决策，即从更低的层次、更短的时间和更小的范围对高层决策进行具体化，并制定最优利用资源、保证最高决策得以顺利实现的实施方案。这类决策属于战术性的决定。

(3) 基层决策。基层决策是指由企业基层管理人员所作的决策，即将上一层次所做的决策付诸具体实施。这类决策属于执行性决定。

4. 按决策项目本身的从属关系进行分类

(1) 独立方案决策。独立方案决策是指备选待定方案只有一个时而做出的决策。因为这类决策只存在一个备选方案，只需要对此方案做出接受或拒绝的选择，因此，该方案也称为单一方案决策。如亏损产品是否停产的决策、是否接受加工订货的决策等。

(2) 互斥方案决策。互斥方案决策是指在一定的决策条件下，存在着几个相互排斥的备选方案，通过对比分析，最终选择最优方案而排斥其他方案的决策。这类决策存在两个或两个以上的备选方案，它需要在多个备选方案中选择一个最优方案，而一旦选择了这一方案，就必须放弃其他方案。因此，各方案之间是互相排斥的。如零部件是自制还是外购的决策、联产品是否进一步加工的决策等。

(3) 组合方案决策。组合方案决策是指几个备选方案可以并举，在其资源总量受到一定限制的情况下，如何将这些方案进行优化组合，使其综合经济效益达到最优的决策。这类决策也存在两个或两个以上的备选方案，需要在多个备选方案中选择一组最优的组合方案。各备选方案可能同时被选中，因此也被称为多方案决策。例如，在几种约束条件下生产不同产品的最优组合决策、在资本总量一定的情况下不同投资项目的最优组合决策等。

5. 按决策的基本职能划分

(1) 规划决策。规划决策是指为规划未来经济活动而做出的决策，主要是在预测分析的基础上，探索多种途径和可行性方案，测算、比较、评价备选方案预期可能产生的后果或影响，从而为选定最优方案提供科学根据。

(2) 控制决策。控制决策指为控制日常经济活动做出的决策，主要是为了使企业日常经济活动按照原定计划或预算执行而准备采取的扬长避短、趋利避害的各项有效的控制。

二 决策的分析程序

在任何企业中，为了科学地进行决策分析，一般应按以下步骤进行。

(一) 确定决策分析的目标

确定决策分析的目标就是弄清这项决策究竟要解决什么问题。例如，在产品生产方面，有新产品的研制和开发问题、生产力提高的问题、生产设备充分利用的问题、生产工艺技术更新的问题等。决策目标应具体、明确，并力求目标的数量化，这是决策分析的出发点也是归结点。

（二）收集有关资料

针对决策分析的目标，广泛收集尽可能多的、对决策目标有影响的各种可计量因素和不可计量因素的有关资料，特别是要收集有关预期收入和预期成本的数据，以作为各种决策分析的根据。对于收集的各种资料，要善于鉴别，必要时还要进行加工延伸。

（三）提出各种备选方案

在明确决策分析目标的前提下，应充分考虑现实与可能，提出若干可行性的备选方案。所谓可行性，必须是技术上适当、生产上可行、经济上合理。提出可行性的备选方案是决策分析的重要环节，是作出科学决策的基础和保证。

（四）通过定量分析对各种备选方案作出初步评价

这个步骤就是把各个备选方案的可计量资料分别归类、系统排列，选择适当的专门方法，建立数学模型，对各方案的预期收入和预期成本进行计算、比较和分析，再根据经济效益的大小对备选方案作出初步的判断和评价，确定较优方案。这是整个决策分析过程的关键阶段。

（五）考虑其他因素的影响，确定最优方案

根据上一步骤定量分析的初步评价，进一步考虑计划期间各种非计量因素的影响，进行定性分析。例如，针对国际、国内政治经济形势的变动，以及人们心理、习惯、风俗等因素的改变，进行定性分析。把定量分析与定性分析结合起来，通盘研究，权衡利害得失，并根据各方案提供的经济效益和社会效益的高低进行综合判断，最后确定出最优方案，向管理层提出建议。

（六）执行决策与反馈信息

决策的执行是决策的目的，也是检验过去所作出的决策是否正确的客观依据，因此，要定期对决策执行情况进行评估，借以发现过去决策过程中存在的问题，然后再通过信息反馈，纠正偏差，以保证决策目标的实现。

任务二 短期经营决策的分析认知

任务描述

短期经营决策分析是企业整个经营管理工作的重心，主要解决的问题是如何合理利用现有资源从而达到最佳的经济效益。此类决策分析有很多方法，各方法的重点是对各个备选方案进行成本效益分析。而成本是影响短期经营决策分析的重要因素。

思考：短期经营决策分析时必须考虑哪些因素？与短期经营决策分析相关的成本有哪些？短期经营决策分析常用的方法有哪些？

任务目标

明确短期经营决策分析需考虑的因素，掌握短期经营决策分析涉及的相关成本，掌握短期经营决策分析常用的方法。

相关知识

一　短期经营决策分析必须考虑的几个因素

在进行短期经营决策分析时，必须考虑生产经营能力、相关业务量、相关收入和相关成本等几个重要的因素。

（一）生产经营能力

在生产经营决策分析中，生产经营能力是决定相关业务量和确认机会成本的重要参数。具体表现为最大生产经营能力、正常生产经营能力、剩余生产经营能力和追加生产经营能力四种基本形式。

1. 最大生产经营能力

最大生产经营能力又称为理论生产经营能力，是指企业在不追加资金投入的前提下，百分之百有效利用工程技术、人力及物力资源而可能实现的生产经营能力，它是生产经营能力的上限。

2. 正常生产经营能力

正常生产经营能力又称为计划生产经营能力，是指已经纳入企业年度计划，充分考虑到现有市场容量、生产技术条件、人力资源状况、管理水平，以及可能采取的各种措施等情况所必须达到的生产经营能力。

3. 剩余生产经营能力

剩余生产经营能力包括绝对剩余生产经营能力和相对剩余生产经营能力两种形式。绝对剩余生产经营能力又称为暂时未被利用的生产经营能力，它是指企业最大生产经营能力与正常生产经营能力之差，属于生产经营的潜力；相对剩余生产经营能力是指由于受市场容量或经济效益因素的影响，决策规划的未来生产经营规模小于正常生产经营能力而形成的差量，也可以理解为因临时转变经营方向而闲置的那部分生产经营能力。

4. 追加生产经营能力

追加生产经营能力是指根据需要和可能，通过追加资金投入等措施而增加的，超过最大生产经营能力的那部分生产经营能力。可通过租赁和追加固定资产投资而形成临时性生产经营能力和永久性生产经营能力。

（二）相关信息

生产决策坚持相关性原则，凡是相关的业务量、收入、成本都需要考虑，无关的就不予考虑。

1. 相关业务量

相关业务量是指在短期经营决策中必须认真考虑的，与特定决策方案相联系的产量或销量。相关业务量对决策方案的影响往往是通过对相关收入和相关成本的影响而实现的。

实践表明，在生产经营决策过程中，许多对具体决策方案的相关收入和相关成本的确认和计量所发生的失误，往往是由于对相关业务量的判断错误。因此，相关业务量是生产经营决策中一个不容忽视的重要因素。

2. 相关收入

相关收入是指与特定决策方案相联系的、能对决策产生重大影响的、在短期经营决策中必须予以充分考虑的收入。如果某项收入只属于某个经营决策方案，即若有这个方案存在，就会发生这项收入，若该方案不存在，就不会发生这项收入，那么，这项收入就是相关收入。计算相关收入时，要以特定决策方案的单价和相关销售量为依据。

与相关收入相对立的概念是无关收入，如果无论是否存在某个决策方案，均会发生某项收入，那么就可以断定该项收入是该方案的无关收入。

3. 相关成本

相关成本是指与特定方案相联系的、能对决策产生重大影响的、在短期经营决策中必须予以充分考虑的成本。如果某项成本只属于某个经营决策方案，即若有这个方案存在，就会发生这项成本，若该方案不存在，就不会发生这项成本，那么，这项成本就是该方案的相关成本。经营决策中常见的相关成本有差量成本、边际成本、机会成本、假计成本、重置成本、付现成本、专属成本、可避免成本、可延缓成本、可分成本等。

与相关成本相对立的概念是无关成本，无关成本是指与特定决策方案无关，某方案无论是否存在，这项成本均会发生的成本，如沉没成本、共同成本、联合成本、不可避免成本和不可延缓成本等。

二 短期经营决策分析需考虑的相关成本

当企业进行决策方案的综合分析判断时，应特别关注以下几组相关成本概念，因为这几组相关成本概念与经营决策最为密切又最为重要。

（一）差量成本

差量成本也称差别成本，是经营决策中广泛应用的一个重要的成本概念，它是指两个备选方案的预期成本总额之差。

差量成本有广义和狭义之分。广义的差量成本是指可供选择的不同备选方案之间预计成本的差额。例如，自制 100 个零部件和外购 100 个零部件，两方案之间的成本差额；狭义的差量成本又称增量成本，是指由于生产能力利用程度的不同而形成的成本差额。例如，自制 100 个零部件和自制 120 个零部件，两方案之间的成本差额。

不同方案经济效益的高低一般可通过差量成本的计算明显地反映出来。因此，计算不同方案的差量成本有助于我们进行决策分析，确定最优方案。例如，某工厂的甲零件若自制，预期的单位成本（包括直接材料、直接人工和制造费用）为 28 元；若从市场采购，预期的单位购买价为 30 元，则自制方案较外购方案优越，因为单位零件有差量成本 2 元。

小贴士

差量收入与差量成本

差量收入是同差量成本相联系的一个经济概念，是指两个备选方案的收入差额。不同方案的优劣，在收入相等的情况下，要通过差量成本的比较来判断，如果差量成本为正数，说明两个方案中前者成本高，则应选择后者；反之，则应选择前者。在收入不等的情况下，可以选择通过差量损益的计算来判断，即通过差量收入是否大于差量成本来判定和选择最优方案。如果在两个方案的比较中，差量收入大于差量成本，则选择前者；反之，则选择后者。差量成本、差量收入的概念及相互关系是进行成本决策分析的重要内容。

（二）边际成本

边际成本是指在企业生产能力的相关范围内，每增加或减少一个单位产量而引起的成本变动。从这个意义上来讲，管理会计中的单位变动成本和差量成本，都是边际成本这个理论概念的具体表现形式。例如，某企业生产 100 件甲产品的成本为 600 元，生产 101 件甲产品的成本为 650 元，增加 1（101－100）件甲产品增加的成本为 50（650－600）元，即边际成本。边际成本可用于判断增加或减少某种产品的生产（销售）数量在经济上是否合算，一般而言，只要新增产品的单价大于边际成本，就会增加企业的利润。

（三）机会成本

机会成本是指在使用资源的决策分析过程中，由于选取某个最优方案而放弃其他方案所丧失的潜在收益，其潜在收益即选择目前最优方案所付出的代价。例如，某企业有一条生产线，现有两种互斥的生产方案。如果用于生产甲产品可得收益 10 万元，如果用于生产乙产品则可得收益 8 万元。选择甲产品的机会成本就是 8 万元，选择乙产品的机会成本就是 10 万元。因此，选择生产甲产品。

在决策分析中，必须把已放弃方案可能获得的潜在收益作为被选用方案的机会成本，才能对该方案的经济效益作出全面、合理的评价，最后正确判断被选用的方案是否真正最优。如果某项资源只有一个用途，例如燃气公司的输气管道、自来水公司的地下水管等，就没有其他选择机会，那么它的机会成本就等于零。

（四）假计成本

假计成本又称估算成本，是指需假定推断的使用某种经济资源的代价，是与某项具体经济活动相关而又不致引起现金实际支付的假设性支出，是一种特殊的（需要经过假定推断才能确定而不以直观形式表现）机会成本。最典型的假计成本为利息支出。例如，企业用自有资金 50 000 元购入一台设备，银行存款利率为 10%，则存款利息 5 000 元为假计成本。

（五）重置成本

重置成本是指目前从市场上购置同一项原有资产所需支付的成本，又称为现时成本或现行成本。在商品定价决策中，一般需将重置成本作为重点考虑的对象。例如，某项货物历史单位成本为 60 元，售价 68 元；现因原材料市场价格的变化，该类货物的市场价格提高为 75 元，则 75 元为重新获得该项货物需要支付的成本，也即重置成本。从历史成本的角度考虑，每单位货物按 68 元售出，可获得 8 元的利润；从重置成本考虑，重新购买该货物每单位要花费 75 元，若以 68 元价格出售，每单位亏损 7 元。

思考与分析：

历史成本属于短期经营决策中的相关成本还是无关成本？

（六）付现成本

付现成本又称现金支出成本，是指那些由于某项决策所引起的需要在将来动用现金支付的成本，是一种未来成本。企业在短期经营决策中，如碰到本身的货币资金比较拮据，近期内又无应收账款可以收回，而向市场上筹措资金又比较困难或借款利率较高的情况，在决策分析过程中对付现成本的考虑，往往会比对总成本的考虑更为重要，企业这时往往会选择付现成本最小的方案来代替总成本最低的方案。例如，某企业急需的某种设备可由两个厂家提供，从甲厂家购买设备需要一次付清 50 000 元，从乙厂家购买设备需要支付 65 000 元，但目前只需要支付 5 000 元，其余价款在半年内偿付。若企业目前资金短缺，应选择从乙厂家购买该种设备。

小贴士

沉没成本

沉没成本是指由于过去决策所引起、并已支付过款项的，无法由现在或将来的任何决策改变的成本。例如，某公司去年年初购买了一台机床，原价 84 000 元，可用 10 年，期满残值 4 000 元，则该机床的原价 84 000 元及第一年按直线法计提的折旧 8 000 元，均属于沉没成本。沉没成本对目前的决策没有影响，在分析评价有关方案时无须考虑，因此属于无关成本。

（七）专属成本

专属成本是指可以明确归属于某种、某批或某个部门的固定成本。例如，专门为生产某种零件或某批产品而使用的机床的折旧费、保险费等，都属于专属成本。

小贴士

共同成本

共同成本，是与专属成本相对立的成本，是指由几种、几批或几个有关部门共同分担的固定成本或混合成本。例如，企业管理人员的工资、车间的照明费、应该由各联产品共同负担的联合成本等。由于它的发生与特定方案的选择无关，因此，在决策中可以不予考虑，属于无关成本。

（八）可避免成本

可避免成本是指通过决策行为可改变其数额的成本。酌量性固定成本中的广告费、新产品研究开发费、职工培训费等都属于可避免成本。凡与某一备选方案有直接联系的变动成本，比如自制某种零件需要支付的直接材料、直接人工和变动制造费用等都属于此类成本。例如，某企业现在还有一定的剩余生产能力，拟接受某项特定订货，对方对这批订货有一些特定的要求，为满足这些要求，需要购买一台价值 5 000 元的专用设备，这 5 000 元的专用设备款最终是否发生，完全取决于该企业这一批特定订货的接受与否。如果不接受，就不会发生，所以说它是可避免成本。一个方案的取舍，主要看可避免成本，与其相对应的是不可避免成本。

小贴士

不可避免成本

不可避免成本是指通过决策行为不能改变其数额的成本。约束性固定成本中的原有固定资产的折旧费、管理人员工资、固定资产租金以及原来制造产品的各项变动成本等都属于不可避免成本。例如，甲企业在正常的生产能力范围内接受了某项特定订货，假定厂房、设备等固定资产的折旧费为 20 000 元，这部分折旧费与特定订货的接受与否没有关系，不论是接受还是不接受该项订货，都会发生，所以是不可避免成本。

（九）可延缓成本

企业财力负担有限的情况下，对已决定选用的某一方案如推迟执行，对企业全局影响不大，那么与这一方案有关的成本，就称为可延缓成本或可递延成本。例如，某公司原来的办公楼比较简陋，原定在计划年度新盖一幢办公楼，需花费 200 万元，现在考虑到计划期间资金比较紧张，决定推迟几年再盖大楼，那么与建新楼有关的建筑材料、人工等花费，都属于可延缓成本。与其相对应的是不可延缓成本。

小贴士

不可延缓成本

企业选定某一方案，即使在企业财力负担有限的情况下，也必须立即实施，否则将会对企业生产经营活动的正常运行产生重大的不良影响，那么与这一方案有关的成本，就称为不可延缓成本或不可递延成本。如，某公司过去一直使用烧柴油的锅炉，能源浪费很大，而且污染周边环境。现决定在计划年度内改用烧煤的锅炉，并装上防止污染的环保装置，需花费 30 万元。这个方案即使企业在计划期间财力紧张也必须执行，否则可能会遭到市政机关和环保部门勒令停产停业的处罚，那么与这个方案有关的成本都属于不可延缓成本。

（十）可分成本

可分成本是指在联产品或半成品的生产决策中，对于已经分离的联产品或已产出的半成品进行深加工而追加发生的成本。联产品在分离点之后或半成品在产出后，有些需要进一步加工后才能出售，有些则既可以直接对外销售，也可以进一步加工后出售。可分成本就是进一步加工方案必须考虑的相关成本。

小贴士

联合成本

联合成本是与可分成本相对立的成本，指联产品或半成品在进一步加工前所发生的，应由所有联产品共同负担的变动成本和固定成本。在对联产品或半成品是否需要进一步加工的决策分析中，联合成本属于无关成本，不必加以考虑。

三 短期经营决策分析常用的方法

（一）差量分析法

差量分析法是在进行两个互斥方案的决策时，在计算两个备选方案之间产生的差量收入与差量成本的基础上，计算差量损益，根据差量损益的多少来选定方案的一种决策方法。

在管理会计中，不同备选方案之间的差别叫差量，差量一般包括差量收入和差量成本。其中，差量收入是指两个备选方案之间预期收入的差额（差异数）；差量成本是指两个备选方案预期成本的差额（差异数）。差量收入与差量成本之差称为差量损益。

运用差量分析法的具体步骤为：

（1）计算两个方案的预期收入，并计算差量收入。

（2）计算两个方案的预期成本，并计算差量成本。

（3）计算两个方案的差量损益：

差量损益＝差量收入－差量成本

（4）评价与分析。若两个方案的差量损益大于零，即差量收入大于差量成本，则前一个方案优于后一个方案；若差量损益等于零，即差量收入等于差量成本，则两个方案的效益相同；若差量损益小于零，即差量收入小于差量成本，则后一个方案优于前一个方案。

需要注意的是，计算差量收入和差量成本时，方案的前后排列顺序必须保持一致。如果两个备选方案的相关预期收入相同，或不涉及收入，则只需比较其相关成本，并注意尽量省去发生额相同，不影响“差量”的部分，以简化计算。例如，某企业生产产品需零件500件，可以通过自制或者外购两种方式取得。如果自制，则需购买一台专用设备，发生固定成本总额2 000元，变动成本为4元/件；如果外购，则单价为6元/件。判断该企业是选择自制还是外购该零件时，因为不涉及收入，只需比较自制与外购的差量成本，即二者相关成本之差。

差量分析法是决策中最为常用的方法，它的优点是比较科学、简单、实用，能够通过差量损益的绝对值直接揭示选中的方案比放弃的方案多获得的利润，通常适用于单一方案决策或只有两个备选方案的互斥决策，但如果对两个以上的互斥方案进行决策，则需要进行多次筛选，比较麻烦。

（二）贡献边际分析法

贡献边际分析法也叫贡献毛益分析法，是在成本性态分类的基础上，通过对比各备选方案所提供的贡献边际大小来确定最优方案的方法。在运用贡献边际分析法进行备选方案的择优决策时，具体又包括贡献边际总额法、剩余贡献边际总额法、单位资源贡献边际法。

1. 贡献边际总额法

在不存在专属成本的情况下，通过比较不同备选方案的贡献边际总额，能够正确地进行择优决策。计算公式如下：

贡献边际总额＝销售收入总额－变动成本总额

＝销售单价×销售量－单位变动成本×销售量

＝(销售单价－单位变动成本)×销售量

＝单位贡献边际×销售量

＝销售收入×贡献边际率

＝固定成本＋营业利润

其中，

单位贡献边际＝销售单价×贡献边际率

贡献边际率＝单位贡献边际/销售单价×100%

＝贡献边际总额/销售收入×100%

贡献边际总额是个正指标，根据它作出决策的判断标准是：哪个方案的该项指标大，哪个方案为优。这种方法常被应用于生产经营决策中不涉及专属成本和机会成本的单一方案决策或多方案决策中的互斥方案决策，如亏损产品决策。

2. 剩余贡献边际总额法

在存在专属成本的情况下，首先应计算备选方案的剩余贡献边际，然后比较不同备选方案的剩余贡献边际总额，能够正确地进行择优决策。计算公式如下：

剩余贡献边际总额＝贡献边际总额－专属成本

剩余贡献边际总额是个正指标，根据它作出决策的判断标准是：哪个方案的该项指标大，哪个方案为优。这种方法常被应用于生产经营决策中涉及专属成本的方案决策。

3. 单位资源贡献边际法

当企业生产只受到某一项资源（如某种原材料、人工工时或机器台时）的约束，并已知备选方案中各种产品的单位贡献边际和单位产品资源消耗额（如材料消耗定额、工时定额）的条件下，可考虑采用单位资源贡献边际法进行短期经营决策。计算公式如下：

$$单位资源贡献边际=\frac{单位贡献边际}{单位产品资源消耗定额}$$

单位资源贡献边际是个正指标，根据它作出决策的判断标准是哪个方案的该项指标大，哪个方案为优。这种方法比较简单，常被应用于生产经营决策中的互斥方案决策，如新产品开发的品种决策。

（三）成本平衡点法

成本平衡点法，也称本量利分析法或成本无差别点法，是指在各备选方案的相关收入均为零，相关的业务量为不确定因素时，通过判断不同水平上的业务量与无差别业务量之间的关系，来作出互斥方案决策的一种方法。

成本平衡点法的关键在于确定成本平衡点（或成本分界点）。成本平衡点是两个备选方案的预期成本在相等情况下的业务量。根据成本平衡点，就可以说明在确定的业务量范围内，哪个方案最优。

成本平衡点业务量也称为成本无差别点业务量，是指能使两方案总成本相等的业务量，记作 x_0。

设：

A 方案的成本为 $y_1=a_1+b_1x$；

B 方案的成本为 $y_2=a_2+b_2x$。

令 $y_1=y_2$，

即 $a_1+b_1x=a_2+b_2x$，

解得成本平衡点 $x_0=\dfrac{a_1-a_2}{b_2-b_1}$，

也即

$$成本平衡点业务量=\frac{两方案相关固定成本之差}{两方案相关单位变动成本之差}$$

运用成本平衡点法决策时，如图 6－1 所示，具体的决策标准是：

若业务量 x 大于成本平衡点 x_0，则固定成本较高的 A 方案优于 B 方案；

当业务量 x 小于成本平衡点 x_0，则固定成本较低的 B 方案优于 A 方案；

若业务量 x 恰好等于成本平衡点 x_0，则两方案的成本相等，效益无差别。

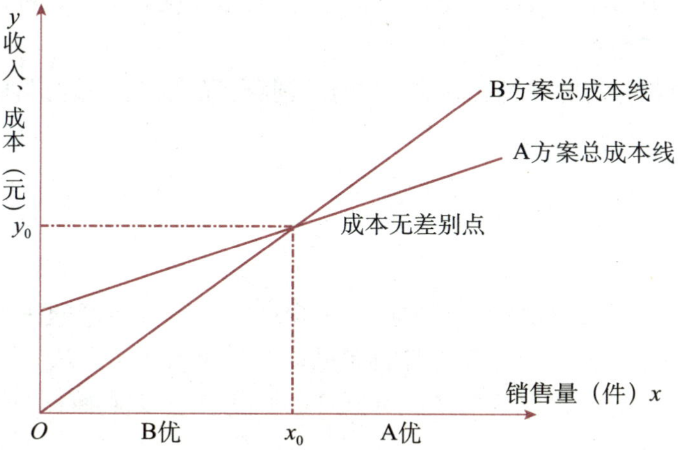

图 6-1 成本平衡点法的应用

成本平衡点法是在当备选方案业务量不确定、不直接产生收入或预期收入相等时选择较优的方案，一般适用于业务量不确定的零部件取得方式的决策和生产工艺技术方案的决策。

（四）相关成本分析法

相关成本分析法是指在经营决策中，当各备选方案的相关收入都为零时，通过比较各方案的相关成本合计，作出最优方案选择的一种方法。

相关成本一般包括差量成本、边际成本、机会成本、假计成本、重置成本、付现成本、专属成本、可避免成本、可延缓成本、可分成本等。

相关成本指标是一个逆指标，根据它做出决策的判断标准是：哪个方案的相关成本合计最低，哪个方案最优。这种方法通常适用于两个以上方案的决策，当各备选方案的相关收入均为零或预期收入相等，相关业务量为确定因素时，通过比较各方案的相关成本指标，即可对决策方案作出选择，主要适用于零部件需用量确定时的自制或外购的决策分析。

（五）相关损益分析法

相关损益分析法是指在进行短期经营决策时，以相关损益指标作为决策评价指标的一种方法。某方案的相关损益指的就是该方案的相关收入与相关成本之差。计算公式如下：

相关损益＝相关收入－相关成本

相关损益指标是一个正指标，根据它做出决策的判断标准是：哪个方案的相关损益最大，哪个方案最优。这种方法适用于两个以上互斥方案的决策分析，最终选择相关损益最大的项目作为最优方案。

任务三 生产决策的分析与应用

任务描述

对一个企业来说，生产经营过程中需要决策的事情很多，譬如生产何种产品、产品是否进一步加工、亏损产品是否停产或转产等。如何对这些问题进行正确的决策，关系到企业的兴衰成败、生存和发展。

思考： 生产决策分析的种类有哪些？进行不同种类的生产决策分析时采用什么样的分析方法？

任务目标

掌握新产品开发的品种决策分析方法、亏损产品停产或转产的决策分析方法、特殊价格追加订货的决策分析方法、零部件自制或外购的决策分析方法，了解选择不同生产工艺技术方案的决策分析方法、半成品（联产品）是进一步深加工还是出售的决策分析方法。

相关知识

短期经营决策是管理会计的核心内容之一，主要包括生产决策和定价决策两种类型。生产决策是指短期（如 1 年）内，在生产领域中，围绕是否生产、生产什么、怎样生产以及生产多少等方面而展开的决策，包括新产品开发的品种决策、亏损产品停产或转产的决策、半成品（联产品）是否深加工的决策、是否接受特殊价格追加订货的决策、零部件自制或外购的决策和不同生产工艺技术方案的决策等内容。

一　新产品开发的品种决策分析

新产品开发的品种决策是指企业在利用现有的绝对剩余生产经营能力开发新产品的过程中，在两个或两个以上的多个新品种间选择一个最优品种的决策（互斥方案）。这种决策不需考虑其对企业长期利益的影响，而只是以充分利用现有生产能力，获取短期最大利润为目标。具体进行新产品开发的品种决策时需要考虑是否追加专属成本。

（一）不追加专属成本时的决策分析

1. 业务量已知条件下的决策

如果已知业务量，可以采用贡献边际总额法进行决策。

例 6－1 至例 6－5 参考答案

【例 6－1】 某企业现有年剩余生产能力为 2 000 台，可用来生产 A 产品或 B 产品，此剩余生产能力的年固定资产折旧费为 80 000 元。其他的预测资料为：如果生产 A 产品，该产品的单价为 150 元，单位变动成本为 90 元，产品定额台时为 5 台时/件；如果生产 B 产品，该产品的单价为 80 元，单位变动成本为 50 元，产品定额台时为 2 台时/件。

要求： 运用贡献边际总额法进行决策，分析该企业应该生产 A 产品还是 B 产品。

解

(1) 生产A产品：

可生产数量=

相关收入=

变动成本总额=

贡献边际总额=

(2) 生产B产品：

可生产数量=

相关收入=

变动成本总额=

贡献边际总额=

(3) 由此可知：

2. 业务量未知条件下的决策

如果资源受到限制，总量不知，可以用单位资源贡献边际法直接进行新产品开发的品种决策。

【例 6-2】　某企业拟开发一种新产品，有两个品种可供选择。A品种的单价为100元，单位变动成本为60元，产品台时消耗定额为2小时/件；B品种的单价为120元，单位变动成本为40元，产品台时消耗定额为8小时/个。

要求：运用单位资源贡献边际分析法作出开发哪个品种的决策。

解

(1) 开发A品种：

单位资源贡献边际=

(2) 开发B品种：

单位资源贡献边际=

(3) 由此可知：

(二) 追加专属成本时的决策分析

1. 剩余贡献边际总额法

【例 6-3】　某企业现有设备的生产能力是40 000个机器工时，现有生产能力的利用程度为80%。现准备用剩余生产能力开发新产品甲、乙或丙。甲、乙、丙的产品定额工时分别为2小时、3小时、4小时；单位售价分别为30元、40元、50元；单位变动成本分别为20元、26元、30元。由于现有设备加工精度不足，在生产丙产品时，需要增加专属设备一台，成本为5 000元。

要求： 运用剩余贡献边际总额分析法决策该企业应该生产何种产品。

解

根据资料可知，该企业现有剩余机器工时 8 000 小时。
(1) 生产甲产品：
最大产量=
单位贡献边际=
贡献边际总额=
剩余贡献边际总额=
(2) 生产乙产品：
最大产量=
单位贡献边际=
贡献边际总额=
剩余贡献边际总额=
(3) 生产丙产品：
最大产量=
单位贡献边际=
贡献边际总额=
剩余贡献边际总额=
(4) 由此可知：

2. 差量分析法

【例 6－4】 某公司计划生产甲产品或乙产品，预计生产销售资料为：如果生产甲产品，产销量为 500 件，变动成本为 20 元/件，销售单价为 25 元；如果生产乙产品，产销量为 800 件，变动成本为 7 元/件，销售单价为 10 元。

要求： 运用差量分析法决策该企业应该生产何种产品。

解

有关计算如下：
甲、乙产品的差量收入=
甲、乙产品的差量成本=
甲、乙产品的差量损益=
计算表明：

3. 相关损益法

【例 6－5】 某企业有一条闲置的生产线，按最初的投资额计算每年应发生的折旧额为 28 000 元，现有甲、乙两种产品可供选择生产，预测资料为：如果生产甲产品，需要追加专属成本 10 000 元，可生产 8 000 件，变动成本为 12 元/件，预计销售单价为 18 元；如果生产乙产品，需要追加专属成本 20 000 元，可生产 6 000 件，变动成本为 23 元/件，预计销售单价为 32 元。

要求： 运用相关损益法决策该企业应该生产何种产品。

解

(1) 生产甲产品：

相关收入=

相关成本=

相关损益=

(2) 生产乙产品：

相关收入=

相关成本=

相关损益=

(3) 由此可知：

二 亏损产品停产或转产的决策分析

(一) 剩余生产经营能力无法转移，亏损产品是否停产的决策

这种情况下，通常采用贡献边际分析法作出亏损产品是否停产的决策。一般认为，只要亏损产品的贡献边际大于零，就不应该停产。

小贴士

亏损产品不应当停产具备的条件

(1) 亏损产品的销售单价大于其单位变动成本；

(2) 亏损产品的单位贡献边际大于零；

(3) 亏损产品的销售收入大于其变动成本；

(4) 亏损产品的贡献边际大于零；

(5) 亏损产品的贡献边际率大于零；

(6) 亏损产品的变动成本率小于 1。

不具备上述任何一个条件且不属于国计民生必需的产品，就应停产。

例 6-6 和例 6-7
参考答案

【例 6-6】 某企业生产经营甲、乙、丙三种产品。20×6 年年末通过计算得到，甲产品净盈利 50 000 元，乙产品净亏损 10 000 元，丙产品净盈利 20 000 元。其中，20×6 年乙产品的产销量为 1 000 件，变动成本为 80 元/件，完全成本为 110 000 元。假定 20×7 年乙产品的市场容量、价格、变动成本均不变，停产后的相对剩余生产能力无法转移。

要求：为该企业作出 20×7 年是否应该继续生产该亏损产品乙的决策。

解

根据资料计算：

销售收入= 利润+ 成本=

变动成本总额=

贡献边际总额=

计算表明：

（二）剩余生产经营能力可以转移，亏损产品是否转产的决策

这时需要将亏损产品的贡献边际与生产能力转移产生的相关收益进行比较分析后再作决策。一般认为，只要亏损产品创造的贡献边际大于剩余生产能力转移产生的收益，就不应转产，而应继续生产。

【例 6-7】 某企业生产经营甲、乙、丙三种产品。20×6 年年末通过计算得到，甲产品净盈利 50 000 元，乙产品净亏损 10 000 元，丙产品净盈利 20 000 元。其中，20×6 年乙产品的产销量为 1 000 件，变动成本为 80 元/件，完全成本为 110 000 元。假定20×7 年乙产品的市场容量、价格、变动成本均不变，但若将乙产品停产后可以将剩余的生产能力用来生产丁产品，可以生产的数量为 800 件，变动成本为 100 元/件，销售单价为 120 元。

要求：为该企业作出 20×7 年是否应该将乙产品转产的决策。

解

根据资料计算：

乙产品的贡献边际总额=

丁产品的贡献边际总额=

计算表明：

思考与分析：

有人说：“为改变企业亏损状况，凡是亏损产品都应停产。”你认为这句话是否正确？为什么？

三　特殊价格追加订货的决策分析

是否接受特殊价格追加订货的决策，是指企业在正常经营过程中对于是否安排低于正常订货价格的追加订货生产任务所作的决策。这里所说的特殊价格，是指低于正常价格甚至低于单位产品成本的价格。在企业尚有一定的剩余生产能力可以利用的情况下，如果其他企业要求以较低的价格追加订货，企业需要区分以下几种情况考虑是否接受这种追加订货。

（一）追加订货量小于或等于剩余生产能力时的决策

此时企业利用剩余生产能力完成追加订货的生产，不冲击正常的生产计划，而且在接受追加订货的生产时不需要追加专属成本，剩余生产能力又无法转移时，只要追加订货的销售单价大于该产品的单位变动成本，也就是说，该批低价订货的单位贡献边际大于零，企业就可以接受该追加订货。

【例 6-8】　某企业只生产一种 A 产品，全年最大生产能力为 1 200 件。年初已按 100 元/件的价格接受正常生产任务 1 000 件，该产品的变动生产成本为 55 元/件，固定生产成本为 25 元/件。现有一个客户要求以 70 元/件的价格追加订货量 200 件。假设该企业剩余能力无法转移，追加订货量也不需要追加专属成本。

例 6-8 和例 6-9 参考答案

要求：为该企业作出是否应该接受追加订货的决策。

解

根据题意可知：

剩余生产能力＝

追加订货量＝

所以：

单位贡献边际＝

贡献边际总额＝

计算表明：

（二）追加订货量大于剩余生产能力时的决策

此时接受追加订货必然会冲击正常生产计划，妨碍正常订货的完成，在决策分析时，应将追加订货而减少的正常收入作为追加订货的机会成本。当企业剩余生产能力能够转移时，转产所能产生的收益也应作为追加订货方案的机会成本。若追加订货需要增加专门的固定成本，则应将其作为追加订货方案的专属成本。决策时应充分考虑追加订货后相关收入和相关成本，以及与其相关的机会成本和专属成本等因素，采用差量分析法进行决策。

【例 6-9】　某企业生产甲产品，年生产能力 10 000 件，每年有 35%的剩余生产能力，正常销售单价为 65 元/件，产品变动成本为 38 元/件，产品固定成本为 12 元/件。现有一客户提出订货 4 000 件，每件定价 41 元，剩余生产能力无法转移，增加订货无须增加专属成本。

解

根据题意可知：
剩余生产能力=
追加订货量=
计算表明：

计算接受追加订货与拒绝追加订货的差量损益：
差量收入=
差量成本=
差量损益=
计算表明：

四 零部件自制或外购的决策分析

零部件自制或外购的决策，是指企业围绕既可自制又可外购的零部件的取得方式而开展的决策，又叫零部件取得方式的决策。企业组织生产所需要的零部件可以自己生产制造，也可以外购。这样，企业组织生产就面临自制或外购零部件的决策问题。

（一）零部件需求量确定时自制或外购的决策

在零部件需求量确定的情况下，可采用差量分析法进行决策。该种情况下，决策中不涉及差量收入，只需考虑两个方案的相关成本，计算出差量成本，并从中选择成本较低的方案作为较优方案。

例 6－10 和例 6－11 参考答案

【例 6－10】 某企业每年需要甲零件 3 600 个，可以选择自制或者外购。预计成本资料如下：如果企业选择自制，每个零件需要耗费直接材料 14 元，直接人工 6 元，变动制造费用 4 元，另外需增加专属固定成本 14 000 元。如果选择外购，单价为 28 元。

要求： 为该企业作出甲零件是自制还是外购的决策。

解

自制方案的相关成本=
外购方案的相关成本=
自制与外购的差量成本=
计算表明：

（二）零部件需求量不确定时自制或外购的决策

在零部件需求量不确定的情况下，可采用成本平衡点法进行决策。运用成本平衡点法进行决策时，首先需要计算出成本平衡点业务量，然后比较不同水平上的业务量与成本平衡点业务量之间的关系，从而作出互斥方案的决策。

【例 6－11】 某企业需要生产用甲零件，可以选择自制或者外购方式取得。如果选择自制，预计每个零件的单位变动成本为 420 元，另外还需增加专属固定成本 16 000 元。如果选择外购，市场价格为每个零件 500 元。

要求： 为该企业作出所需的甲零件是自制还是外购的决策。

解

设甲零件的需要量为 x，则：

自制方案的相关成本 y_1=

外购方案的相关成本 y_2=

成本平衡点 x=

计算表明：

五　选择不同生产加工工艺方案的决策分析

生产加工工艺是指加工制造产品或零部件所使用的机器、设备及加工方法的总称。生产同一种零部件或产品，往往可以采用不同的生产加工工艺。采用先进的生产加工工艺，由于劳动生产率高、劳动强度低、材料消耗少，可能导致较低的单位变动成本，但也会导致较高的固定成本；而采用传统的生产加工工艺，情况就会相反，固定成本可能较低，但单位变动成本较高。此种情况下，可以采用成本平衡点法进行决策。

【例 6－12】 某厂生产甲产品，有两种工艺方案可供选择，如果选择比较先进的 A 方案，变动成本为 300 元/件，固定成本总额为 450 000 元；如果选择比较传统的 B 方案，变动成本为 400 元/件，固定成本总额为300 000 元。

例 6－12
参考答案

要求： 为该企业作出是选择先进的 A 方案还是传统的 B 方案的决策。

解

设甲产品的生产量为 x，则：

A 方案的成本 y_1=

B 方案的成本 y_2=

求得成本平衡点 x=

计算表明：

六 半成品（联产品）是进一步加工还是出售的决策分析

半成品是一个与产成品相对立的概念，是指那些经过初步加工而形成的，已具备独立使用价值，但尚未最终完成全部加工过程的特殊产品表现形式。

例 6－13 和例 6－14 参考答案

联产品是指通过对同一种原料按照同一工艺过程加工，所产出的性质相近、价值相差不多的多种产品的统称。

在对这一问题决策时，可以运用差量分析法，将进一步加工后与加工前的差量收入与差量成本加以比较，如果差量收入大于差量成本，即差量损益大于零，则应进一步加工半成品（联产品）；否则，应该立即出售。

（一）半成品进一步加工或出售的决策

【例 6－13】 某企业每年生产半成品甲 10 000 件，变动成本为 20 元/件，固定成本总额为 150 000 元，销售单价为 46 元。如果把半成品甲进一步加工为完工产品乙，销售单价可提高到 80 元，但需追加变动成本 23 元/件，另外尚需发生专属固定成本 80 000 元。

要求： 为该企业作出是否需要进一步加工半成品甲的决策。

解

根据资料计算：

甲产品的差量收入=

甲产品的差量成本=

甲产品的差量损益=

计算表明：

（二）联产品进一步加工或出售的决策

【例 6－14】 某企业在同一生产过程中可同时生产出四种联产品，其中，联产品 A 可在分离后立即出售，也可继续加工后再出售。预计 A 产品 20×7 年的相关资料为：产量 10 000 千克，分离后立即出售的价格为 2 元/千克，继续加工后再出售的价格为 5 元/千克，加工前的联合成本为 14 000 元，加工过程中需增加的变动成本为 2 元/件，加工过程中还需增加专属固定成本 5 000 元。

要求： 为该企业作出是否需要进一步加工联产品 A 的决策。

解

根据资料计算：

A 产品的差量收入=

A 产品的差量成本=

A 产品的差量损益=

计算表明：

任务四　定价决策的分析与应用

任务描述

产品的价格不仅影响产品的销售量，也影响企业的收入和利润。产品定价太高，会导致销量降低，减少市场份额；定价太低，则难以保证企业的经济利益。所以，企业必须确定合理的产品销售价格，使其在能够获得满意的经济效益的同时，也能够为扩大产品销售、提高产品市场占有率、增强竞争力创造有利条件，保证企业生产经营活动的正常进行。因此，定价决策对企业的生存和发展具有十分重要的意义，是企业至关重要的一项经营决策。

思考：什么是定价决策？如何进行定价决策分析？

任务目标

了解定价决策分析的含义，掌握各种定价决策分析方法。

相关知识

一　定价决策分析的含义

定价决策是指短期（如 1 年）内，在流通领域中，围绕如何确定销售产品价格水平能使企业的经济效益最佳的问题而进行的决策。在企业的生产经营活动中，影响产品售价的因素是多方面的，主要有产品的成本、市场供求、竞争、产品生命周期与价格策略等因素。企业在进行产品定价决策时必须综合考虑这些因素的影响并选择合适的定价方法和定价策略，以保证能取得合理的销售收入来弥补成本并获得尽可能多的利润。

二　定价决策的分析方法

（一）成本加成定价法

对标准产品的定价常用成本加成定价法。成本加成定价法是指在产品单位成本基础上加上预期利润和销售税金作为产品销售价格的一种定价方法。主要包括以下几种具体方法。

1. 完全成本加成定价法

完全成本加成定价法是在单位产品生产成本的基础上加上一定比例的利润，来制定产

例 6－15 至例 6－17
参考答案

品价格的一种方法，是企业较常用的定价方法。加成的利润比例一般参照同类产品的成本利润率确定。计算公式如下：

价格＝单位产品生产成本×(1＋成本利润率)

其中：

成本利润率＝利润总额/成本总额

【例 6－15】 某企业生产甲产品，预计单位产品的生产成本为 100 元，计划销售 10 000 件，要求成本利润率必须达到 20%。

要求： 运用完全成本加成定价法测算甲产品的价格。

解

甲产品价格＝

完全成本加成定价法的优点是计算简单、简便易行。在正常情况下，按此方法定价可使企业获取预期盈利。其缺点是忽视市场竞争和供求状况的影响，缺乏灵活性，难以适应市场竞争的变化形势，特别是利润率的确定仅从企业角度考虑，因而难以确保所定价格水平的市场销售量，使固定成本费用的分摊难保其合理性。

2. 变动成本加成定价法

变动成本加成定价法又称目标贡献边际定价法，是指在产品的单位变动生产成本基础上加上一定比例的贡献边际，来制定产品销售价格的一种方法。计算公式如下：

价格＝单位变动生产成本＋单位贡献边际

＝单位变动生产成本＋(单位固定成本＋单位利润额)

＝单位变动生产成本×(1＋变动成本贡献率)

其中：

变动成本贡献率＝(利润＋固定成本＋变动非生产成本)/变动生产成本

【例 6－16】 某公司生产甲产品，甲产品产量为 500 件时的有关成本费用资料如下：直接材料为 20 000 元，直接人工为 11 000 元，变动制造费用为 12 000 元，固定制造费用为 10 000 元，销售及管理费用为 1 800 元。已知该公司计划实现 30 000 元的目标利润。

要求： 运用变动成本加成定价法确定目标售价。

解

变动成本贡献率＝

目标售价＝

与完全成本加成定价法相比，采用变动成本加成定价法能使产品价格更具竞争能力，易于在各种产品之间合理地分摊固定成本，有利于企业选择和接受市场价格。但该方法具有一定的风险，如长期使用会使固定成本一直得不到全部补偿。

（二）盈亏平衡定价法

盈亏平衡定价法，又称保本分析定价法、收支平衡定价法或损益平衡定价法，是根据本量利分析的盈亏平衡点原理进行定价。这种方法并不提供特定的价格水平，而是提供一系列销售量下的保本价格。由于按照该价格销售产品，利润为零，因此该价格为企业所能接受的最低价格。

因为产品处于损益平衡时，总收入＝总成本，即价格×销售量＝固定成本总额＋单位变动成本×销售量，所以，价格＝固定成本总额/销售量＋单位变动成本。

【例 6－17】 某企业生产 A 产品，本期计划销售量为 10 000 件，应负担的固定成本总额为 250 000 元，变动成本为 70 元/件。

要求：运用盈亏平衡定价法计算 A 产品的单位价格。

解

A 产品的单位价格＝

盈亏平衡定价法有利于经营者从保本入手，确定最佳品种结构及经营规模与价格组合。经营者进行价格调整时，也可运用该法在价格与销量之间寻找决策点。

案例分析

本模块引例中的决策属于生产决策中的特殊价格追加订货的决策。从管理会计角度看，由于该批特殊订货可以有效地发挥剩余生产能力的作用，并且所追加的订货也不增加专属固定成本，因此，只要追加订货的用户按照高于单位变动成本的单价订货，也就是说，该批追加订货的单位贡献边际大于零，企业就可以接受。

小陈决策时主要考虑追加订货量是否超过企业的剩余生产能力。当剩余生产能力可以满足订货量时，企业只需判断销售单价是否大于该产品的单位变动成本，如果是，企业就可接受追加订货；当剩余生产能力不足以生产出追加的产品数量，为了完成这批订货，就会少生产正常订货的产品。这时企业就需要考虑追加订货后相关收入和相关成本，以及与其相关的机会成本和专属成本等因素，采用差别损益分析法进行决策。

技能训练

一、单项选择题

1. 下列各项中，属于无关成本的是（　　）。

A. 沉没成本　　B. 增量成本　　C. 机会成本　　D. 专属成本

2. 成本平衡点分析法的应用条件是各备选方案的（　　）。

A. 预期收入不相等　　B. 业务可以事先确定

C. 业务量不能事先确定　　D. 成本平衡点较低

3. 某公司使用同一套设备可生产甲、乙两种产品。其中生产甲产品每件需要 10 机器小时，生产乙产品每件需要 8 机器小时。甲、乙产品的单位贡献毛益同为 18 元，则（　　）。

A. 生产甲产品有利　　B. 生产乙产品有利

C. 生产甲、乙产品一样有利　　D. 分不清生产哪种产品有利

4. 如果方案涉及追加专属成本，在新产品开发的品种决策中主要通过比较不同备选方案的（　　）。

A. 单位资源贡献边际　　B. 贡献边际总额

C. 单位贡献边际　　D. 剩余贡献边际总额

5. 在零部件自制或外购的决策中，如果零部件的需用量尚不确定，应当采用的决策方法是（　　）。

A. 相关损益分析法　　B. 差别损益分析法

C. 相关成本分析法　　D. 成本平衡点法

6. 在进行半成品是否进一步加工决策时，应对半成品在加工后增加的收入和（　　）进行分析研究。

A. 进一步加工前的变动成本　　B. 进一步加工追加的成本

C. 进一步加工前的全部成本　　D. 加工前后的全部总成本

二、多项选择题

1. 按决策的层次，决策可分为（　　）。

A. 基层决策　　B. 低层决策　　C. 中层决策　　D. 高层决策

2. 企业在短期决策时，需要考虑的因素有（　　）。

A. 经济效益　　B. 时间价值　　C. 社会效益　　D. 风险价值

3. 下列各项中，属于生产经营决策相关成本的有（　　）。

A. 增量成本　　B. 机会成本　　C. 专属成本　　D. 沉没成本

4. 在短期经营决策中，采用贡献边际法分析时，能够作为评价标准的指标有（　　）。

A. 单位贡献边际　　B. 贡献边际总额

C. 剩余贡献边际总额　　D. 单位台时所提供的贡献边际

5. 在相对剩余生产能力无法转移的条件下，亏损产品继续生产的前提条件是（　　）。

A. 单价大于单位变动成本　　B. 贡献边际率大于零

C. 贡献边际大于零　　D. 贡献边际大于固定成本

6. 下列各种决策分析中，可以按成本平衡点法作出决策的有（　　）。

A. 亏损产品的决策　　B. 追加订货的决策

C. 生产工艺技术方案的决策　　D. 零部件自制或外购的决策

三、判断题

1. 成本预测是其他各项预测的前提。（　　）

2. 生产决策属于长期投资决策。(　　)

3. 差别损益的实质就是两备选方案之间的利润差额。(　　)

4. 无关收入是指与某决策方案无任何关系的收入。(　　)

5. 在管理会计中，边际成本是指业务量增加一个经济单位所引起的成本增加额。(　　)

6. 如果预计未来的业务量在成本平衡点之下，则应选固定成本较高的方案。(　　)

四、计算题

1. 某企业尚有一定闲置的设备台时，拟用于开发 A、B 两种产品。A 品种的预计价格为 200 元/件，变动成本为 160 元/台，消耗机器工时定额为 10 小时/件；B 品种的预计价格为 100 元/台，变动成本为 70 元/台，消耗机器工时定额为 6 小时/台。开发新品种不需要追加专属成本。

要求：为该企业作出开发何种新产品的决策。

2. 已知某企业生产经营甲、乙、丙三种产品，其中丙产品 20×6 年销售收入为 90 000 元，变动成本为 81 000 元，固定成本为 15 000 元，发生净亏损 6 000 元。假设生产丙产品的设备可出租，每年租金为 12 000 元。

要求：为该企业作出亏损的丙产品是否停产的决策。

3. 某企业生产需要一种 A 零件，年需用量 500 件，可以由本企业生产，也可以外购。如果由本企业生产，变动成本为 26 元/件，而且需购买一台专用设备，每年发生专属固定成本 2 000 元。如果外购，外购单价为 35 元。

要求：为该企业作出是自己生产 A 零件还是外购的决策。

4. 某企业在生产过程中可同时生产出三种联产品，其中联产品丙可在分离后立即出售，也可继续加工后再出售。预计丙产品 20×7 年的相关资料为：产量 4 000 千克，分离后立即出售的价格为 6 元/千克，继续加工后再出售的价格为 10 元/千克，加工前的联合成本为 20 000 元，加工过程中需增加的变动成本为 5 元/件，加工过程中还需增加专属固定成本 1 000 元。

要求：为该企业作出联产品丙是否需要进一步加工的决策。

技能训练参考答案

模块七

长期投资决策的分析与应用

学习目标

知识目标

- 了解长期投资决策分析需要考虑的各种因素
- 掌握现金流量的含义和内容
- 掌握货币时间价值的计算
- 掌握长期投资决策的静态评价指标
- 掌握长期投资决策的动态评价指标

技能目标

- 能根据实际情况选择合适的评价指标
- 会运用各类指标进行长期投资决策分析
- 能够进行固定资产更新决策分析

引例

张某的创业能盈利吗？

张某20×6年毕业于某高职院校，一直在一家公司当出纳。20×7年年底，张某准备辞职进行创业。经过周密的市场调查，他准备投资成本较低、收益较为稳定的干洗业。张某了解到，从市场上购置较为先进的干洗机需要11万元，可以使用5年。经分析和测算，他准备通过银行一次性贷款购置这种干洗机1台，银行贷款利率为7%。5年后干洗机报废可以收回残值1万元，每年折旧费约2万元。根据市场调查，估计每年的净收益为3.5万元。

请 分 析：张某的创业能盈利吗？有哪些指标可以帮助张某进行投资决策分析？

分析提示：按照是否考虑货币时间价值，长期投资决策的评价指标有静态评价指标和动态评价指标两种。

任务一 长期投资决策的分析认知

任务描述

长期投资项目的投资金额往往很大，时间跨度往往很长，且投资支出和投资回收又不在同一个时间点上，所以在决策时不能简单地将现在的投资支出和投资后若干年的投资收入直接相比。要使长期投资项目的经济评价建立在客观、可比的基础上，就必须考虑货币的时间价值，将不同时点的现金流入量和现金流出量都折算到同一时点后加以比较。

思考：什么是长期投资决策？什么是现金流量？什么是货币时间价值？

任务目标

了解长期投资决策的含义及种类，掌握现金流量的含义和内容，掌握货币时间价值的含义及计算。

相关知识

一　长期投资决策的含义

长期投资是指投入大量资金，获取报酬或收益的持续期间超过1年以上，能在较长时间内影响企业经营获利能力的投资。

长期投资决策也称资本支出决策，是指企业为适应今后生产经营的长远发展需要，运用一定的科学理论、方法和手段，通过一定的程序，在固定资产增加、扩建、更新、改造及资源开发利用等方面对若干个可行性投资方案进行的决策。

二　长期投资决策的分类

长期投资决策可按以下三个标准进行分类。

（一）根据投资影响的范围划分

1. 战略性投资决策

战略性投资决策是指对整个企业的发展方向、发展规模等有重大影响的投资决策，如新厂建设、承担大型项目的决策等。

2. 战术性投资决策

战术性投资决策是指只对企业局部有影响的技术性的投资决策，如企业原有产品的更新换代、降低产品成本的决策等。

（二）根据投资的标的物划分

1. 固定资产投资决策

固定资产投资决策是指为了增加固定资产数量或提高固定资产效率，以扩大生产能力的投资决策，如新建、扩建、改建固定资产的决策等。

2. 有价证券的长期投资决策

有价证券的长期投资决策是指为了提高资金使用效益而进行的不能在一年以内变现的投资决策，如股权投资、债券投资的决策等。

（三）根据投入资金的阶段划分

1. 单阶段投资决策

单阶段投资决策是指对一次就能完成或建成的一个投资项目进行的决策。

2. 多阶段投资决策

多阶段投资决策是指对要分几次投资才能完成或建成的一个投资项目进行的决策。

三 长期投资决策分析需考虑的相关因素

基于投资决策的特点，企业在进行长期投资决策分析时，必须考虑的因素有现金流量和货币时间价值等。

（一）现金流量

现金流量是指由投资项目引起的在未来一定期间内所发生的现金收入和现金支出的总称。

1. 现金流入量

项目从投资开始到终止的过程中发生的现金收入称为现金流入量，具体包括以下内容：

（1）营业收入，是指项目投产后每年实现的全部销售收入或业务收入。

（2）固定资产残值收入，是指投资项目终止时固定资产报废清理或中途转让处理收回的固定资产价值。

（3）收回的流动资产价值，是指投资项目终止时收回的原来垫支在流动资金上的价值。

（4）其他现金流入，是指不属于以上情况的现金流入。

2. 现金流出量

项目从投资开始到终止的过程中发生的现金支出称为现金流出量，具体包括以下内容：

（1）建设投资，是指项目建设期内进行的固定资产、无形资产等投资，包括基本建设投资和更新改造投资。

（2）流动资产投资，是指项目寿命期内对原材料、在产品、产成品和货币资金等流动资产的垫支。

（3）经营成本，也称付现成本，是指生产经营过程中用货币资金支付的那部分成本费用，不包括折旧支出。

（4）各种税款，是指在项目寿命期内缴纳的各种税款，如税金及附加、所得税等。

（5）其他现金流出，是指不属于以上情况的现金流出。

小贴士

为什么折旧不属于现金流出？

折旧是对固定资产磨损的补偿，在固定资产使用期间逐期摊销到产品中去，是产品成本的重要组成部分。固定资产在购买时已计为现金流出，如将折旧再次计为现金流出则是一种重复。

由于折旧可以作为成本项目从销售收入中扣除，因此折旧降低了企业的应纳税所得额。由此可见，折旧是人为计入成本，它并不是真正意义上的现金流出。

尽管折旧不是真正的现金流量，但折旧数额的大小会影响企业的现金流量大小。折旧额越大，所得税额就越小，现金净流量就越大。

3. 现金净流量

现金净流量是指现金流入量与现金流出量相抵后的余额，计算公式为：

现金净流量＝现金流入量－现金流出量

任何一项投资项目都可以分为投资期、营业期和终结期三个阶段。因此，计算现金净流量时一般也需要区分这三个阶段。

（1）投资期现金净流量。投资期现金流量是指发生在该投资项目的原始投资，包括在长期资产上的投资和垫支的营运资金，主要是现金流出量。计算公式为：

投资期现金净流量＝－该年发生的投资额

（2）营业期现金净流量。营业期是指从项目投产之日到项目终结之间的时间间隔，所以营业期现金流量是指项目投入使用后，在其生命周期内，由于生产经营活动所带来的现金流入量和现金流出量。其中，现金流入量主要是营运各年的营业收入，现金流出量主要是营运各年的付现营运成本。

主要计算公式为：

营业现金净流量＝营业收入－付现成本－所得税

也可以按照以下思路推导为：

营业现金净流量＝营业收入－付现成本－所得税－非付现成本＋非付现成本
＝营业收入－成本总额－所得税＋非付现成本
＝税后营业利润＋非付现成本

还可以按照以下思路推导为：

营业现金净流量＝营业收入－付现成本－所得税－非付现成本＋非付现成本
＝营业收入－付现成本－非付现成本－所得税＋非付现成本
＝(营业收入－付现成本－非付现成本)×(1－所得税税率)＋非付现成本
＝营业收入×(1－所得税税率)－付现成本×(1－所得税税率)
＋非付现成本×所得税税率

（3）终结期现金净流量。终结期是指投资项目终止的时期。现金流量最主要是现金流入量，包括固定资产的变价净收入、垫支营运资金的收回及固定资产变现净损益的影响等。计算公式为：

终结期现金净流量＝固定资产的变价净收入＋垫支营运资金的收回＋固定资产变现净损失抵税（或减固定资产变现净收益纳税）

其中，固定资产的变价净收入是指固定资产出售或报废时的出售价款或残值收入扣除清理费用后的净额；垫支营运资金的收回是指项目开始时垫支的营运资金在项目结束时收回的金额；固定资产变现净损益的影响指的是固定资产变现净收益或净损失对现金流量的影响。

固定资产变现净损益＝固定资产变价净收入－固定资产的账面价值

固定资产的账面价值＝固定资产原值－按照税法规定计提的累计折旧

固定资产变现净损益对现金净流量的影响＝（固定资产的账面价值－固定资产变价净收入）×所得税税率

当固定资产变现净损益＞0时，固定资产变现产生净收益，应该纳税，增加现金流出，减少现金净流量；当固定资产变现净损益＜0时，固定资产变现产生净损失，可以抵税，减少现金流出，增加现金净流量。

例7－1
参考答案

【例7－1】 甲公司A项目需要投资固定资产1 030万元，当年投产，期限为10年，按直线法计提折旧，预计到期时可以取得残值收入30万元（会计和税法规定一致）。预计每年营业收入为500万元，营业成本为300万元，所得税税率为25%，期初垫支流动资金100万元，从第二年年初开始每年垫支流动资金20万元。

要求： 计算A项目每年的现金净流量。

解

直线法计算该固定资产每年的折旧额＝（　　）万元。

第0年的现金净流量：

NCF_0＝

第1～9年每年的现金净流量：

$NCF_{1\sim9}$＝

第10年的现金净流量：

NCF_{10}＝

请将具体数据填入下表。

项目	第0年	第1年	第2年	第3年	第4年	第5年	第6年	第7年	第8年	第9年	第10年
固定资产投资											
流动资金垫支											
营业收入											
营业成本											
税后营业利润											
折旧											
残值收入											
营运资金收回											
现金净流量合计											

（二）货币时间价值

货币时间价值是指一定量货币资本在不同时点上的价值量差额，也称为资金时间价值。通常情况下，它是指没有风险也没有通货膨胀情况下的社会平均利润率。货币时间价值的计量形式主要有单利与复利、终值与现值等。

1. 单利与复利

单利是指按照固定的本金计算利息的一种计息方式。在这种方式下，只有本金能够产生利息，利息不能生利，各期利息相等。

复利是指对本金和利息都计算利息的一种计息方式。在这种方式下，不仅本金需要计算利息，由本金产生的利息也需要计算利息，各期利息不相等。在投资方案决策和经济分析中，一般采用复利计算。

2. 终值与现值

终值又称将来值，是指现在一定量的货币按给定的利率折算到未来某一时点所对应的金额，通常记作 F。

现值又称本金，是指未来某一时点上一定量的货币按给定的利率折算到现在所对应的金额，通常记作 P。

（1）单利终值与单利现值。

1）单利终值。

单利终值是指现在的一笔资金按单利计算的未来价值。计算公式为：

$$F=P\times(1+i\times n)$$

式中，F 代表终值，即 n 期后的本利和；P 代表现值，即本金；i 代表利率；n 代表期限，下同。

【例 7-2】　某人将 10 000 元存入银行，在年利率为 3%的情况下，假设银行按单利计息，求 5 年后可以取出的金额。

解

$$F=10\,000\times(1+3\%\times5)=11\,500\text{（元）}$$

2）单利现值。

单利现值是指若干年后收入或支出的一笔资金按单利计算的现在时点的价值。计算公式为：

$$P=\frac{F}{1+i\times n}$$

【例 7-3】　某人为了 5 年后能从银行取出 10 000 元，在年利率为 3%的情况下，假设银行按单利计息，求当前应存入银行的金额。

解

$$P=\frac{10\,000}{1+3\%\times5}=8\,695.65\text{（元）}$$

可以看出，单利终值与单利现值的计算互为逆运算；单利终值系数（$1+i\times n$）与单利现值系数 $1/(1+i\times n)$ 互为倒数。但是，单利的终值和现值在投资决策中应用很少，这里只作简单介绍。

（2）复利终值与复利现值。

1）复利终值。

复利终值是指一定量的本金按照复利计算若干期后的本利和。计算公式为：

$$F=P\ (1+i)^n$$

式中，$(1+i)^n$ 代表复利终值系数，用符号（F/P，i，n）表示，可以通过查复利终值系数表求得。因此，复利终值公式也可表示为：

$$F=P\times(F/P,\ i,\ n)$$

【例 7-4】 某人将 10 000 元存入银行，在年利率为 3%的情况下，假设银行按复利计息，求 5 年后可以取出的金额。

解

$$\begin{aligned}F=10\ 000\times(1+3\%)^5 &=10\ 000\times(F/P,\ 3\%,\ 5)\\&=10\ 000\times1.159\ 3\\&=11\ 593\ (\text{元})\end{aligned}$$

2）复利现值。

复利现值是指未来一定时间的特定资金按复利计算的现在价值，或者说是为取得将来一定本利和折算到现在所需要的本金。计算公式为：

$$P=F/(1+i)^n=F\ (1+i)^{-n}$$

式中，$1/(1+i)^n$ 为复利现值系数，用符号（P/F，i，n）表示，可以通过查复利现值系数表求得。因此，复利现值公式也可表示为：

$$P=F\times(P/F,\ i,\ n)$$

可以看出，复利终值和复利现值互为逆运算；复利终值系数$(1+i)^n$ 和复利现值系数 $1/(1+i)^n$ 互为倒数。如果其他条件不变，当期数为 1 时，复利终值和单利终值是相同的。在财务管理中，如果不加注明，货币时间价值一般均按照复利计算。

【例 7-5】 某人为了 5 年后能从银行取出 10 000 元，在年利率为 3%的情况下，假设银行按复利计息，求当前应存入的金额。

解

$$\begin{aligned}P=10\ 000/(1+3\%)^5 &=10\ 000\times(P/F,\ 3\%,\ 5)\\&=10\ 000\times0.862\ 6\\&=8\ 626\ (\text{元})\end{aligned}$$

（3）年金终值与年金现值。

年金是指一定时期内间隔期相等的系列等额收付款，一般用 A 表示。年金通常具有两个特点：一是金额相等；二是时间间隔相等，也可以理解为年金是指等额、定期的系列收支。在现实工作中，年金的应用很广泛，如分期付款购买固定资产、分期收取利息，都属于年金收付形式，具体包括普通年金、即付年金、递延年金、永续年金四种基本形式。

普通年金又称后付年金，是指从第一期开始，在一定时期内每期期末等额收款、付款的年金。

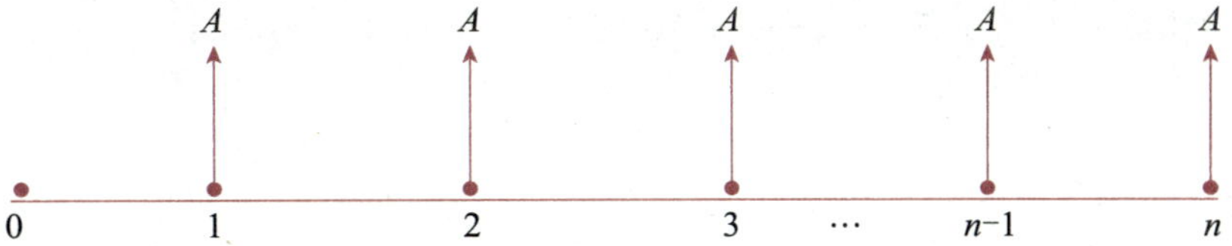

即付年金又称预付年金，是指从第一期开始，在一定时期内每期期初等额收款、付款的年金。

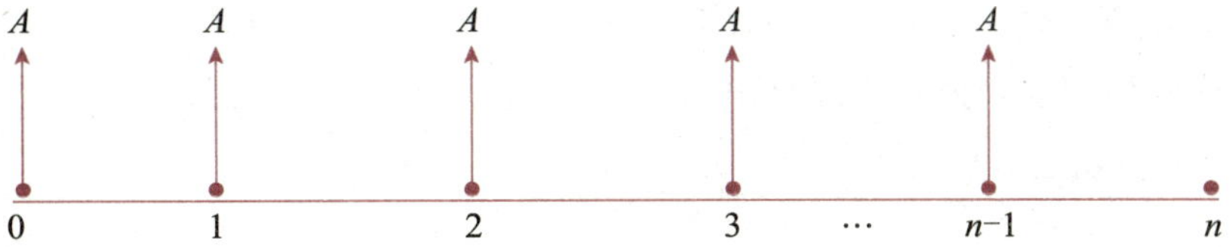

递延年金是指在第二期或第二期以后开始收款、付款的年金。

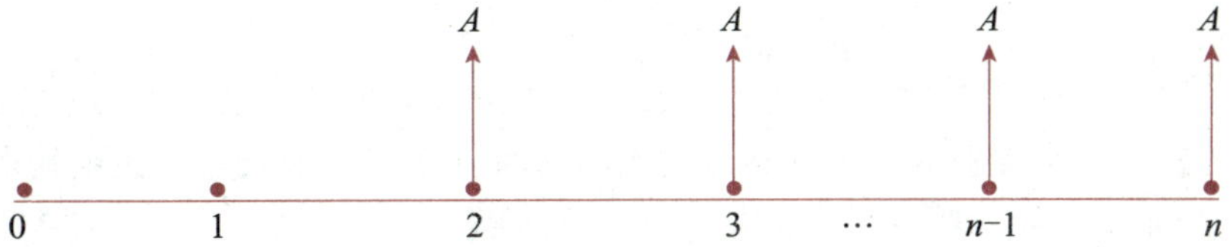

永续年金是指无限期收款、付款的普通年金，即一系列没有到期日的现金流。

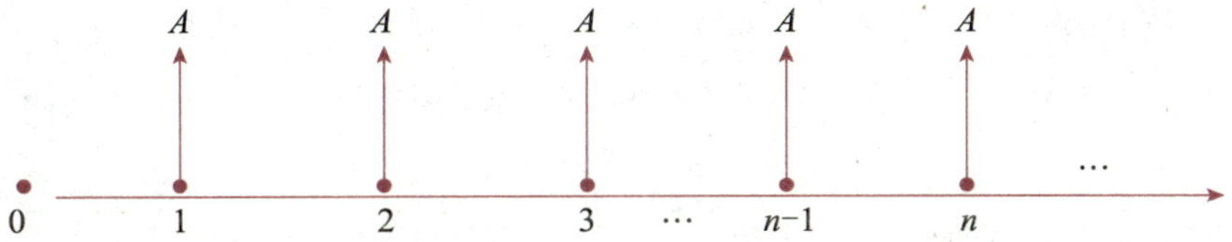

1）普通年金终值与普通年金现值。

普通年金终值是指一定时期内每期期末收付款项的复利终值之和。根据含义可以列出基本的计算普通年金终值的公式为：

$$F=A\times(1+i)^0+A\times(1+i)^1+A\times(1+i)^2+\cdots+A\times(1+i)^{n-1}$$

$$F=A\times[(1+i)^0+(1+i)^1+(1+i)^2+\cdots+(1+i)^{n-1}]$$

利用等比数列的求和公式可以推出：

$$F=A\times\frac{(1+i)^n-1}{i}$$

式中，$\frac{(1+i)^n-1}{i}$称为年金终值系数，用符号（F/A，i，n）表示。因此，普通年金终值公式也可表示为：

$$F=A\times(F/A,\ i,\ n)$$

【例 7-6】　小王是位理财爱好者，自 202×年 12 月底儿子出生开始，他每年年底都要为儿子在银行账户上存入 10 000 元。假设每年定期存款利率都是 3.5%，则在 203×年底存入 10 000 元后，小王这 11 年的存款相当于当时的多少钱？

解

$$F=10\ 000\times\frac{(1+3.5\%)^{11}-1}{3.5\%}=10\ 000\times(F/A,\ 3.5\%,\ 11)$$
$$=10\ 000\times13.142\ 0$$
$$=131\ 420（元）$$

普通年金现值是指一定时期内每期期末收付款项的复利现值之和。根据含义可以列出基本的计算普通年金现值的公式为：

$$P=A\times(1+i)^{-1}+A\times(1+i)^{-2}+A\times(1+i)^{-3}+\cdots+A\times(1+i)^{-n}$$
$$P=A\times[(1+i)^{-1}+(1+i)^{-2}+(1+i)^{-3}+\cdots+(1+i)^{-n}]$$

利用等比数列的求和公式可以推出：

$$P=A\times\frac{1-(1+i)^{-n}}{i}$$

式中，$\frac{1-(1+i)^{-n}}{i}$被称为年金现值系数，记作（P/A，i，n）。因此，普通年金现值公式也可表示为：

$$P=A\times(P/A,i,n)$$

【例 7-7】 王某想在未来 5 年内每年年末提取 10 000 元现金，在银行利率为 3.5% 的情况下，请问他现在需要一次性向银行存入多少钱？

解

$$P=10\ 000\times\frac{1-(1+3.5\%)^{-5}}{3.5\%}=10\ 000\times(P/A,\ 3.5\%,\ 5)$$
$$=10\ 000\times4.515\ 1$$
$$=45\ 151（元）$$

2）即付年金终值与即付年金现值。

即付年金和普通年金最大的区别在于收付款的时间不同，因此计算即付年金终值和现值时，可以按照期数进行调整，也可以在普通年金终值和现值的基础上进行调整。

a. 即付年金终值。

即付年金终值是指一定时期内每期期初收付款项的复利终值之和。

一是按照期数进行调整，调整后的公式为：

即付年金终值＝年金额×即付年金终值系数

$$F=A\times[(F/A,\ i,\ n+1)\ -1]$$

二是按照普通年金进行调整，调整后的公式为：

即付年金终值＝同期的普通年金终值×$(1+i)$

$$F=A\times(F/A,\ i,\ n)\times(1+i)$$

因此，即付年金终值的公式一般表示为：

$$F=A\times[(F/A,i,n+1)-1]=A\times(F/A,i,n)\times(1+i)$$
$$=A\times\frac{(1+i)^n-1}{i}\times(1+i)$$

【例 7-8】 为给儿子上大学准备资金，王先生连续 6 年于每年年初存入银行 8 000

元。若银行存款利率为 5%，则王先生在第 6 年年末能一次取出本利和多少钱？

解

$$F=8\,000\times[(F/A,5\%,6+1)-1]$$
$$=8\,000\times(8.142\,0-1)$$
$$=57\,136(元)$$

或者

$$F=8\,000\times(F/A,5\%,6)\times(1+5\%)$$
$$F=8\,000\times6.801\,9\times1.05$$
$$=57\,136(元)$$

b. 即付年金现值。

即付年金现值是指一定时期内每期期初收付款项的复利现值之和。

一是按照期数进行调整，调整后的公式为：

即付年金现值＝年金额×即付年金现值系数

$$P=A\times[(P/A,\ i,\ n-1)\ +1]$$

二是按照普通年金进行调整，调整后的公式为：

即付年金现值＝同期的普通年金现值×$(1+i)$

$$P=A\times(P/A,i,n)\times(1+i)$$

因此，即付年金现值的公式一般表示为：

$$P=A\times[(P/A,i,n-1)+1=A\times(P/A,i,n)\times(1+i)$$
$$=A\times\frac{1-(1+i)^{-n}}{i}\times(1+i)$$

【例 7-9】　王先生想在未来 5 年内每年年初提取 10 000 元现金，在银行存款年利率为 3.5%的情况下，请问他现在（第一年年初）需要一次性向银行存入多少钱？

解

$$P=10\,000\times[(P/A,3.5\%,5-1)+1]$$
$$=10\,000\times(3.673\,1+1)$$
$$=46\,731(元)$$

3）递延年金终值与递延年金现值。

a. 递延年金终值。

递延年金是普通年金的特殊形式，即不是从第一期开始的普通年金都是递延年金。所以，计算递延年金终值和计算普通年金终值的方法基本一样，只是注意扣除递延期即可，计算公式为：

$$F=A\times(F/A,i,n)$$

【例 7-10】　某企业从银行借入一笔款项，银行贷款的年利率为 10%，每年复利一次。银行规定前 10 年不用还本付息，从第 11 年至第 20 年每年年末偿还本息 5 000 元。计算这笔款项的终值。

解

$$F=5\,000\times(F/A,10\%,10)$$
$$=5\,000\times15.937\,0$$

$=79\ 685$（元）

b. 递延年金现值。

计算递延年金现值时假设第一次支付发生在第 $m+1$ 期期末，连续支付了 n 期，m 表示递延期数。

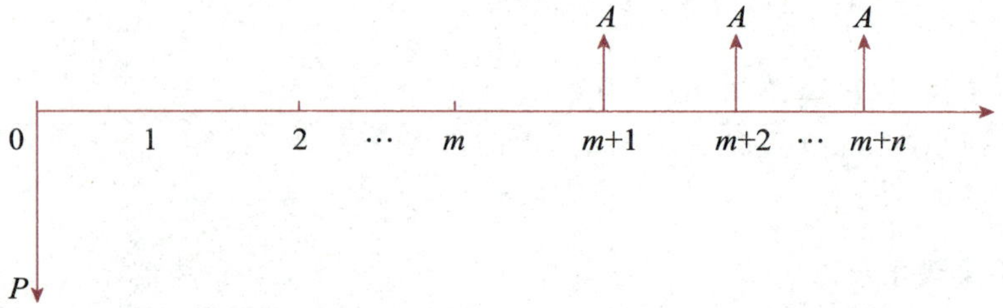

以下为三种计算递延年金现值常用的方法：

一是先求普通年金现值，然后折现。

此种方法是先把递延年金视为普通年金，求出其至递延期末的现值，再将此现值换算成第一期期初的现值。计算公式为：

$$P=A\times(P/A,i,n)\times(P/F,i,m)$$

二是假定为普通年金模式，求现值后相减。

此种方法是假设递延期也有年金收支值，再减去递延期 m 的年金现值。计算公式为：

$$P=A\times(P/A,i,m+n)-A\times(P/A,i,m)$$

三是先求已有的年金终值然后折现。

此种方法是先把递延年金视为普通年金，求出其在 $m+n$ 期期末的终值，再计算其在第一期期初的现值。计算公式为：

$$P=A\times(F/A,i,n)\times(P/F,i,m+n)$$

式中，m 代表递延期，即第一次有收支的前一期；n 代表连续收支期。

【例 7-11】 某企业从银行借入一笔款项，银行贷款的年利率为 10%，每年复利一次。银行规定前 5 年不用还本付息，从第 6 年至第 20 年每年年末偿还本息 5 000 元。

要求：计算这笔款项的现值。

解

计算递延年金的现值有三种方法：

方法一：

$$P=A\times(P/A,10\%,15)\times(P/F,10\%,5)$$
$$=5\ 000\times7.606\ 1\times0.620\ 9$$
$$=23\ 613.14\ （元）$$

方法二：

$$P=5\ 000\times(P/A,10\%,5+15)-5\ 000\times(P/A,10\%,5)$$
$$=5\ 000\times8.513\ 6-5\ 000\times3.790\ 8$$
$$=23\ 614\ （元）$$

方法三：

$$P=5\ 000\times(F/A,10\%,15)\times(P/F,10\%,5+15)$$
$$=5\ 000\times31.772\ 0\times0.148\ 6$$

$=23\ 606.60$（元）

4）永续年金终值与永续年金现值。

永续年金因为没有到期日，所以没有终值，只需要计算其现值。同时由于永续年金其实就是期数趋于无穷的普通年金。因此，永续年金的现值公式可以由普通年金现值的公式推导出来：

因为 $n \to \infty$ 时，$(1+i)^{-n} \to 0$，所以永续年金的现值公式为：

$$P = A \times \frac{1-(1+i)^{-n}}{i} = \frac{A}{i}$$

【例 7-12】 某企业准备成立一项奖助学金，用于奖励某高校品学兼优的贫困生，奖助学金每年发放一次，每次需要资金 30 000 元。奖助学金的基金保存在银行支行。假设银行一年的定期存款利率为 2%。该企业需要一次性存入银行多少钱作为奖励基金？

解

$$P=\frac{30\ 000}{2\%}=1\ 500\ 000（元）$$

任务二　长期投资决策评价指标

任务描述

长期投资决策，是对各个可行方案进行分析和评价，并从中选择最优方案的过程。长期投资项目决策的分析评价，需要采用一些专门的评价指标和方法。

思考：什么是长期投资决策评价指标？有哪些种类？各指标如何使用？

任务目标

掌握长期投资决策评价指标的种类，各指标的计算及使用。

相关知识

长期投资决策评价指标是指用于衡量和比较长期投资项目可行性优劣，以便据以进行方案决策的定量化标准与尺度，是由一系列综合反映投资效益、投入产出关系的量化指标构成的。按是否考虑货币时间价值来分类，这些评价指标分为静态评价指标和动态评价指标。

一　静态评价指标

静态评价指标是指没有考虑货币时间价值的评价指标，主要包括静态回收期和投资利润率两种。

（一）静态回收期（PP）

回收期，是指投资项目的未来现金净流量（或现值）与原始投资额（或现值）相等时所经历的时间，即原始投资额通过未来现金流量回收所需要的时间。

按照是否考虑货币时间价值，回收期主要包括静态回收期和动态回收期。

静态回收期没有考虑货币时间价值，直接用未来现金净流量累计到原始投资数额时所经历的时间作为回收期。一般用静态回收期指标评价方案时，备选方案的回收期越短越好。具体计算静态回收期时需要区分两种情况：

例 7-13 至例 7-15 参考答案

（1）未来每年现金净流量相等时。这种情况是一种年金形式，计算公式为：

静态回收期＝投资总额/每年现金净流量

【例 7-13】 某公司准备从甲、乙两种设备中选购一种。甲设备购买价为 35 000 元，投入使用后，每年现金流量为 7 000 元；乙设备购买价为 36 000 元，投入使用后，每年现金流量为 8 000 元。

要求： 运用静态回收期指标为该公司决策应该选购哪种设备。

解

甲设备回收期＝

乙设备回收期＝

计算结果表明：

（2）未来每年现金净流量不相等时。在这种情况下，应把每年的现金净流量逐年加总，根据累计现金流量来确定回收期，计算公式为：

$$投资回收期=\frac{尚未收回投资的最后}{一个正值对应的年份}+\frac{尚未收回投资的最后一个正值}{下年收回的净现金流量}$$

【例 7-14】 某公司欲投资 15 000 元兴建一个项目，现有甲、乙两个投资方案可供参考。其中，甲方案每年的现金流量相等（为 3 500 元），乙方案每年的现金流量不相等，具体资料如表 7-1 所示。

表 7-1 乙方案的现金流量资料表 单位：元

年度	现金净流量	累计现金净流量	年末尚未收回的投资额
1	3 800	3 800	11 200
2	3 560	7 360	7 640
3	3 320	10 680	4 320
4	3 080	13 760	1 240
5	7 840	21 600	—

要求： 运用静态回收期指标评价甲、乙两个方案的优劣。

解

甲方案的投资回收期=

乙方案的投资回收期=

计算结果表明：

静态回收期指标计算简便，易于理解，可在一定程度上反映备选方案的风险程度，是一种较为保守或稳妥的方法。但同时，静态回收期指标没有考虑货币的时间价值，也就不能计算出较为准确的投资经济效益。

（二）投资利润率（ROI）

投资利润率也称为投资报酬率，是指项目达到设计生产能力后的一个正常生产年份的年均利润与项目投资总额的比率。计算公式为：

投资利润率=年均利润/投资总额×100%

一般认为，计算出来的投资利润率大于预计投资利润率，方案可行；反之，方案不可行。在多个方案择优决策时，如果多个方案的投资利润率都超过了预计投资利润率，则应选择其中利润率最高的方案。

【例7-15】 某公司欲购入设备A一台，价值100万元，可用5年，预计各年的利润分别为30万元、40万元、45万元、55万元、50万元。该公司要求的投资利润率为40%。

要求： 分析该公司是否应该购入A设备。

解

购入设备A的投资利润率=

计算结果表明：

投资利润率的优点是计算简单，缺点是没有考虑货币的时间价值因素，不能正确反映建设期长短及投资方式不同和回收额的有无等条件对项目的影响，分子、分母计算口径的可比性较差，无法直接利用净现金流量信息。只有投资利润率指标大于或等于无风险投资利润率的投资项目才具有财务可行性。

二　动态评价指标

动态评价指标是指考虑了货币时间价值和现金流量两个因素影响的评价指标，主要包括动态投资回收期、净现值、净现值率、现值指数、年金净流量、内含报酬率等指标。

（一）动态投资回收期

动态投资回收期是指以投资项目的行业基准收益率或设定折现率计算的未来现金净流量的现值等于原始投资额现值时所经历的时间。

动态投资回收期的计算方法与静态投资回收期的计算方法基本相同，也需要考虑未来每年现金净流量是否相等，只是需要在折现净现金流量的基础上进行计算。

（1）未来每年现金净流量相等时。假设动态回收期为 n 年，计算公式为：

$$(P/A,\ i,\ n)=\text{原始投资额现值}/\text{每年现金净流量}$$

例 7－16
参考答案

【例 7－16】 某公司准备从甲、乙两种设备中选购一种。甲设备购买价为 35 000 元，投入使用后，每年现金流量为 7 000 元；乙设备购买价为 36 000 元，投入使用后，每年现金流量为 8 000 元。（假设 $i=9\%$）

要求：运用动态回收期指标为该厂决策，应该选购哪种设备。

解

甲方案：

乙方案：

计算结果表明：

例 7－17
参考答案

（2）未来每年现金净流量不相等时。

【例 7－17】 某公司欲投资 15 000 元兴建一个项目，使用年限为 5 年，每年的现金净流量不相等，资金成本率为 5%，具体资料如表 7－2 所示。

表 7－2 项目的现金流量资料表　　单位：元

年度	现金净流量	累计现金净流量	净流量现值	累计净流量现值
1	3 800	3 800	3 619	3 619
2	3 560	7 360	3 229	6 848
3	3 320	10 680	2 868	9 716
4	3 080	13 760	2 534	12 250
5	7 840	21 600	6 143	18 393

要求：计算该项目的动态投资回收期。

解

该项目的动态投资回收期＝

与静态投资回收期相比，动态投资回收期考虑了货币的时间价值，能够反映出前期现金净流量的信息。但动态投资回收期计算相对比较复杂，而且也是只考虑了未来现金流量小于和等于原投资额的部分，没有考虑超过原投资额的部分，不适用于基础性投资项目的评价。

（二）净现值（NPV）

净现值是指一个投资项目在计算期内，按部门、行业的基准收益率或其他设定的折现率计算的未来现金净流量现值与原始投资额现值之间的差额。其计算公式为：

净现值＝未来现金净流量现值－原始投资额现值

采用净现值指标来评价投资方案，一般有以下步骤：

第一，测定投资方案各年的现金流量，包括现金流出量和现金流入量。

第二，设定投资方案采用的贴现率。确定贴现率的参考标准可以是：

（1）市场利率。

（2）投资者希望获得的预期最低投资报酬率。

（3）企业平均资本成本率。

第三，按设定的贴现率，分别将各年的现金流出量和现金流入量折算成现值。

第四，将未来的现金净流量现值与投资额现值进行比较，计算出净现值并分析。

一般认为净现值为正，方案可行，说明方案的实际报酬率高于预期的投资报酬率；净现值为负，方案不可取，说明方案的实际投资报酬率低于预期的投资报酬率；净现值为零时，说明方案的投资报酬率刚好达到预期的投资报酬率，方案也可行。当两个以上寿命期相同的互斥方案比较时，净现值越大，方案越好。

净现值指标计算简便，适用性强，能基本满足项目年限相同的互斥投资方案的决策，能灵活地考虑投资风险，在所设定的贴现率中包含了投资风险报酬率要求，有效地考虑了投资风险。但同时，净现值指标也具有明显的缺陷，如采用的贴现率不易确定，不适用于独立投资方案的比较决策，有时也不能对寿命期不同的互斥投资方案进行直接决策。由于该指标是以净现值这一绝对量的大小来评价方案的优劣，对于原始投资额相差很大的方案之间的选择，可能不太合理。

【例 7－18】 某公司欲投资一个 15 000 元的项目，项目营业期为 5 年，预计该项目正常营业后每年的净现金流量为 4 000 元、4 500 元、5 500 元、5 200 元和 3 800 元。该公司希望获得的投资报酬率为 10%。

例 7－18
参考答案

要求：运用净现值指标评价该项目是否可行。

解

依题意计算净现值：

NPV=

由计算结果可得：

（三）净现值率（NPVR）

当备选方案的净现值都大于零，但各自的投资额不相等时，不能直接采用净现值进行比较，需要先计算净现值率再进行比较。净现值率是指投资项目的净现值与全部投资的现值之比，也即单位投资现值的净现值。计算公式为：

净现值率=净现值/原始投资额现值

一般认为，当净现值率大于等于零时方案可行；当净现值率小于零时方案不可行；净现值率高的方案优于净现值率低的方案。

例 7-19
参考答案

【例 7-19】 假设某公司有两个独立投资方案可供选择，其中 A 方案所需投资额现值为 10 000 元，净现值为 9 000 元；B 方案所需投资额现值为 15 000 元，净现值为 12 000 元。

要求：运用净现值率指标评价 A、B 方案的优劣。

解

依题意计算两方案的净现值率：

A 方案的净现值率=

B 方案的净现值率=

计算结果表明：

净现值率指标用以说明每元投资的现值未来可以获得的净现值有多少，使得投资规模不同的方案具有共同的可比基础，因而有较广泛的适用性，但该指标无法直接反映投资项目的实际收益率水平。

（四）现值指数（PVI）

现值指数是指投资项目投产后未来现金净流量现值与原始投资额的现值之比，反映每 1 元投资额未来可以获得报酬的现值有多少。计算公式为：

现值指数=未来现金净流量现值/原始投资额现值

运用现值指数进行决策时，一般认为，若现值指数大于或等于 1，方案可行，说明方案实施后的投资报酬率高于预期报酬率；若现值指数小于 1，方案不可行，说明方案实施后的投资报酬率低于预期报酬率。如果几个方案的现值指数均大于 1，那么现值指数越大，投资方案越好。

思考与分析：

你能根据公式推导出净现值、净现值率与现值指数之间的关系吗？

【例 7-20】 假设某公司有两个独立投资方案可供选择，其中 A 方案所需投资额现值为 26 000 元，未来现金净流量现值为 30 000 元，净现值为 1 500 元；B 方案所需投资额现值为 3 200 元，未来现金净流量现值为 4 000 元，净现值为 1 200 元。

要求： 运用现值指数指标评价 A、B 方案的优劣。

例 7-20
参考答案

解

依题意计算两方案的现值指数：

A 方案的现值指数=

B 方案的现值指数=

计算结果表明：

由于现值指数是未来现金净流量现值与所需投资额现值之比，是一个相对数指标，反映了投资效率，可用于投资额现值不同的独立方案的比较，因此，用现值指数指标来评价独立投资方案，可以克服净现值指标不便于对原始投资额现值不同的独立投资方案进行比较和评价的缺点，从而使对方案的分析评价更加合理、客观。现值指数指标比净现值指标的应用更为广泛。

（五）年金净流量（ANCF）

年金净流量是指项目期内全部现金净流量总额的总现值折算为等额年金的平均现金净流量。计算公式为：

年金净流量＝现金净流量总现值/年金现值系数

＝净现值/年金现值系数

运用年金净流量进行决策时，一般认为，若年金净流量指标大于 0，说明投资项目的净现值大于 0，方案的报酬率大于所要求的报酬率，方案可行；反之，若年金净流量指标小于 0，说明投资项目的净现值小于 0，方案的报酬率小于所要求的报酬率，方案不可行。在对两个以上寿命期不同的投资方案进行比较时，年金净流量越大，方案越好。

【例 7-21】 假设某公司生产线的购置有两个方案可供选择：甲方案生产线的购买成本为 7 200 万元，预计使用 6 年，采用直线法计提折旧，预计净残值率为 10%。生产线投产时需要投入营运资金 1 200 万元，以满足日常经营活动需要，生产线运营期满时垫支的营运资金全部收回。生产线投入使用后，预计每年新增销售收入 11 880 万元，每年新增付现成本 8 800 万元，假定生产线购入后可立即投入使用。乙方案生产线的购买成本为7 200 万元，预计使用 8 年，当设定贴现率为 10%时，净现值为 3 228.94 万元。

要求： 运用年金净流量指标评价甲、乙方案的优劣。

例 7-21
参考答案

解

(1) 计算甲方案的年金净流量。

根据已知资料求得甲方案的年折旧额=　　，然后分别求各年的现金净流量。

投资期现金净流量 NCF_0=

生产线投入使用后第1～5年每年的营业现金净流量 $NCF_{1\sim5}$=

生产线投入使用后第6年的现金净流量 NCF_6=

根据现金净流量计算甲方案的净现值=

甲方案的年金净流量=

(2) 计算乙方案的年金净流量。

乙方案的年金净流量=

计算结果表明：

在各方案寿命期相同时，年金净流量法实质上就是净现值法。因此，年金净流量法是净现值法的辅助方法，通常适用于期限不同的投资方案决策，但是不便于对原始投资额不相等的独立投资方案进行决策。

（六）内含报酬率（IRR）

内含报酬率，又称内部收益率，是指一项长期投资方案在其经济寿命周期内按现值计算的实际可能达到的投资报酬率，或者是指对投资方案未来的每年现金净流量进行贴现，使所得的未来现金净流量的现值恰好与原始投资额现值相等，从而使净现值等于零时的贴现率。

一般认为，当内含报酬率高于投资者期望的最低投资报酬率时，投资项目可行；当内含报酬率低于投资者期望的最低投资报酬率时，投资项目不可行。如果两个或两个以上方案的内含报酬率均高于投资人期望的最低投资报酬率时，应选择内含报酬率最高的方案。

计算内含报酬率时需要考虑以下两种情况：

1. 未来每年现金净流量相等时，采用年金法计算

若各年的现金净流量相等，现金流量的分布就构成了一种年金形式，通过内含报酬率的含义，可以知道 $NPV=0$ 时，$NCF\times(P/A，i，n)=I$，其中，I 为原始投资额现值。当计算出净现值为零时的年金现值系数后，通过查年金现值系数表，即可找出对应的贴现率 i，该贴现率就是方案的内含报酬率。

例7-22
参考答案

【例7-22】 某公司欲投资10万元兴建一个项目，使用年限10年，采用直线法计提折旧，使用期满后无残值。项目使用后，每年可获得净现金流量为1.7万元，假定投资者希望的必要报酬率为10%。

要求： 运用内含报酬率指标判断该项目的投资是否可行。

解

根据公式 $NCF\times(P/A,i,n)=I$，可以求出：

年金现值系数＝原始投资额/每年的NCF＝

分析：

利用内插法可以计算出：

$i=$

计算结果表明：

小贴士

内插法的原理

内插法的原理是根据比例关系建立一个方程，然后，解方程计算得出所要求的数据，如：假设与 A_1 对应的数据是 B_1，与 A_2 对应的数据是 B_2，现在已知与 A 对应的数据是 B，A 在 A_1 和 A_2 之间，则可以按照 $\dfrac{A_1-A}{A_1-A_2}=\dfrac{B_1-B}{B_1-B_2}$ 计算得出 A 的数值，其中 A_1、A_2、B_1、B_2、B 都是已知数据。计算公式如下：

$$A=A_1-\frac{(B_1-B)(A_1-A_2)}{B_1-B_2}$$

2. 未来每年现金净流量不相等时，采用逐次测试法计算

如果投资方案的每年现金净流量不相等，各年现金流量的分布就不是年金形式，不能采用直接查年金现值系数表的方法来计算内含报酬率，而需采用逐次测试法。

逐次测试法的具体做法是：根据已知的有关资料，先估计一次贴现率，试算未来现金净流量的现值，并将这个现值与原始投资额现值相比较。如净现值大于零，为正数，表示估计的贴现率低于方案实际可能达到的投资报酬率，需要重估一个较高的贴现率进行试算；如果净现值小于零，为负数，表示估计的贴现率高于方案实际可能达到的投资报酬率，需要重估一个较低的贴现率进行试算。经过如此反复测算，找到净现值由正到负并且比较接近于零的两个折现率。根据上述两个比较接近的折现率，通过内插法计算出投资项目的实际内含报酬率。

例 7－23
参考答案

【例 7－23】　某公司有一投资方案，需一次性投资 120 000 元，使用年限为 4 年，每年现金流入量分别为：30 000 元、40 000 元、50 000 元、35 000 元。

要求：计算该投资方案的内含报酬率，并据以评价该方案是否可行。

解

由于该方案的每年现金流入量不相同，需逐次测试计算方案的内含报酬率。将测算数据填入下表。

净现值的逐次测试

年份	每年现金净流量 NCF	测试 8%		测试 12%		测试 10%	
		复利现值系数	现值	复利现值系数	现值	复利现值系数	现值
1		0.925 9		0.892 9		0.909 1	
2		0.857 3		0.797 2		0.826 4	
3		0.793 8		0.711 8		0.751 3	
4		0.735 0		0.635 5		0.683 0	
未来现金净流量现值合计	—		—		—		
原始投资额现值	—		—		—		
净现值	—		—		—		

分析：

内含报酬率指标能从动态的角度反映投资项目实际可能达到的投资报酬率，易于被高层决策人员所理解，适合独立方案的比较决策。但该指标人工计算过程复杂，据此不易直接考虑投资风险大小。实际工作中，可以利用 Excel 软件中的 *IRR* 函数计算。

通过以上分析可以看出，与静态评价指标相比，动态评价指标把不同时间点上的现金流量按一定的贴现率折算到同一时点上，使得不同时期的资金具有一定的可比性，有助于企业做出正确的决策，是比较科学的决策评价指标。

三 长期投资决策指标的应用

按不同投资方案之间的关系，长期投资方案可以分为独立投资方案、互斥投资方案和最优组合投资方案三类。

（一）独立投资方案的决策

独立投资方案是指两个或两个以上项目互不依赖、可以同时并存，各方案的决策也是独立的，即其中一个方案的采纳与否，不会影响其他方案的决策。独立投资方案的选优主要是根据长期投资决策评价指标的计算结果进行筛选。当一些次要指标如静态投资回收期与主要指标如净现值的评价结论发生矛盾时，要以主要指标的结论为准。对于同一投资项目，选择动态评价指标进行评价时通常会得到相同的评价结论。而经常用来作为评价的指标有净现值和内含报酬率。

（二）互斥投资方案的决策

互斥投资方案是指互相排斥、不能并存的方案，即接受一个方案必须放弃其他的方案，因此决策的实质在于选择最优方案，属于选择决策。采用净现值、内含报酬率指标时可能得出相互矛盾的结论。当存在互斥投资方案时，一般需要计算各项目的经济效益，然后进行排序选优。

（三）最优组合投资方案的决策

最优组合投资方案是指各备选方案可以同时并举，但由于资金总量的限制，不能接受所有已通过测评的方案，这时可将这些方案进行优化组合，以使综合经济效益最大化。如果问题涉及多期资金总量限制，则需使用线性规划等方法进行决策；如果问题涉及当期资金总量限制，决策时可将问题转化为如何在不超过资金总额限制的情况下，选择能使单位投资价值最大化的项目，此时可采用净现值法进行排序组合。

任务三　固定资产更新决策的应用

任务描述

固定资产更新是指对技术上或经济上不宜继续使用的固定资产进行更换，目的在于使企业获得更大的经济收益。固定资产更新决策则是通过财务分析，决定是否需要更新固定资产的管理行为，是项目投资决策的重要组成部分。该决策属于长期投资决策，对企业的长期发展产生重要的影响，因此必须进行科学、合理的决策分析。

思考：什么是固定资产更新决策？固定资产更新决策时可以选用的评价指标有哪些？

任务目标

掌握固定资产更新决策的含义，掌握固定资产更新决策的具体应用。

相关知识

一　固定资产更新决策的含义

固定资产更新指的就是对技术上或经济上不宜继续使用的旧设备用新的资产予以更换，或用先进的技术对原有的设备进行局部改造的过程。

固定资产更新决策是指决定继续使用旧设备还是购买新设备，如果购买新设备，旧设备将以市场价格出售。这种决策的基本思路是：将继续使用旧设备视为一种方案，将购置新设备、出售旧设备视为另一种方案，并将这两个方案作为一对互斥方案按一定的方法来进行对比选优，如果前一方案优于后一方案，则不应更新改造，继续使用旧设备；否则，应该购买新设备进行更新。

二　固定资产更新决策的方法

在固定资产更新的决策过程中，根据新旧设备的未来使用寿命是否相等，可以采用两种不同的方法来进行决策分析。

（一）新旧设备使用寿命相等的固定资产更新决策

当新旧设备的投资寿命期相等时，固定资产更新决策的分析可采用净现值指标，先分别计算新旧两种设备的净现值，然后通过比较净现值大小来做出决策，如果新设备的净现值大于旧设备的净现值，则进行更新，反之则继续使用旧设备。

例 7－24 参考答案

【例 7－24】 某企业生产产品急需一台设备，该设备可以从市场购买，也可以从租赁公司经营租赁，设备投入使用后，预计每年可以增加收入 50 000 元，增加经营成本 34 000 元。如果企业选择购买，需要支付价款 70 000 元，预计使用寿命 10 年，报废时残值为 0，采用直线法计提折旧；如果企业选择租赁同样的设备，需要支付每年 9 764 元的租金，可以连续租用 10 年。在贴现率为 14%、所得税税率为 25%的情况下，企业在购买和租赁之间该如何决策。

要求： 运用净现值指标进行决策。

解

分别计算购买和租赁设备的净现值然后比较。

(1) 购买设备。

采用直线法计算该固定资产每年的折旧额=

第 0 年的现金净流量 NCF_0=

第 1～10 年每年的现金净流量 $NCF_{1\sim10}$=

NPV =

(2) 租赁设备。

租赁设备，无须计提折旧。

第 0 年的现金净流量 NCF_0=

第 1～10 年每年的现金净流量 $NCF_{1\sim10}$=

NPV =

计算结果表明：

（二）新旧设备使用寿命不相等的固定资产更新决策

当新旧设备的投资寿命期不相等时，固定资产更新决策的分析主要采用固定资产的平均年成本指标。

固定资产的平均年成本是指与该资产相关的现金流出量的年平均值。如果不考虑货币的时间价值，它是未来使用年限内的现金流出总额与使用年限的比值；如果考虑货币的时间价值，它是未来使用年限内现金流出总现值与年金现值系数的比值，即平均每年的现金流出。计算公式如下：

$$平均年成本=\frac{\sum 现金流出总额}{使用年限}（不考虑时间价值）$$

$$平均年成本=\frac{\sum 各项目现金流出总现值}{年金现值系数}（考虑时间价值）$$

采用平均年成本法进行更新决策时，通过比较继续使用和更新后的平均年成本，以平均年成本较低者作为较优方案。

【例7-25】 某企业在4年前以22 000元购买了机器A，估计还可以使用6年。第6年末估计残值为2 000元，年度使用费为7 200元。现在市场上出现了机器B，购买价款为25 000元，估计可以使用10年，预计第10年末残值为3 500元，年度使用费为4 200元。该企业现有两个方案可以选择：方案甲为继续使用机器A；方案乙为将机器A出售，目前的售价是6 500元，然后购买机器B。已知基准折现率为12%。

例7-25
参考答案

要求： 在考虑货币时间价值的情况下，比较甲方案和乙方案的优劣。

解

由于没有适当的现金流入，无论哪个方案都不能通过计算净现值去比较，应计算两方案的平均年成本进行比较。

机器A的平均年成本：

机器B的平均年成本：

计算结果表明：

案例分析

本模块引例中张某的创业能否盈利需要根据长期投资决策指标进行评价。长期投资决策评价指标，是指用于衡量和比较长期投资项目可行性，以便据以进行方案决策的定量化标准与尺度，是由一系列综合反映投资效益、投入产出关系的量化指标构成的。按照是否考虑货币时间价值，长期投资决策的评价指标有静态评价指标和动态评价指标两种。因考虑了资金时间价值和项目的寿命期，动态评价指标相对来讲更为科学和全面。

常用的动态评价指标主要包括动态投资回收期、净现值、净现值率、现值指数、内部收益率等。一般认为，回收期较短，净现值大于等于0，净现值率大于等于0，现值指数大于等于1，内含报酬率大于资金成本时方案可行。所以，张某可用以上指标计算分析。该项目中比较适宜的评价指标是净现值，张某可以通过计算未来现金净流量现值与原始投资额现值之间的差额得出净现值。如果净现值为正，方案可行；如果净现值为负，方案不可取。净现值为零时，说明方案的投资报酬率刚好达到预期的投资报酬率，方案也可行。

技能训练

一、单项选择题

1. 下列各项指标中，属于长期投资决策静态评价指标的是（　　）。

A. 内含报酬率　　B. 平均投资报酬率

C. 现值指数　　D. 净现值

2. 下列项目投资评价指标中，属于绝对量指标的是（　　）。

A. 净现值　　B. 年平均投资报酬率

C. 获利能力指数　　D. 内含报酬率

3. 在进行原始投资额不同的多个互斥方案的比较决策时，应当使用的指标是（　　）。

A. 净现值　　B. 年平均投资报酬率

C. 获利能力指数　　D. 投资回收期

4. 某投资项目按折现率18%计算的净现值为3万元，按折现率16%计算的净现值为－7万元，则内含报酬率为（　　）。

A. 18.6%　　B. 17.4%　　C. 16.6%　　D. 14.6%

5. 下列说法错误的是（　　）。

A. 两个不等额的投资方案，净现值大的方案优先

B. 两个不等额的投资方案，内含报酬率高的方案较优

C. 两个等额的投资方案，净现值大的方案较优

D. 两个等额的投资方案，内含报酬率高的方案较优

6. 在一般的投资项目中，当一项投资方案的净现值等于零时，则表明（　　）。

A. 该方案的获利能力指数等于1

B. 该方案不具备财务可行性

C. 该方案的获利能力指数小于零

D. 该方案的内含报酬率小于资金成本

二、多项选择题

1. 长期投资的特点是（　　）。

A. 投入资金多　　B. 涉及时间长

C. 所冒风险大　　　　　　　　D. 对企业未来的盈亏和财务状况影响大

2. 企业在进行长期投资决策时，应该重点考虑（　　）因素。

A. 时间价值　　B. 企业当期损益　　C. 风险价值　　D. 企业预期净利

3. 企业的现金流量包括（　　）。

A. 原始投资　　　　　　　　B. 营业现金流量

C. 终结回收　　　　　　　　D. 营业外现金流量

4. 反映货币时间价值的常用指标包括（　　）。

A. 复利现值　　B. 年金现值　　C. 复利终值　　D. 年金终值

5. 下列长期投资决策评价指标中，属于折现的现金流量指标的有（　　）。

A. 投资回收期　　B. 净现值　　C. 现值指数　　D. 内部收益率

6. 在其他因素不变的情况下，下列财务评价指标中，指标数值越大表明项目可行性越强的有（　　）。

A. 净现值　　B. 现值指数　　C. 内含报酬率　　D. 动态回收期

三、判断题

1. 单利和复利是两种不同的计息方法，任何情况下单利终值与单利现值都不可能相等。(　　)

2. 年金是指每隔一年，金额相等的一系列现金流入和流出量。(　　)

3. 内含报酬率是指项目投资实际可达到的报酬率，也就是能使投资项目的净现值等于零时的折现率。(　　)

4. 净现值指标的缺点是不能用于投资水平不同的多个方案之间的比较。(　　)

5. 投资利润率指标的优点是计算简便，容易掌握，且考虑了货币时间价值的影响。(　　)

6. 永续年金只有终值没有现值。(　　)

四、计算题

1. 某企业面临 A、B 两个投资方案的选择，二者皆为一次投资 20 万元，资金成本率为 12%，项目寿命 5 年，A 方案每年现金净流量 8 万元，B 方案 5 年每年的现金净流量分别为 10 万元、9 万元、7.5 万元、7 万元、6 万元。

要求：运用净现值指标对两方案进行比较评价。

2. 某企业欲投资 160 万元兴建一个项目，使用年限 10 年，采用直线法计提折旧，使用期满后无残值。该方案的最低投资报酬率要求 12%（以此作为贴现率）。使用新项目后，估计每年产生现金净流量 30 万元。

要求：运用内含报酬率指标评价该方案是否可行。

技能训练参考答案

第三篇

规划与控制会计

模块八

全面预算

学习目标

知识目标

- 了解全面预算的含义和作用
- 掌握全面预算的体系
- 掌握全面预算的编制程序和方法

技能目标

- 能运用适合的方法进行全面预算编制
- 能进行经营预算编制和财务预算编制
- 能进行专门决策预算编制

引例

A网络技术公司的困惑

A网络技术公司是一家新成立的企业，该公司专业生产一种筛选装置，可保护个人电脑不受网络传输病毒的侵害。公司在创立之初的九个月里，经营十分艰难，在第四季度有了强劲发展，各项盈利能力指标数据均远远高过行业平均水平。但在该公司显示出较好的盈利能力的同时，也面临严峻的现金流量问题，各项流动性指标全部低于行业平均水平。究其原因，是因为该公司为了满足激增的需求，将大量的现金投资于制造可供销售的产品。在生产这些产品期间，公司的现金被套牢在直接材料、在产品和产成品存货上。而且当这些产品出售后，公司的现金又被套牢在应收账款上。该公司的经营周期平均为247天，然而在整个经营周期内，工资支付、材料采购、债务清偿和制造成本等都需要及时支付现金。这就导致了公司出现利润丰厚，但现金短缺的难题，这也是许多快速增长的企业所面临的一种两难困境。

请 分 析： A网络技术公司的困境反映了其哪方面管理的疏漏？

分析提示： 编制预算是计划和控制的基础。

任务一 全面预算认知

任务描述

所有企业都需要制订计划，管理有方的大型企业通常会针对公司的各方面业务认真编制预算。预算编制不审慎大多被看作是公司管理无方或缺乏经验的表现。

思考：全面预算有什么作用？有哪些分类？

任务目标

了解全面预算的含义和作用，掌握全面预算的体系，掌握全面预算的编制程序。

相关知识

一 全面预算的含义与作用

（一）全面预算的含义

全面预算以利润为最终目标，并把确定下来的目标利润作为编制全面预算的前提条件，把企业全部经济活动过程的正式计划用数量和表格形式反映出来，是企业总体规划的数量说明。

（二）全面预算的作用

预算是对未来事件的预测，谨慎计划并编制正式的预算往往能使公司多方面得益。全面预算的作用主要表现在以下四个方面。

1. 明确目标，明确责任

预算作为一种计划，规定了企业一定时期的总目标以及各级、各部门的具体目标。这样就使得各部门了解本单位的经济活动与整个企业经营目标之间的关系，明确各自的职责，同时预算表明了未来经营的预期成果，也可以让管理层预先警觉到财务问题，并对此承担责任。

2. 协调各职能部门的关系

全面预算把企业各方面的工作纳入了统一计划之中，给管理层提供了协调企业内各部门活动的机会。例如，销售部门预算的销售数量应该与生产部门预算的生产数量相匹配，采购部门预算的直接材料采购数量应该与生产部门预算的生产数量相匹配。

3. 控制日常的经济活动

编制预算是企业经营管理的起点，也是控制日常经济活动的依据。在预算的执行过程中，各部门通过计量、对比，可以及时揭露实际脱离预算的差异并分析其原因，以便采取必要措施，保证预算目标顺利完成。

4. 为评价各部门的工作业绩提供依据

预算表明了每个部门预计的成本和费用，以及预计的产出，如将要赚得的收入或将要完成的产出数。这样预算就提供了一种衡量各部门实际业绩的尺度。

二　全面预算体系

全面预算管理涵盖了企业经营活动的各个方面，全面预算体系是由一系列预算按其经济内容及相互关系有序排列组成的有机体，主要包括经营预算、专门决策预算和财务预算三大部分。

(一) 经营预算

经营预算又称为基本预算或经常预算，是指对企业日常的生产经营活动编制的预算。这类预算通常与企业利润表的计算有关，主要包括销售预算、生产预算、直接材料耗用量及采购预算、应交税费及附加预算、直接人工预算、制造费用预算、产品成本预算、期末存货预算、销售费用预算、管理费用预算等。这些预算大多以实物量指标和价值量指标分别反映企业收入与费用的构成情况。

(二) 专门决策预算

专门决策预算是指企业不常发生的、需要根据特定决策临时编制的一次性预算，又称特种决策预算。主要包括固定资产购置、改扩建，资本运作可行性研究，项目关停、撤并，资产处置及人员安排等预算。

(三) 财务预算

财务预算是一系列专门反映企业未来一定预算期内预计财务状况、经营成果以及现金收支等价值指标的各项预算总称。主要包括现金预算、财务费用预算、预计利润表、预计资产负债表等。这些预算以价值量指标总括反映经营预算和专门决策预算两种类型。

企业全面预算的各项预算前后衔接，互相钩稽，形成了一个完整体系。企业生产经营的全面预算，是在企业的经营目标指导下，以市场需求的研究和预测为基础，以销售预算为主导，进而包括生产、成本和现金收支等各个方面，并特别重视生产经营活动对企业财务状况和经营成果的影响，因此，整个预算体系以预计的财务报表作为终结。

三　全面预算的编制原则与编制程序

(一) 全面预算的编制原则

(1) 要以明确的经营目标作为预算编制的前提。

(2) 编制预算时，要合理有效利用有限的资源。

(3) 预算的编制要做到全面性和完整性。

(4) 要调动全体职工的积极性，参与预算的编制。

(二) 全面预算的编制期

通常全面预算所覆盖的期间应该有足够的长度以显示管理政策的效果。但也不能太长，否则预测就会缺乏准确性。因此，预算的时间跨度应根据预算类型的差异而定。

大多数经营预算与财务预算的预算期为 1 年，这样可以使预算期间与会计年度相一致，便于预算执行结果的分析、评价和考核。公司还常将这些年度预算分解为 4 个季度，列出每个季度的预计数据。之后还会将第 1 季度的预算目标细分到每个月份，而余下的 3 个季度仍按季度数显示。在每个季度临近终了时，对下一季度的预算进行审阅，并根据经济环境的变动情况进行修改，然后再将预算目标细分到各个月份。这一过程可以保证每年至少对预算进行若干次审阅，并使各月的预算数据都能依据最近的条件和估计来制定。此外，相对较短期限的预算数据也方便管理者将它们与实际业绩相比较，而不必等到年底。

（三）全面预算的编制程序

企业全面预算的编制，涉及经营管理的各个部门，只有执行人来参与预算的编制，才能使预算成为他们自愿努力完成的目标。因此，预算的编制应采取自上而下、自下而上的方法，不断反复和修正，最后由有关机构综合平衡，并以书面形式向下传达，作为正式的预算落实到各有关部门付诸实施。

上海汽车集团股份有限公司的全面预算管理实践

全面预算编制的一般程序为：

（1）提出企业总目标。最高领导机构根据长期规划，利用本量利分析等工具，提出企业一定时期的总目标，以便下达规划指标。

（2）草编预算。最基层成本控制人员自行草编预算，可使预算较为可靠、较为符合实际。

（3）各部门汇总部门预算，并初步协调部门预算，编出销售、生产、财务等业务预算。

（4）预算委员会审查、平衡业务预算，汇总出公司的总预算。

（5）经过行政领导批准，审议机构通过或者驳回修改预算。

（6）将主要预算指标报告给董事会或上级主管单位，讨论通过或者驳回修改。

（7）将批准后的预算下达给各部门执行。

思考与分析：

经营预算、专门决策预算和财务预算之间有什么样的关系？

任务二 全面预算编制的方法

任务描述

知识经济条件下，企业管理环境发生了深刻的变化，全球化带来需求的多样性、信息化使企业与供应商及客户的距离缩短，这些变化对传统的企业预算管理方法提出了挑战。在实践中产生了许多对传统预算进行改进的、新的预算方法。

思考：全面预算编制的主要方法有哪些，各自有什么特点？

任务目标

掌握全面预算编制的具体方法、优缺点及适用范围。

相关知识

从预算编制的不同角度，可以将全面预算编制的方法分为若干种，本任务利用对比的方法分别介绍各类预算编制具体方法的特点及优缺点。

一　固定预算方法与弹性预算方法

全面预算方法按照其与预算期内业务量变动关系及预算发挥效用中的灵活程度不同，可分为固定预算方法和弹性预算方法。

（一）固定预算方法

1. 固定预算方法的含义

固定预算也称静态预算，是以预算期内通常可能实现的某一业务量（例如生产量、销售量）水平作为固定基础，不考虑其他可能发生的变动因素进行预算编制的方法。这是最传统的，也是最基本的预算编制方法。

2. 固定预算方法的优缺点及适用范围

固定预算方法的优点是简便易行。其缺点主要是应用时较为机械呆板，以及预算数与实际数可比性差。

固定预算方法只适合业务量水平相对稳定的企业或非营利组织编制预算时使用。

3. 固定预算的编制

作为一种最基本的全面预算编制方法，固定预算所涉及的各项预计业务量均为固定数据。

【例 8-1】　A 公司产销甲产品，20×7 年预算年度产销量 20 000 件。产品成本、费用资料为：单位变动生产成本 60 元，其中直接材料 35 元、直接人工 20 元、变动制造费用 5 元；固定制造费用总额为 300 000 元；单位产品变动销售及管理费用为 3 元，固定销售及管理费用总额为 280 000 元，甲产品销售单价为 100 元。

例 8-1
参考答案

要求：根据上述资料，请计算编制甲产品成本预算表（将结果填入表 8-1）。

表 8-1 甲产品成本预算表

预计产量：20 000 件

成本项目	总成本（元）	单位成本（元）
直接材料		
直接人工		
变动制造费用		
固定制造费用		
合计		

解

根据上述资料，计算数据，填入下表。

甲产品成本预算表

预计产量：20 000 件

成本项目	总成本（元）	单位成本（元）
直接材料		
直接人工		
变动制造费用		
固定制造费用		
合计		

（二）弹性预算方法

1. 弹性预算方法的含义

弹性预算也称变动预算或滑动预算，是指在成本性态分析的基础上，依据业务量、成本和利润之间的依存关系，以预算期可预见的各种业务量水平为基础，编制能够适应不同业务量预算的方法。弹性预算可以克服固定预算方法的缺点。

编制弹性预算时可以依据产量、销售量、直接人工工时、机器工时、材料消耗量或直接人工工资等业务量水平。业务量范围是指弹性预算所适用的业务量区间，应根据企业的具体情况选择业务量范围。通常可定在正常生产能力的 70%～110%，或以历史上最高业务量或最低业务量作为业务量范围的上下限。

2. 弹性预算方法的优点及适用范围

相比固定预算方法，弹性预算方法具有下面两个显著的优点：

（1）预算范围更宽。弹性预算可以反映预算期内与可预见的不同业务量水平相对应的不同预算额，从而扩大了预算的适用范围，便于企业对预算指标进行调整。

（2）可比性增强。如果预算期实际业务量与预计业务量不一致，可以比较实际指标与实际业务量相应的预算额，从而使企业对预算执行情况的评价与考核建立在更加客观和可比的基础上，有利于更好地发挥预算的控制作用。

从实际运用中看，本方法主要用于编制弹性成本费用预算和弹性利润预算等。

3. 弹性成本预算的编制

在编制弹性成本预算前，企业必须按成本性态将全部费用划分为变动成本和固定成本。编制预算时，固定成本按总额进行控制，将变动成本按不同的业务量水平进行相应调整。其计算公式如下：

$$弹性成本预算=固定成本预算+\sum(单位变动成本预算\times预计业务量)$$

之后，即可按事先确定的业务量计量单位和选择的有效变动范围，根据该业务量与相关成本费用项目之间的关系编制弹性成本预算。弹性成本预算的编制方法包括公式法和列表法。

（1）公式法，即通过确定 $y=a+bx$ 和公式中的 a 和 b，来进行弹性成本预算编制的方法。其中，a 是固定成本，b 是单位变动成本，x 是业务量，y 是总成本。以成本性态分析为基础时，可以将一切成本近似地表示为 $y=a+bx$。在公式法下，如果事先确定了相关业务量 x 的变动范围，只要根据有关成本项目的 a 和 b 参数，就可以直接推算出不同业务量在变动范围内任何水平上的相关预算成本。

【例 8-2】　A 企业某车间按公式法编制的制造费用弹性预算如表 8-2 所示。其中较大的混合成本项目已经被分解。业务量范围为直接人工工时：70 000～110 000 小时。

表 8-2　A 企业某车间预算期制造费用弹性预算　　单位：元

项目	a	b
管理人员工资	40 000	—
保险费	10 000	—
设备租金	16 000	—
维修费	12 000	0.5
水电费	1 000	0.3
辅助材料	8 000	0.6
辅助工人工资	—	0.9
检验员工资	—	0.7
合计	87 000	3.0

根据表 8-2，可利用 $y=87\ 000+3x$，计算出人工小时在 70 000～110 000 小时的范围内，某一业务量基础上的制造费用预算总额；也可计算出在人工小时变动范围内，任一业务量的制造费用中某一费用项目的预算额，如水电费 $y=1\ 000+0.3x$，辅助工人工资 $y=0.9x$ 等。假设 20×7 年该车间直接人工预算工时为 90 000 小时，其制造费用弹性预算计算为：制造费用预算=87 000+3×90 000=357 000（元）。

公式法可以不受一定范围业务量的限制，来计算任一业务量下的预算成本，编制预算的工作量比较小。但进行预算控制和考核时，无法直接查出特定业务量下的总成本预算额，并且需要逐项甚至按细目分解成本，此项工作量较大。

（2）列表法，是指通过列表的方式，将在业务变动范围内每隔一定业务量范围的相关数值进行计算，来编制弹性成本预算的方法。列表法在一定程度上可以弥补公式法的不足。

例 8-3
参考答案

【例 8-3】　沿用例 8-2 的材料。

要求：用列表法编制 A 企业某车间预算期制造费用弹性预算表（将结果填

入表 8 - 3）。

表 8 - 3　A 企业某车间预算期制造费用弹性预算　　单位：元

直接人工小时	70 000	80 000	90 000	100 000	110 000
生产能力利用（%）	70	80	90	100	110
1. 变动成本项目	112 000	128 000			
辅助工人工资	63 000	72 000			
检验员工资	49 000	56 000			
2. 混合成本项目	119 000	133 000			
维修费	47 000	52 000			
水电费	22 000	25 000			
辅助材料	50 000	56 000			
3. 固定成本项目	66 000	66 000			
管理人员工资	40 000	40 000			
保险费	10 000	10 000			
设备租金	16 000	16 000			
制造费用预算	297 000	327 000			

解

A 企业某车间预算期制造费用弹性预算　　单位:元

直接人工小时	70 000	80 000	90 000	100 000	110 000
生产能力利用(%)	70	80	90	100	110
1. 变动成本项目	112 000	128 000			
辅助工人工资	63 000	72 000			
检验员工资	49 000	56 000			
2. 混合成本项目	119 000	133 000			
维修费	47 000	52 000			
水电费	22 000	25 000			
辅助材料	50 000	56 000			
3. 固定成本项目	66 000	66 000			
管理人员工资	40 000	40 000			
保险费	10 000	10 000			
设备租金	16 000	16 000			
制造费用预算	297 000	327 000			

例 8 - 3 是以 10%作为业务量间距，实际预测时可以适当放大或缩小，业务量的间距

越小，实际业务量水平出现在预算表中的可能性就越大。列表法比较直观清晰，但编制工作量较大，且无法涵盖所有业务量条件下的费用预算，因此适用范围较窄。

4. 弹性利润预算的编制

弹性利润预算是指依据成本、业务量和利润之间的依存关系，为适应不同业务量水平而编制的利润预算。弹性利润预算的编制以弹性成本预算为基础，主要内容包括销售量、价格、单位变动成本、贡献边际和固定成本。弹性利润预算的编制方法主要有因素法和百分比法两种。

（1）因素法。该方法是指根据业务量、收入、成本等因素与利润的关系，对在不同业务量条件下的利润水平进行预算编制的方法。当销售价格、单位变动成本或固定成本发生变动时，也可参照因素法，分别编制企业在不同的销售价格、变动成本或固定成本水平下的弹性利润预算，从而形成完整的弹性利润预算体系。进行单一品种经营或采用分算法处理固定成本的多品种经营的企业可以运用此方法。

例 8－4
参考答案

【例 8－4】　沿用例 8－1 的资料，如果正常产销量为 20 000 件，按其 70%～110%确定变动范围，间距 10%。

要求：编制甲产品弹性利润预算表（将结果填入表 8－4）。

表 8－4　甲产品弹性利润预算表　　单位：元

销售量（件）	14 000	16 000	18 000	20 000	22 000
销售收入	1 400 000	1 600 000	1 800 000	2 000 000	2 200 000
减：变动成本	882 000	1 008 000			
其中：变动生产成本	840 000	960 000			
变动销售及管理费用	42 000	48 000			
贡献边际	518 000	592 000			
减：固定成本	580 000	580 000			
其中：固定制造费用	300 000	300 000			
固定销售及管理费用	280 000	280 000			
息税前利润	−62 000	12 000			

解

甲产品弹性利润预算表　　单位:元

销售量(件)	14 000	16 000	18 000	20 000	22 000
销售收入	1 400 000	1 600 000	1 800 000	2 000 000	2 200 000
减:变动成本	882 000	1 008 000			
其中:变动生产成本	840 000	960 000			
变动销售及管理费用	42 000	48 000			
贡献边际	518 000	592 000			
减:固定成本	580 000	580 000			
其中:固定制造费用	300 000	300 000			
固定销售及管理费用	280 000	280 000			
息税前利润	−62 000	12 000			

例 8－5
参考答案

（2）百分比法。该方法也称销售额百分比法，是指按不同的销售额百分比来进行弹性利润预算编制的方法。在实际工作中，大多数企业都是多品种经营，然而按品种分别逐一编制弹性利润预算是不现实的，百分比法是用一种综合的方法对全部经营商品或按商品大类编制弹性利润预算。本方法主要适用于多品种经营的企业，企业运用的前提条件是销售收入的变化不会给单位变动成本和固定成本总额带来影响。

【例 8－5】 A 企业 20×7 年的销售业务量达到 100％时的销售收入为 10 000 万元，变动成本为 8 000 万元，固定成本为 700 万元。按销售收入 10 000 万元的 70％～110％确定，间距 10％。

要求： 按百分比法为 A 企业编制弹性利润预算（将结果填入表 8－5）。

表 8－5　A 企业弹性利润预算　　　　单位：万元

销售收入百分比①	70％	80％	90％	100％	110％
销售收入②＝10 000×①					
变动成本③＝8 000×①					
贡献边际④＝②－③					
固定成本⑤					
利润总额⑥＝④－⑤					

解

A 企业弹性利润预算　　　　单位:万元

销售收入百分比①	70％	80％	90％	100％	110％
销售收入②＝10 000×①					
变动成本③＝8 000×①					
贡献边际④＝②－③					
固定成本⑤					
利润总额⑥＝④－⑤					

二　增量预算方法与零基预算方法

按照编制预算方法的出发点不同，全面预算方法可分为增量预算方法和零基预算方法两大类。

（一）增量预算方法

1. 增量预算方法的含义

增量预算方法又称调整预算方法，是指在基期成本费用水平的基础上，分析预算期内各种影响成本因素的可能变动情况，通过调整有关原有费用项目而进行预算编制的方法。

这种预算方法比较简便，主要以基期的实际预算为基础，对预算值进行增减调整，传统的预算编制方法基本上采用的是增量预算方法。

2. 增量预算方法的优缺点

增量预算方法简单易行，因为该方法编制预算的基础是过去的经验，其实是承认过去所发生情形的合理性，不主张在预算内容上做较大改进，而是沿袭之前的预算项目。但是该方法受原有预算的限制，容易使预算出现“平均主义”和“简单化”，对于企业未来实际需要开支的项目，按照增量预算编制的费用预算，可能因没有考虑未来情况的变化而导致预算不够准确，不利于企业长远发展。

（二）零基预算方法

1. 零基预算方法的含义

零基预算方法的全称为“以零为基础编制的计划和预算”，是指在编制成本费用预算时，完全不考虑以往费用水平，而是以零为起点，根据企业预算期实际经营情况的需要，按照各项开支的重要程度来编制费用预算的一种方法。该方法主要用于对各项费用的预算。

2. 零基预算方法的程序

零基预算的编制步骤如下：

第一步，编制预算草案。

第二步，评估费用支出方案并排序。

第三步，进行资金分配，落实预算。

【例 8-6】　A 公司采用零基预算方法编制 20×7 年的销售及管理费用预算，基本编制程序如下：

第一步，企业销售及管理部门根据 20×7 年利润目标及销售目标等，经充分讨论，确定出预算期所需发生的费用项目及支出数额如表 8-6 所示。

表 8-6　预计费用项目及开支金额　　单位：元

费用项目	开支金额
保险费	60 000
广告费	80 000
租金	30 000
办公费	200 000
差旅费	90 000
培训费	40 000
合计	500 000

第二步，对各费用项目分类：属于不可避免的费用项目有保险费、租金、办公费和差旅费；属于可避免的费用项目有广告费、培训费，参照历史经验，对其进行成本-效益分析，其结果如表 8-7 所示。

表 8-7　成本-效益分析表

项目	成本（元）	收益（元）	成本收益率
广告费	1	50	1∶50
培训费	1	20	1∶20

第三步，将所有费用项目按照性质和轻重缓急，排出开支等级及顺序。

第一等级：保险费、租金、办公费和差旅费，属于不可避免的固定成本，为预算期必需的开支，应全额得到满足。

第二等级：广告费，属于可避免的固定成本，应该根据企业预算期资金供应情况酌情增减，但因为广告费的成本收益率高于培训费，因而列入第二等级。

第三等级：培训费，也属于可避免的固定成本，根据预算期企业资金供应情况酌情增减，但由于培训费的成本收益率小于广告费，因而列入第三等级。

第四步，如果该公司20×7年可用于销售及管理费用的资金数额为450 000元，则可以根据所排列的等级和顺序分配落实预算资金。

（1）第一等级的费用项目所需资金应全额满足：

60 000＋30 000＋200 000＋90 000＝380 000（元）

（2）剩余的可供分配的资金数额为：

450 000－380 000＝70 000（元）

（3）按成本收益率的比例分配广告费和培训费：

广告费可分配资金＝70 000×[50÷(50＋20)]＝50 000（元）

培训费可分配资金＝70 000×[20÷(50＋20)]＝20 000（元）

3. 零基预算方法的优缺点

（1）零基预算方法的优点。

1）不受原有预算的限制。使用该方法，企业不需考虑原有费用项目和费用额，可以促使企业将有限的资金用在刀刃上，合理有效地进行资源分配。

2）有利于提升资金使用效率。使用该方法可以调动企业内部各部门有效地降低费用，提高资金的使用效果和合理性。

3）有利于企业的长远发展。由于该方法以零作为出发点，对一切费用一视同仁，因此有利于企业编制预算时考虑到未来发展的需要。

（2）零基预算方法的缺点。

零基预算方法的主要缺点是工作量很大。由于这种方法一切从零出发，在进行费用预算编制时需要完成大量的基础工作，如历史资料分析、市场状况分析、现有资金使用分析和投入产出分析等，这势必导致很大的工作量，也会延长编制时间。因此，企业可以每隔几年编制一次零基预算，在其他时间则采用增量预算方法。

零基预算法适用于产出较难辨认的服务型部门费用预算的编制。

三 定期预算方法与滚动预算方法

按照预算期间起讫时间是否变动，全面预算方法分为定期预算方法和滚动预算方法。

（一）定期预算方法

1. 定期预算方法的含义

定期预算方法是指在编制预算时以不变的会计期间（如日历年度）作为预算期的方法。

2. 定期预算方法的优缺点

定期预算方法的优点是可以使预算期间与会计期间保持一致，便于对预算的执行结果进行考核和评价。定期预算方法的缺点一是远期指导性较差，二是面对变化相对滞后，三是长远预算间断，对企业的长远发展作用有限。

（二）滚动预算方法

1. 滚动预算方法的含义

滚动预算方法又称连续预算或永续预算，是指在编制预算时自动延伸，逐期向后滚动，使预算期能永远保持为一个固定期间（如 1 年）的一种预算编制方法。其具体做法是：每执行完一个预算期，立即根据其预算执行情况，对剩余各期预算进行调整和修订，并增加一个预算期的预算。这样，如此逐期向后滚动，使预算始终保持一定的时间幅度，从而以连续不断的预算形式规划企业未来的经营活动。

2. 滚动预算的方式及其特征

滚动预算按其预算编制和滚动的时间单位不同可分为逐月滚动、逐季滚动和混合滚动三种方式。

（1）逐月滚动方式。

逐月滚动方式是指在预算编制过程中，以月份为预算的编制和滚动单位，每个月调整一次预算的方法。如在 20×6 年 1 月至 12 月的预算执行过程中，需要在 1 月末根据当月预算的执行情况，修订 20×6 年 2 月至 12 月的预算，同时补充 20×7 年 1 月的预算；2 月根据当月预算的执行情况，修订 20×6 年 3 月至 20×7 年 1 月的预算，同时补充 20×7 年 2 月的预算；依此类推。逐月滚动预算示意图如图 8－1 所示。

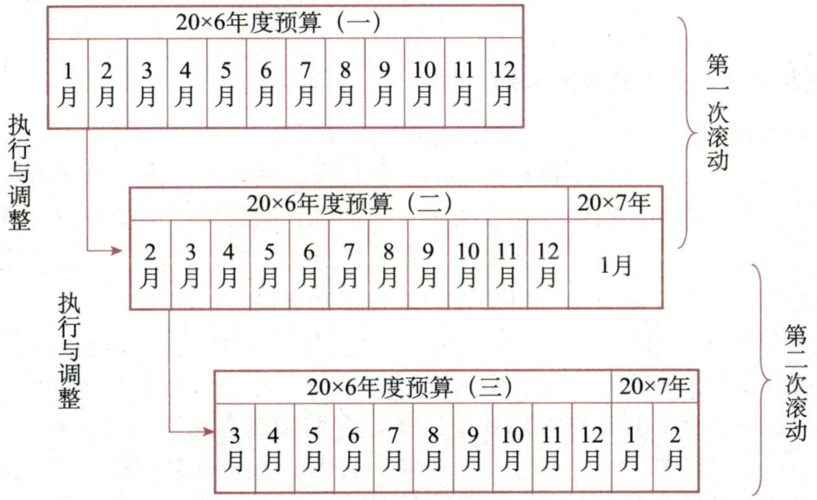

图 8－1 逐月滚动预算示意图

按照逐月滚动方式编制的预算比较精确，但工作量太大。

（2）逐季滚动方式。

逐季滚动方式是指在预算编制过程中，以季度为预算的编制和滚动单位，每个季度调整一次预算的方法。如在 20×6 年第 1 季度至第 4 季度的预算执行过程中，需要在第 1 季度末根据当季预算的执行情况，修订第 2 季度至第 4 季度的预算，同时补充 20×7 年第 1 季度的预算；第 2 季度末根据当季预算的执行情况，修订第 3 季度至 20×7 年第 1 季度的预算，同时补充 20×7 年第 2 季度的预算；依此类推，逐季滚动。逐季滚动编制的预算比逐月滚动的工作量小，但预算精确度较差。

（3）混合滚动方式。

混合滚动方式是指在预算编制过程中，同时使用月份和季度作为预算的编制和滚动单位的方法。它是滚动预算的一种变通方式。这种预算方法的理论依据是：人们对未来的了解程度具有对近期的预计把握较大，对远期的预计把握较小的特征。为了做到长计划短安排，远略近详，在预算编制过程中，可以对近期预算提出较高的精度要求，使预算的内容相对详细；对远期预算提出较低的精度要求，使预算的内容相对简单，这样可以减少预算工作量。如对20×6年1月份至3月份逐月编制详细预算，4月份至12月份分别按季度编制粗略预算；3月末根据第1季度预算的执行情况，编制4月份至6月份的详细预算，并修订第3季度至第4季度的预算，同时补充20×7年第1季度的预算；依此类推，混合滚动。

在实际工作中，采用哪一种滚动预算方式应视企业的实际需要而定。

3. 滚动预算方法的优缺点

滚动预算方法与传统的定期预算方法相比，编制的预算具有较高透明度，更具及时性，预算期更完整。采用滚动预算方法编制预算的最大缺点是预算工作量较大，尤其是滚动预算的延续工作会导致大量的人力、物力耗费，代价较大。

四 预算方法与各种预算之间的关系

预算方法与全面预算体系中的各种预算常常被混为一谈，其实二者之间既有区别又有联系。

（一）预算方法与各种预算的区别

1. 命名规则不同

预算方法在命名时，突出了该种方法的本质特征，例如弹性预算方法强调了预算编制时依据不同的业务量基础，滚动预算方法则显示了预算期持续滚动的特点。而全面预算体系中的各种具体预算在命名时，主要反映了预算的具体内容，例如经营预算中的销售预算的内容主要是销售收入，而直接材料预算的内容则是直接材料需求量。

2. 所属内容体系不同

本部分所介绍的六种预算方法分别属于三种类型，固定预算方法与弹性预算方法属于一类，增量预算方法与零基预算方法属于一类，定期预算方法与滚动预算方法属于一类。只有同类型中的不同预算方法才可以互相比较。其中，固定预算方法、增量预算方法和定期预算方法都属于传统的预算方法；滚动预算方法、弹性预算方法和零基预算方法则属于为克服传统预算方法的缺点而设计的新型预算方法。

而全面预算体系中的各种具体预算则分别归属于经营预算、专门决策预算和财务预算三种类型。每一种预算都可以与其他类型中的任何预算进行比较，不受归属限制。

（二）预算方法与各种预算的联系

预算方法只有运用到具体的预算编制中才能发挥作用，例如，弹性预算方法可以用于编制利润预算，也可以用于编制成本预算。同样，各种预算的编制也必须运用一定的预算方法。例如，实践中的成本或费用预算可以按照固定预算方法或弹性预算方法进行编制。

此外，即使是不同类型的预算方法之间也并非完全相互排斥的关系。在编制某一特定内容的预算过程中，完全有可能同时采取弹性预算方法和滚动预算方法。

思考与分析：

除了本任务介绍的全面预算编制方法，还有哪些新型预算编制方法？

任务三　全面预算的编制

任务描述

在全面预算体系中，销售预算一般是基础，现金预算是核心。全面预算涉及计划期间企业的全部经济活动和成果。本任务主要介绍按照传统方法编制全面预算的技巧。

思考：全面预算编制包括哪三个方面预算的编制？

任务目标

掌握经营预算、专门决策预算和财务预算的编制方法。

相关知识

一　经营预算的编制

（一）销售预算的编制

在全面预算体系中，销售预算起着基础和核心的作用。因为销售是企业的业务核心，其他一切工作都是为销售服务的。销售预算是编制全面预算的起点。生产、材料采购、存货、费用等方面的预算，都要以销售预算为基础。

销售预算是规划预算期内由于企业销售活动产生的预计销售收入而编报的一种经营预算，其主要目的是计算预算期的预计销售量。

在销售预算中，通常还应包括预计的现金收入计算表，以便为以后编制财务预算做准备。预计的现金收入等于前期销售在本期收到的现金和本期销售在本期收到的现金之和。

销售预算在科学的销售预测基础上，根据企业年度目标利润确定的预计销售量和销售价格等参数进行编制。销售预算通常应分别按产品的名称、数量、单价、金额等资料来编

例8-7
参考答案

制。考虑到信用销售，在编制销售预算的同时编制应收款预算，作为销售预算的一部分。

【例8-7】 已知A公司只生产与销售一种装修涂料。该公司20×6年年末资产负债表如表8-8所示。

表8-8 资产负债表

20×6年12月31日　　　　单位：元

资产	年末数	负债及所有者权益	年末数
流动资产		流动负债	
货币资金	25 000	应付账款	12 328
应收账款	25 000		
存货	14 404		
流动资产合计	64 404	负债合计	12 328
固定资产		所有者权益	
固定资产原值	280 000	实收资本	250 000
减：累计折旧	19 500	留存收益	62 576
固定资产合计	260 500	所有者权益合计	312 576
资产合计	324 904	负债及所有者权益合计	324 904

注：存货中，原材料期末余额为5 800元，库存商品期末余额为8 604元。

以往销售的历史记录表明，每一季度销售的产品，当季收到的货款占当季总销售收入的55%，下一季度收到的货款占当季总销售收入的45%。根据公司利润目标，20×7年各季度预计销售量、销售价格如表8-9所示。

要求： 编制该公司20×7年度产品销售预算（将结果填入表8-9）。

表8-9 20×7年度A公司产品销售预算　　　　单位：元

项目		第1季度	第2季度	第3季度	第4季度	全年
预计销售量（桶）		1 300	2 000	2 000	1 300	6 600
单位售价		90	90	90	90	90
销售额						
经营现金收入预算	期初应收账款					
	第1季度销售收入					
	第2季度销售收入					
	第3季度销售收入					
	第4季度销售收入					
	期末应收款					
	现金收入合计					

解

20×7 年度 A 公司产品销售预算　　单位：元

项目		第 1 季度	第 2 季度	第 3 季度	第 4 季度	全年
预计销售量（桶）		1 300	2 000	2 000	1 300	6 600
单位售价		90	90	90	90	90
销售额						
经营现金收入预算	期初应收账款					
	第 1 季度销售收入					
	第 2 季度销售收入					
	第 3 季度销售收入					
	第 4 季度销售收入					
	期末应收款					
	现金收入合计					

（二）生产预算的编制

生产预算是指为规划一定预算期内预计生产量水平而编制的一种经营预算。其主要目的是计算预算期的预计生产量。

生产预算在销售预算的基础上编制，用来安排企业在预算期间的产品生产。因为企业的生产和销售不能做到“同步同量”，必须设置一定的存货，以保证均衡生产，所以预算期间除必须具备充足的产品以供销售外，还应考虑预计期初存货和预计期末存货等因素。

生产预算编制的主要依据是预计销售量、预计期末存货量和预计期初存货量，其编制基础为：

预计生产量＝预计销售量＋预计期末存货量－预计期初存货量

其中预计销售量可在销售预算中找到；预计期初存货量等于上季度期末存货量；预计期末存货量则应根据长期销售趋势来确定，一般在实践中按事先估计的期末存货量占下期销售量的比例进行估算。

例 8－8
参考答案

【例 8－8】　已知 A 公司产品的预计销售量如表 8－9 所示，各个季度期末存货量相当于下一季度销售量的 11%，预计 20×7 第 1 季度的涂料销售量为 1 300 桶，20×7 年年初涂料存货量为 180 桶。

要求： 编制具体的生产预算（将结果填入表 8－10）。

表 8－10　20×7 年度 A 公司生产预算　　单位：桶

项目	第 1 季度	第 2 季度	第 3 季度	第 4 季度	全年
预计销售量	1 300	2 000	2 000	1 300	6 600
加：预计期末存货					
预计需要量合计					
减：期初存货					
预计生产量					

解

20×7 年度 A 公司生产预算

单位：桶

项目	第 1 季度	第 2 季度	第 3 季度	第 4 季度	全年
预计销售量	1 300	2 000	2 000	1 300	6 600
加：预计期末存货					
预计需要量合计					
减：期初存货					
预计生产量					

（三）直接材料预算的编制

完成生产预算后，就可以根据生产预算编制直接材料预算。直接材料预算是指为规划一定预算期内因组织生产活动和材料采购活动预计发生的直接材料需用量、采购数量和采购成本而编制的一种经营预算。

直接材料采购量，是以预计生产量为基础，根据单位产品的材料消耗定额确定预计材料需要量，然后再根据预计期初、期末的直接材料库存量来决定材料的预计采购量。

直接材料采购预算可以根据预计的直接材料采购量与材料的预计采购价格得出。其计算公式为：

预计采购量＝预计生产量×直接材料单位标准用量＋预计期末材料存货
　　　　　－期初材料存货

预计材料采购金额＝预计采购量×预计材料采购单价

编制直接材料预算时应考虑由前期应付账款和本期采购的付款条件决定的实际支付情况，编制应付账款预算和有关现金支出预算作为直接材料预算的附表。

例 8－9
参考答案

【例 8－9】 A 公司生产一种装修涂料，每桶需要耗用某种材料 3 千克，这种材料每千克价格为 8 元，购买该材料所需的款项于当季支付 70%，下一季度支付 30%；20×7 年预计这种材料每一季度末的存货量为下一季度生产需用量的 20%；20×7 年年初、年末的库存量分别为 725 千克和 800 千克；20×7 年年初应付未付的材料采购款为 12 328 元。

要求：编制 A 公司的直接材料采购预算（将结果填入表 8－11）。

表 8－11　20×7 年度 A 公司的直接材料采购预算

单位：元

项目	第 1 季度	第 2 季度	第 3 季度	第 4 季度	全年
预计生产量（表 8－10）（桶）	1 340				
材料单耗（千克/桶）	3				
预计生产需要量（千克）	4 020				
加：期末材料库存量	1 200				
预计需要量合计（千克）	5 220				
减：期初材料库存量	725				
预计材料采购量（千克）	4 495				

续表

项目		第 1 季度	第 2 季度	第 3 季度	第 4 季度	全年
材料采购单价（元/千克）		8				
预计直接材料采购金额		35 960				
现金支出预算	期初应付账款	12 328				
	第 1 季度采购金额	25 172				
	第 2 季度采购金额					
	第 3 季度采购金额					
	第 4 季度采购金额					
	期末应付账款					
	现金支出合计	37 500				

解

20×7 年度 A 公司的直接材料采购预算

单位：元

项目		第 1 季度	第 2 季度	第 3 季度	第 4 季度	全年
预计生产量(表 8-10)(桶)		1 340				
材料单耗(千克/桶)		3				
预计生产需要量(千克)		4 020				
加:期末材料库存量		1 200				
预计需要量合计(千克)		5 220				
减:期初材料库存量		725				
预计材料采购量(千克)		4 495				
材料采购单价(元/千克)		8				
预计直接材料采购金额		35 960				
现金支出预算	期初应付账款	12 328				
	第 1 季度采购金额	25 172				
	第 2 季度采购金额					
	第 3 季度采购金额					
	第 4 季度采购金额					
	期末应付账款					
	现金支出合计	37 500				

（四）直接人工预算的编制

直接人工预算是指为规划一定预算期内人工工时的消耗水平和人工成本水平而编制的一种经营预算。

与直接材料一样，直接人工小时预算由人工与产出的关系决定。编制直接人工预算的主要依据有：生产预算中的预计生产量、单位产品工时定额以及单位工时的工资率。具体计算公式如下：

预计直接人工成本＝预计生产量×单位产品工时定额×单位工时工资率

例 8-10
参考答案

【例 8-10】　A 公司每生产单位产品需要耗用直接人工 4 小时，每小时的直接人工工资为 5 元，该公司应支付的工资均于当季发放。

要求： 编制 A 公司的直接人工预算（将结果填入表 8－12）。

表 8－12　20×7 年度 A 公司的直接人工预算　　单位：元

项目	第 1 季度	第 2 季度	第 3 季度	第 4 季度	全年
预计生产量（表 8－10）（桶）	1 340				
单位产品工时定额（小时/桶）	4				
直接人工工时总数（小时）	5 360				
单位工时工资率（元/小时）	5				
预计直接人工成本总额	26 800				

解

20×7 年度 A 公司的直接人工预算　　单位:元

项目	第 1 季度	第 2 季度	第 3 季度	第 4 季度	全年
预计生产量(表 8－10)(桶)	1 340				
单位产品工时定额(小时/桶)	4				
直接人工工时总数(小时)	5 360				
单位工时工资率(元/小时)	5				
预计直接人工成本总额	26 800				

（五）制造费用预算的编制

制造费用预算是指为规划一定预算期内除直接材料和直接人工预算以外预计发生的其他生产费用水平而编制的一种经营预算。

一般将制造费用按照成本性态分为两类：变动制造费用和固定制造费用。随产量成比例变化的费用（如水电费等）是变动制造费用。固定制造费用则在一定时期内、一定产量内稳定不变，如折旧费等。根据以往的经验可以确定这些制造费用如何随产量的变化而变化。

例 8－11 参考答案

【例 8－11】 A 公司变动制造费用随直接人工工时的变化而变化，20×7 年，每人工工时的变动费用分配率为 0.95 元。假定当年固定制造费用为 72 000 元，其中包括折旧费 18 000 元，该公司需要用现金支付的制造费用均于发生的当季支付。

要求： 编制 20×7 年度 A 公司的制造费用预算（将结果填入表 8－13）。

表 8－13　20×7 年度 A 公司的制造费用预算　　单位：元

项目	第 1 季度	第 2 季度	第 3 季度	第 4 季度	全年
直接人工工时（表 8－12）（小时）	5 360				
变动费用分配率（元/工时）	0.95				
变动制造费用	5 092				
固定制造费用	18 000				

续表

项目	第1季度	第2季度	第3季度	第4季度	全年
制造费用合计	23 092				
减：折旧	4 500				
预计现金支付的制造费用	18 592				

解

20×7 年度 A 公司的制造费用预算 单位:元

项目	第1季度	第2季度	第3季度	第4季度	全年
直接人工工时(表8-12)(小时)	5 360				
变动费用分配率(元/工时)	0.95				
变动制造费用	5 092				
固定制造费用	18 000				
制造费用合计	23 092				
减:折旧	4 500				
预计现金支付的制造费用	18 592				

（六）产品成本预算

产品成本预算是为了规划预算期内企业各种产品的单位成本、生产成本和销售成本等各项内容而编报的一种经营预算。

产品成本预算需要在生产预算、直接材料预算、直接人工预算和制造费用预算的基础上编制；同时，也为编制预计利润表和预计资产负债表提供数据。

该预算必须按照各种产品进行编制，其程序与存货的计价方法密切相关，不同的成本计算模式也会产生不同的影响，本书以变动成本法下产成品存货采用先进先出法计价为例。

【例 8-12】 承例 8-8，A 公司 20×7 年计划产品产量为 6 563 桶。编制该公司期末产成品存货预算（如表 8-14 所示）。

表 8-14 20×7 年度 A 公司产品成本预算 单位：元

成本项目	单位用量	单价	单位成本	总成本
直接材料（表 8-11）	3 千克	8	24	157 512
直接人工（表 8-12）	4 小时	5	20	131 260
变动性制造费用（表 8-13）	0.76	5	3.80	24 939
合计			47.80	313 711
加：在产品及自制半成品期初余额			0	0
减：在产品及自制半成品期末余额			0	0
预计产品生产成本			47.80	313 711
加：产成品期初余额（表 8-8）				8 604
减：产成品期末余额（表 8-10）				6 835
预计产品销售成本*			47.80	315 480

注：*为 315 480÷本年销售量 6 600=47.80。

（七）期末存货成本预算

期末存货成本预算是规划预算期期末企业原材料、产成品和在产品的预计成本水平而编报的一种经营预算。

因为本预算与产品成本预算密切相关，所以也受到存货计价方法的影响。

【例 8－13】 A 公司的直接材料采购预算和产品成本预算分别见表 8－11 和表 8－14，编制期末存货预算（如表 8－15 所示）。

表 8－15 20×7 年度 A 公司期末存货预算 单位：元

项目	单位成本	期末存货量	期末存货成本
材料存货	8	800（千克）	6 400
小计			6 400
产成品存货	47.80	143（桶）	6 835
小计			6 835
期末存货合计			13 235

（八）销售费用与管理费用预算

销售费用及管理费用预算是指企业制造业务范围以外各种支出的预算。

与制造费用一样，销售费用与管理费用也可分为变动费用和固定费用。变动费用包括包装费、运输费等；固定费用包括管理人员工资、广告费、折旧费等。

例 8－14
参考答案

【例 8－14】 预计 20×7 年的变动销售及管理费用包括销售人员工资、运输费用、广告费用、佣金等共计 46 200 元；预计 20×7 年固定销售及管理费用总计 53 600 元，其中管理人员工资为 24 000 元，广告费为14 000 元，保险费为 8 000 元，租赁费为7 600 元。该公司需用现金支付的销售及管理费用均于发生的当季支付。

要求： 编制 A 公司的销售及管理费用预算，将结果填入表 8－16。

表 8－16 20×7 年度 A 公司销售及管理费用预算 单位：元

项目	第 1 季度	第 2 季度	第 3 季度	第 4 季度	全年
预计销售量（桶）	1 300				
单位变动销售及管理费用	7				
预计变动销售及管理费用	9 100				
固定销售及管理费用					
管理人员工资	6 000				
广告费	3 500				
保险费	2 000				
租赁费	1 900				
固定销售及管理费用合计	13 400				
减：折旧	0				
销售及管理费用现金支出	22 500				

解

20×7 年度 A 公司销售及管理费用预算　　单位：元

项目	第1季度	第2季度	第3季度	第4季度	全年
预计销售量（桶）	1 300				
单位变动销售及管理费用	7				
预计变动销售及管理费用	9 100				
固定销售及管理费用					
管理人员工资	6 000				
广告费	3 500				
保险费	2 000				
租赁费	1 900				
固定销售及管理费用合计	13 400				
减：折旧	0				
销售及管理费用现金支出	22 500				

二　专门决策预算的编制

（一）经营决策预算的编制

经营决策预算是指与短期经营决策密切相关的专门决策预算。此类预算的主要目标是通过制定最优生产经营决策和存货控制决策来合理地利用或调配企业经营活动所需要的各种资源。

此类预算通常是根据短期经营决策确定的最优方案编制的，因而需要直接纳入经营预算体系，同时也将影响现金预算等财务预算。例如，企业的某种零件的取得方式决策方案一旦确定，就要相应调整材料采购预算或生产预算、产品成本预算。

（二）投资决策预算

投资决策预算又称资本支出预算，是指与项目投资密切相关的专门决策预算。由于此类预算涉及长期建设项目投资资金的投放与筹措等，并经常跨年度，因此除个别项目外一般不纳入经营预算，但应当计入与之相关的现金预算和预计资产负债表。

三　财务预算的编制

（一）现金预算的编制

现金预算是现金收支预算的简称，是指为反映企业在预算期内预期的现金收支情况而编制的一种财务预算。

编制现金预算主要为了合理地处理现金收支业务，保证企业资金的正常流转。其编制程序是：

（1）确定期初现金余额。该指标等于上期期末现金余额。

（2）估算本期现金收入。本期现金收入主要来源于销售收入和应收账款的收回。

（3）确定预算期可运用现金。该指标等于期初现金余额与本期现金收入之和。

（4）估算本期现金支出。本期现金支出等于预算期内预计发生的一切现金支出之和。如采购现金支出、应交税费的现金支出、直接人工成本现金支出、制造费用现金支出、销售费用现金支出、管理费用现金支出、偿还应付款项、预交所得税、支付利润的现金支出以及设备购置现金支出等。

（5）计算现金余缺。现金余缺又称现金收支差额，某期现金余缺等于该期可运用现金与现金支出的差额。

（6）现金的融通。根据预算期现金余缺的性质与数额的大小和期末应保持的现金余额变动范围，考虑企业有关资金管理的各项政策：如有剩余，可以用来进行短期投放或归还借款；如有短缺，则需向银行借款或通过其他途径筹措资金。

（7）确定期末现金余额。期末现金余额等于现金余缺与现金的筹集与运用的代数和。为确保下期经营所需要的现金，通常要求期末余额保持在一定的数额范围之内。

【例 8－15】 A 公司与现金预算有关的其他资料如下：

（1）A 公司规定其最低现金限额为 17 000 元；

（2）预计于 20×7 年购入价值 50 000 元的机器设备，其中第 1 季度和第 4 季度均购入价值 15 000 元的机器设备，第 3 季度购入机器设备的价值为 20 000 元；

（3）预计缴纳所得税的总额为 26 000 元，平均每个季度为 6 500 元；

（4）预计 20×7 年全年支付股利 13 585 元；

（5）A 公司的银行借款利率为 10%。

A 公司期初现金余额为 25 000 元，根据例 8－7 至例 8－14 各个预算表，编制 A 公司现金预算（如表 8－17 所示）。

表 8－17　20×7 年度 A 公司现金预算

单位：元

项目	第 1 季度	第 2 季度	第 3 季度	第 4 季度	全年
期初现金余额	25 000	17 458	17 378	20 359	25 000
加：现金收入	89 350	151 650	180 000	145 350	566 350
可用现金合计	114 350	169 108	197 378	165 709	591 350
减：现金支出					
直接材料	37 500	44 130	44 502	34 900	161 032
直接人工	26 800	40 000	38 460	26 000	131 260
制造费用	18 592	21 100	20 807	18 440	78 939
销售及管理费用	22 500	27 400	27 400	22 500	99 800
所得税	6 500	6 500	6 500	6 500	26 000
设备购置	15 000		20 000	15 000	50 000
支付股利				13 585	13 585
现金支出总额	126 892	139 130	157 669	136 925	560 616

续表

项目	第1季度	第2季度	第3季度	第4季度	全年
现金余缺	－12 542	29 978	39 709	28 784	30 734
融资					
借款（期初）	30 000				30 000
偿还借款（期末）		－12 000	－18 000		－30 000
支付借款利息		－600	－1 350		－1 950
融资金额合计	30 000	－12 600	－19 350	0	－1 950
期末现金余额	17 458	17 378	20 359	28 784	28 784

注：因企业在期初从银行借款，在期末偿还借款，所以第一笔借款于6个月后偿还，第二笔借款于9个月后偿还。
①第一笔偿还的借款利息＝12 000×10%×6/12＝600（元）；
②第二笔偿还的借款利息＝18 000×10%×9/12＝1 350（元）。

（二）预计利润表的编制

预计利润表是指以货币形式综合反映预算期内企业全部经营活动的最终财务成果的一种财务预算。

预计利润表是企业经营预算的总结，它反映了企业在下一预算年度内各种经营情况的表现及最终的盈利情况，它能够直观地说明预算对企业价值的贡献。预计利润表是在前面各种经营预算的基础上编制的。

【例8-16】 根据例8-7至例8-15各个预算表，依照变动成本法编制A公司预计利润表（如表8-18所示）。

表8-18　20×7年度A公司预计利润表　　单位：元

项目	金额
销售收入	594 000
减：变动成本	
产品销售成本	315 480
销售及管理费用	46 200
变动成本合计	361 680
贡献边际	232 320
减：固定成本	
制造费用	72 000
销售及管理费用	53 600
财务费用	1 950
固定成本合计	127 550
利润总额	104 770
减：所得税	26 000
净利润	78 770

（三）预计资产负债表的编制

预计资产负债表是指用于总括反映企业预算期末财务状况的一种财务预算。

预计资产负债表中除上年期末数已知外，其余项目均应在前述各项经营预算和专门决策预算的基础上分析填列。

【例 8-17】 根据例 8-7 至例 8-16 各个预算表，编制 A 公司预计资产负债表（如表 8-19 所示）。

表 8-19 20×7 年度 A 公司预计资产负债表

20×7 年 12 月 31 日

单位：元

资产	年初数	年末数	负债及所有者权益	年初数	年末数
流动资产			流动负债		
货币资金	25 000	①28 784	应付账款	12 328	⑥9 408
应收账款	25 000	②52 650			
存货	14 404	③13 235			
流动资产合计	64 404	94 669	负债合计	12 328	9 408
固定资产			所有者权益		
固定资产原值	280 000	④330 000	实收资本	250 000	⑦250 000
减：累计折旧	19 500	⑤37 500	留存收益	62 576	⑧127 761
固定资产合计	260 500	292 500	所有者权益合计	312 576	377 761
资产合计	324 904	387 169	负债及所有者权益合计	324 904	387 169

注：①来自现金预算（表 8-17）中的现金余额。

②来自销售预算（表 8-9）中的应收账款的期末余额。

③来自存货预算（表 8-15）中的相关数据，即 6 400+6 835。

④来自 20×6 年 12 月 31 日的资产负债表（表 8-8）和现金预算表（表 8-17）中“设备购置”支出，即 280 000+50 000。

⑤来自 20×6 年 12 月 31 日的资产负债表（表 8-8）和制造费用预算（表 8-13）的“折旧”数据，即 19 500+18 000。

⑥来自直接材料预算（表 8-11）中的应付账款的期末余额。

⑦来自 20×6 年 12 月 31 日的资产负债表（表 8-8）。

⑧来自 20×6 年 12 月 31 日的资产负债表（表 8-8）、20×7 年预计利润表（表 8-18）、现金预算（表 8-17）中的相关数据，即：62 576+78 770−13 585。

思考与分析：

全面预算编制的起点与终点分别是什么？

案例分析

本模块引例中的 A 网络技术公司在全面预算管理上存在薄弱环节。如果该公司制订了控制公司经营活动的综合性计划，就很可能会解决这些现金问题。全面预算是计划和控制的前提，通过对未来的经营活动，如预期的销售、费用、净利润、现金收入和支出等编制一个正规的书面计划，并予以运用，在经营过程中通过对比实际成本与预算金额，管理者可以及时采取必要的纠正措施，对企业的运行进行控制。通过严谨的全面预算编制，即使是小企业也可以从中获益。

技能训练

一、单项选择题

1. 既可以作为全面预算的起点，又可以作为其他业务预算的基础的是（　　）。

A. 生产预算　　B. 销售预算　　C. 材料采购预算　　D. 现金预算

2. 下列各项中，全面预算的最后环节是（　　）。

A. 日常业务预算　　B. 财务预算　　C. 专门决策预算　　D. 弹性预算

3. 下列预算编制方法中，基于一系列可预见的业务量水平编制的、能适应多种情况的预算是（　　）。

A. 零基预算　　B. 定期预算　　C. 静态预算　　D. 弹性预算

4. 相对于弹性预算而言，固定预算的主要缺点是（　　）。

A. 适应性差　　B. 稳定性差　　C. 连续性差　　D. 远期指导性差

5. 编制资产负债表时，可以直接从现金预算中获得的数据是（　　）。

A. 应收账款的期末余额　　B. 现金的期初、期末余额

C. 短期借款的期末余额　　D. 存货的期末余额

二、多项选择题

1. 下列预算属于财务预算的是（　　）。

A. 现金支出预算　　B. 现金收入预算

C. 预计资产负债表　　D. 预计利润表

2. 全面预算包括的三方面内容是（　　）。

A. 经营预算　　B. 销售预算　　C. 财务预算　　D. 专门决策预算

3. 现金预算能够反映的内容有（　　）。

A. 资金筹措预算　　B. 损益预算　　C. 现金收入预算　　D. 现金支出预算

4. 下列预算属于经营预算的是（　　）。

A. 现金预算　　B. 预计利润表　　C. 销售预算　　D. 产品成本预算

三、判断题

1. 生产预算是整个预算编制的起点。（　　）

2. 现金预算以实物量指标反映经营活动和资本支出的结果。（　　）

3. 预计财务报表的编制程序是先编制预计资产负债表，再编制预计利润表。（　　）

4. 因为弹性预算是按预期可预见的不同业务量水平编制的，所以总可以在弹性预算中找到与实际业务量相同的业务量水平及其预算金额，以便于对预算执行情况进行控制与考核。（　　）

四、应用题

根据下述给定的资料编制 B 公司 20×7 年度经营预算及财务预算。

资料 1：B 公司是一家以加工定制零件为主业的小型机械加工企业。20×6 年年末资产负债表如表 8－20 所示。

表 8－20　B 公司资产负债表

20×6 年 12 月 31 日　　单位：元

资产	年末数	负债及所有者权益	年末数
流动资产		流动负债	
货币资金	10 000	应付账款	400 000
应收账款	500 000	应付股利	20 000
存货	350 800		
流动资产合计	860 800		
固定资产		负债合计	420 000
固定资产原值	1 100 000	所有者权益	
减：累计折旧	183 000	实收资本	800 000
固定资产合计	917 000	未分配利润	580 800
短期有价证券投资	23 000	所有者权益合计	1 380 800
资产合计	1 800 800	负债及所有者权益合计	1 800 800

注：存货中，原材料期末余额为 120 000 元，库存商品期末余额 230 800 元。

资料 2：20×6 年年底，B 公司预计 20×7 年专用备件的全年销售量为 4 600 件。该专用备件的价格是每件 1 200 元，公司四个季度的预计销量分别为 800 件、1 100 件、1 500件和1 200 件。合同规定的付款方式为：各季度的货款应在当季支付 60%，其余 40%在下季度付讫。目前，公司尚有 50 万元应收账款，预计将在 20×7 年第 1 季度收讫。

编制销售预算及经营现金收入预算，如表 8－21 所示。

表 8－21　20×7 年度 B 公司销售预算　　单位：元

项目		第 1 季度	第 2 季度	第 3 季度	第 4 季度	全年
预计销售量（件）						
单位售价						
销售额						
经营现金收入预算	期初应收账款					
	第 1 季度销售收入					
	第 2 季度销售收入					
	第 3 季度销售收入					
	第 4 季度销售收入					
	期末应收款					
	现金收入合计					

资料 3：B 公司预计，为保证供货的连续性，预算期内各季度的期末产品库存量应达到下期销售量的 20%。同时，根据历史经验，公司预算年末的产品库存量应维持和年初相一致的水平，大约为 200 件，能够保证及时为客户供货。

编制生产预算，如表 8－22 所示。

表 8－22　20×7 年度 B 公司生产预算

单位：件

项目	第 1 季度	第 2 季度	第 3 季度	第 4 季度	全年
预计销售量					
加：预计期末存货					
预计需要量合计					
减：期初存货					
预计生产量					

资料 4：B 公司生产该备件主要使用一种合金材料。根据以往的加工经验来看，平均每件产品需用料 5 千克，每千克 200 元。购货款在购货当季和下季度各付一半。目前，B 公司尚欠货款 400 000 元，预计将在 20×7 年第 1 季度付清。公司为保证生产的连续性，规定预算期内各期末的材料库存量应达到下期生产需要量的 10%，同时规定各年末的预计材料库存应维持在 600 千克左右。

编制直接材料预算，如表 8－23 所示。

表 8－23　20×7 年度 B 公司直接材料预算

单位：元

项目		第 1 季度	第 2 季度	第 3 季度	第 4 季度	全年
预计生产量（件）						
材料单耗（千克/件）						
预计生产需要量（千克）						
加：期末材料库存量						
预计需要量合计（千克）						
减：期初材料库存量						
预计材料采购量（千克）						
材料采购单价（元/千克）						
预计直接材料采购金额						
现金支出预算	期初应付账款					
	第 1 季度采购金额					
	第 2 季度采购金额					
	第 3 季度采购金额					
	第 4 季度采购金额					
	期末应付账款					
	现金支出合计					

资料 5：B 公司根据以往的加工经验，预计生产一件备件大约需要 7 个工时。而依据公司与工人签订的劳动合同规定，每工时需要支付工人工资 10 元。

编制直接人工预算，如表 8－24 所示。

表 8-24 20×7 年度 B 公司直接人工预算

单位：元

项目	第 1 季度	第 2 季度	第 3 季度	第 4 季度	全年
预计生产量（件）					
单位产品工时定额（小时/件）					
直接人工工时总数（小时）					
单位工时工资率（元/小时）					
预计直接人工成本总额					

资料 6：B 公司根据以往的生产经验估计，公司下年度可能会发生以下几项制造费用：辅助材料与水电费为变动费用，每工时的开支额分别是 3 元和 2 元；车间管理人员工资和设备折旧费为固定费用，估计每季度的开支总额分别为 10 000 元和 15 250 元；设备维护费为混合成本，每季度要进行一次基本维护，费用大约为 15 000 元，日常维护费用则与开工时数有关，估计每工时的维护费为 2 元。

编制制造费用预算，如表 8-25 所示。

表 8-25 20×7 年度 B 公司制造费用预算

单位：元

项目	第 1 季度	第 2 季度	第 3 季度	第 4 季度	全年
变动制造费用					
直接人工工时（小时）					
辅助材料（3 元/小时）					
水电费（2 元/小时）					
维护费（2 元/小时）					
变动制造费用合计					
固定制造费用					
车间管理人员工资					
设备折旧费					
维护费					
固定制造费用合计					
制造费用合计					
减：折旧					
预计现金支付的制造费用					

资料 7：B 公司依据直接材料、直接人工、制造费用三项预算，结合 20×7 年度预计销售量和期末产品库存量情况，可编制 20×7 年度产品成本预算。

编制 20×7 年度产品成本预算和期末存货预算，如表 8-26 和表 8-27 所示。

表 8-26 20×7 年度 B 公司产品成本预算

先进先出法　预计产量 4 600 件

金额单位：元

成本项目	单位用量	单价	单位成本	总成本
直接材料				
直接人工				
变动制造费用				
合计				

续表

成本项目	单位用量	单价	单位成本	总成本
加：在产品及自制半成品期初余额				
减：在产品及自制半成品期末余额				
预计产品生产成本				
加：产成品期初余额				
减：产成品期末余额				
预计产品销售成本				

表 8－27　20×7 年度 B 公司期末存货预算　　金额单位：元

项目	单位成本	期末存货量	期末存货成本
材料存货			
小计			
产成品存货			
小计			
期末存货合计			

资料 8：B 公司预计 20×7 年度的销售费用只有运输费一项，按照与运输公司的合同约定，每季度支付 13 000 元运费；管理费用包括管理人员工资、办公费和房租三项，均属于固定成本，每季度开支额分别为 6 000 元、4 000 元和 10 000 元。

编制销售及管理费用预算，如表 8－28 所示。

表 8－28　20×7 年度 B 公司销售及管理费用预算　　单位：元

项目	第 1 季度	第 2 季度	第 3 季度	第 4 季度	全年
预计销售量（件）					
销售费用					
管理费用					
管理人员工资					
办公费					
房租					
销售及管理费用合计					
减：折旧	0	0	0	0	0
销售及管理费用现金支出					

资料 9：B 公司财务部门根据公司的经营特点和现金流转状况，确定公司的最佳现金持有量是 10 000 元。当预计现金收支净额不足 10 000 元时，通过转让短期投资的有价证券及申请短期银行借款来补足；预计现金收支净额超过 10 000 元时，超出部分用于归还借款和购买作为短期投资的有价证券。公司估计，20×7 年年初公司大约会有 23 000 元的有价证券储备。此外，公司已和银行商定了为期 1 年的信贷额度，公司随时可按 6% 的年利率从银行借款，借款为 1 000 元的整数倍。

除了日常经营活动所引起的各项现金收支外，公司估计 20×7 年还会发生如下现金支付业务：

（1）公司的一台专用机床必须在 1 季度更新，预计需要支出购置及安装等费用共计 130 000 元。

(2) 公司将在 20×7 年年初向股东派发 20×6 年度的现金股利 20 000 元。

(3) 估计公司每个季度需要缴纳所得税款 5 600 元。

编制现金预算，如表 8－29 所示。

表 8－29　20×7 年度 B 公司现金预算　　单位：元

项目	第 1 季度	第 2 季度	第 3 季度	第 4 季度	全年
期初现金余额					
加：现金收入					
可用现金合计					
减：现金支出					
直接材料					
直接人工					
制造费用					
销售及管理费用					
所得税					
设备购置					
支付股利					
现金支出总额					
现金余缺					
融资					
购入有价证券					
出售有价证券					
借款（期初）					
偿还借款（期末）					
支付借款利息					
融资金额合计					
期末现金余额					

资料 10：公司财务人员估计，如果前面各项日常业务预算和现金预算都能在预算期内予以落实，那么公司在 20×7 年度的盈利前景还是相当乐观的。估计公司2020 年度的股利分配额能在 20×6 年的基础上增长 50%，达到 30 000 元。

编制预计利润表，如表 8－30 所示。

表 8－30　20×7 年度 B 公司预计利润表　　单位：元

项目	金额
销售收入	
减：变动成本	
产品销售成本	
销售及管理费用	
变动成本合计	
贡献边际	
减：固定成本	
制造费用	
销售及管理费用	
财务费用	

续表

项目	金额
固定成本合计	
利润总额	
减：所得税	
净利润	
加：年初未分配利润	
可供分配的利润	
减：利润分配	
年末未分配利润	

编制预计资产负债表，如表 8－31 所示。

表 8－31　20×7 年度 B 公司预计资产负债表

20×7 年 12 月 31 日　　　　单位：元

资产	年初数	年末数	负债及所有者权益	年初数	年末数
流动资产			流动负债		
货币资金	10 000		应付账款	400 000	
应收账款	500 000		应付股利	20 000	
存货	350 800				
流动资产合计	860 800				
固定资产			负债合计	420 000	
固定资产原值	1 100 000		所有者权益		
减：累计折旧	183 000		实收资本	800 000	
固定资产合计	917 000		未分配利润	580 800	
短期有价证券投资	23 000		所有者权益合计	1 380 800	
资产合计	1 800 800		负债及所有者权益合计	1 800 800	

技能训练参考答案

模块九

成本控制

学习目标

知识目标

- 掌握标准成本的概念、成本差异的计算与分析
- 熟悉标准成本的制定
- 了解成本控制的含义、分类和原则

技能目标

- 能制定产品的标准成本
- 能计算标准成本与实际成本的差异
- 能分析成本差异的原因并提出改进措施

引 例

格兰仕的优美成长曲线

广东格兰仕集团有限公司充分结合我国优势，采取给别人代工的方式换取生产线，然后通过内部挖潜，利用生产线的剩余生产能力为自己生产产品。这种使用权的虚拟扩张方式迅速构造了竞争力的成本动因，创造了微波炉制造和光波炉制造的纪录。

格兰仕于 1993 年投产微波炉，为提高市场占有率，开始在全国掀起大规模的降价风暴，通过规模扩大带动成本下降。同时，微波炉售价下降又直接扩大了市场容量，企业资金回流相应地增加，规模再次扩大，进而又带动成本下降。如此循环，引起了格兰仕微波炉一轮又一轮的价格战，销量和市场占有率不断提高。传统的规模扩张方式需要增加固定资产的投资，导致企业的现金流减少和价格竞争力下降。但格兰仕并没有动用自有资金投资固定资产，而是将国外企业的生产线搬到中国，走了一条虚拟联合规模扩张的道路，实现了资本和市场的同步扩张，获得了无可比拟的成本优势，演绎了一条优美的成长曲线。

请 分 析：格兰仕在生产经营中是如何进行成本控制的？

分析提示：成本控制是成本管理的一个重要组成部分，是企业生存和发展的基础，是企业增加盈利的根本途径。

任务一　成本控制认知

任务描述

成本是一项重要的综合性经济指标，涉及企业生产经营的方方面面。在实际工作中，通过降低成本、控制各项费用支出，可以帮助企业节省开支，从而提高经济效益。因此，为了保证全面预算所确定的各项目标和任务的顺利完成，企业管理层和全体员工必须共同努力，加强成本控制。

思考：什么是成本控制？管理会计中成本控制的分类有哪些？

任务目标

掌握成本控制的含义和分类，明确成本控制的原则。

相关知识

一　成本控制的含义

成本控制是企业根据一定时期预先建立的成本管理目标，由成本控制主体在其职权范围内，在生产耗费发生以前和成本控制过程中，对各种影响成本的因素和条件采取的一系列预防和调节措施，以保证成本管理目标实现的管理行为。

成本控制有广义和狭义之分。狭义的成本控制主要是指对生产阶段产品成本的控制，即运用一定的方法对产品生产过程中构成产品成本的一切耗费，进行科学严格的计算、限制和监督，将各项实际耗费限制在预先确定的预算、计划或标准的范围内，并分析实际脱离计划的原因，积极采取应对措施，以实现全面降低成本目标的一种会计管理行为。

广义的成本控制是对企业生产经营过程中各方面、各环节、各阶段的所有成本进行控制。这种控制在空间上渗透到企业的方方面面，在时间上贯穿了企业生产经营的全过程，与成本预测、成本决策、成本规划、成本考核共同构成现代成本管理系统。

二　成本控制的分类

在实际工作中，为了适应企业不同经营管理的需要，将成本控制按照不同的标准进行分类。

（一）按控制的时间分类

成本控制按控制的时间不同，可分为事前成本控制、事中成本控制和事后成本控制。

1. 事前成本控制

事前成本控制是指在产品投产前的设计、试制阶段，对影响成本的各有关因素所进行的事前规划、审核与监督；同时建立健全各项成本管理制度，达到防患于未然的目的。例如，用测定产品目标成本来控制产品设计成本；在成本上对各种工艺方案进行比较，从中选择最优方案；事先制定劳动工时定额、物资消耗定额、费用开支预算和各种产品、零件的成本目标，作为衡量生产费用实际支出超支或节约的依据，以及建立健全成本责任制，实行成本归口分级管理等。

2. 事中成本控制

事中成本控制是指在实际发生生产费用的过程中，按成本标准控制费用，及时揭示节约或浪费，并预测今后发展趋势，把可能导致损失和浪费的苗头消灭在萌芽状态，并随时把各种成本偏差信息反馈给责任者，以利于及时采取纠正措施，保证成本目标的实现。这个过程中需要建立反映成本发生情况的数据记录，做好收集、传递、汇总和整理工作。

3. 事后成本控制

事后成本控制是指在产品成本形成之后的综合分析和考核，主要是对实际成本脱离目标（计划）成本的原因进行深入分析，查明成本差异形成的主观和客观原因，确定责任归属，据以评定和考核责任单位业绩，并为下一个成本循环提出积极有效的措施，消除不利差异，发展有利差异，修正原定的成本控制标准，以促使成本不断降低。

（二）按控制的手段分类

成本控制按控制的手段不同，可分为绝对成本控制和相对成本控制。

1. 绝对成本控制

绝对成本控制是控制成本总量，侧重于节流，主要着眼于节约各项支出，杜绝浪费。

2. 相对成本控制

相对成本控制是开源与节流并重，除采取节约措施外，还要根据本量利分析的原理，充分利用生产能量，以达到相对降低成本的目的。

（三）按控制的对象分类

成本控制按控制的对象不同，可分为产品成本控制和质量成本控制。

1. 产品成本控制

产品成本控制是指对产品生产全过程的控制，以减少产品在生产过程中的耗费。

2. 质量成本控制

质量成本控制是指质量管理与成本管理的有机结合，通过确定最优质量成本而达到控制成本的目的。

三 成本控制的原则

（一）全面控制原则

全面控制原则是指对成本控制实现全过程、全员、全方位的控制。全过程控制是对产品的设计、制造、销售及售后过程进行控制，并将控制的成果在有关报表上加以反映，借以发现缺点和问题。全员控制是发动领导干部、管理人员、工程技术人员和广大职工培养成本意识，参与成本控制，认识到成本控制的重要意义，并付诸于行动。全方位控制是在实施成本控制的过程中，正确处理好降低产品成本与提高产品质量的关系，以市场需求为导向，在为消费者提供满意产品的同时达到压缩成本的目的。

（二）经济效益原则

进行成本控制的最终目标是提高经济效益，而提高经济效益不单是依靠降低成本的绝对数，更重要的是实现成本的相对节约，以尽可能小的代价获得尽可能大的收益。同时，企业推行成本控制发生的成本不应该超过因缺少控制而丧失的收益，否则就失去了成本控制的意义。

（三）责、权、利相结合原则

成本控制应在费用定额分解的基础上落实相应的责任，完善业绩考核评价工作，建立奖罚制度。成本控制要达到预期目标，取决于各责任中心管理人员的努力。调动各级责任中心加强成本管理的积极性，应遵循责、权、利相结合的原则，即根据各责任中心相应的职责，赋予其一定的权力，并根据成本控制的实效进行业绩评价与考核，对成本控制责任单位及人员给予奖惩，从而调动全员加强成本控制的积极性。

（四）例外管理原则

例外管理是对某些实际脱离标准（计划）的成本差异进行特殊控制。当实际成本脱离标准成本时，并非每一项差异都值得重点关注。为了提高成本控制的工作效率，管理人员应该只对符合例外管理原则的重要特殊事项进行分析，找出原因，并采取有效措施进行控制。

思考与分析：

成本控制在企业中具体如何应用？

任务二 标准成本及其制定

任务描述

为了克服实际成本计算系统不能提供有助于成本控制的确切信息的缺点，会计界将标准成本纳入会计系统，从而出现了标准成本会计制度，并逐步发展成为包含标准成本的制定、成本差异的分析和处理在内的完整成本控制系统，在成本的管理和控制方面发挥了重要作用。

思考：什么是标准成本？如何制定标准成本？

任务目标

掌握标准成本的概念，了解标准成本的种类，明确标准成本的制定。

相关知识

一 标准成本的概念

标准成本是指通过精确的调查、分析与技术测定而制定的，用来评价实际成本、衡量工作效率的一种预计成本。它有两种含义：一种是单位产品的标准成本，又称为成本标准，是通过单位产品的标准消耗量乘以标准单价计算而来；另一种是实际产量的标准成本，是通过实际产量乘以单位产品标准成本计算而来。

标准成本控制是成本控制中应用最为广泛和有效的一种成本控制方法，也称为标准成本制度。它是以制定的标准成本为基础，将实际发生的成本与标准成本进行对比，揭示成本差异形成的原因和责任，采取相应的措施，实现对成本的有效控制。其中，标准成本的制定与成本的事前控制相联系，成本差异分析、确定责任归属、采取措施改进工作则与成本的事中和事后控制相联系。

二 标准成本的种类

标准成本按照不同的标志，有如下分类。

（一）理想标准成本和正常标准成本

标准成本按其制定所依据的生产技术和经营管理水平，分为理想标准成本和正常标准成本。

1. 理想标准成本

理想标准成本是指在最优的生产条件下，利用现有的规模和设备能够达到的最低成本。制定理想标准成本的依据是理论上的业绩标准、生产要素的理想价格和可能实现的最高生产经营能力利用水平。所谓理论上的业绩标准，是指在生产过程中毫无技术浪费时的生产要素消耗量，最熟练的工人全力以赴工作、不存在废品损失和停工时间等条件下可能实现的最优业绩。理想价格，是指原材料、劳动力等生产要素在计划期间最低的价格水平。最高生产经营能力利用水平，是指理论上可能达到的设备利用程度，只扣除不可避免的机器修理、改换品种、调整设备等时间，而不考虑产品销路不佳、生产技术故障等造成的影响。因此，这种标准很难达到，即使暂时达到也不可能持久。它的主要用途是提供一个完美无缺的目标，揭示实际成本下降的潜力。由于其提出的要求太高，因此不能作为考核的依据。

2. 正常标准成本

正常标准成本是指在效率良好的条件下，根据下期一般应该发生的生产要素消耗量、预计价格和预计生产经营能力利用程度制定出来的标准成本。在制定这种标准成本时，把生产经营活动中一般难以避免的损耗和低效率等情况也计算在内，使之切合下期的实际情况，成为切实可行的控制标准。要达到这种标准不是没有困难，但是可能达到的。从具体数量上看，它应大于理想标准成本，但又小于历史平均水平，是一种要经过努力才能达到的标准，因而可以调动职工的积极性。

在标准成本系统中，广泛使用正常标准成本。它具有以下特点：它是用科学方法根据客观实验和过去实践经充分研究后制定出来的，具有客观性和科学性；它排除了各种偶然性和意外情况，又保留了目前条件下难以避免的损失，代表正常情况下的消耗水平，具有现实性；它是应该发生的成本，可以作为评价业绩的尺度，成为职工努力的目标，具有激励性；它可以在工艺技术水平和管理有效性水平变化不大时持续使用，不需要经常修订，具有稳定性。

（二）现行标准成本和基本标准成本

标准成本按其适用期，分为现行标准成本和基本标准成本。

1. 现行标准成本

现行标准成本是指根据其适用期间应该发生的价格、效率和生产经营能力利用程度等预计的标准成本。在这些决定因素变化时，需要按照发生改变的情况加以修订。这种标准成本可以成为评价实际成本的依据，也可以用来对存货和销货成本计价。

2. 基本标准成本

基本标准成本是指一经制定，只要生产的基本条件无重大变化，就不予变动的一种标准成本。生产基本条件的重大变化是指产品物理结构的变化，原材料和劳动力价格的重要变化，生产技术和工艺的根本变化等。只有这些条件发生变化，基本标准成本才需要修订。由于市场供求变化导致的售价变化和生产经营能力利用程度的变化，以及由于工作方法改变而引起的效率变化等，不属于生产的基本条件的重大变化，因此不需要修订基本标准成本。基本标准成本与各期实际成本对比，可反映成本变动的趋势。由于基本标准成本不按各期实际修订，因此不宜用来直接评价工作效率和成本控制的有效性。

三 标准成本的制定

根据完全成本法的成本构成内容，产品的标准成本包括直接材料、直接人工和制造费用三个项目。无论是哪一个成本项目，在制定其标准成本时，都需要分别确定价格标准和用量标准，两者相乘即每一个成本项目的标准成本，最终再汇总出单位产品的标准成本。

标准成本的基本公式为：

标准成本＝价格标准×用量标准

（一）直接材料的标准成本

某单位产品耗用的直接材料的标准成本是由材料的价格标准和用量标准两项因素决定的。

1. 材料的价格标准

材料的价格标准通常采用企业制定的计划价格。企业在制定计划价格时，通常是以订货合同的价格为基础，考虑未来各种变化因素，分别计算各种材料的计划价格。

2. 材料的用量标准

材料的用量标准是指单位产品耗用原料及主要材料的数量，通常也称为材料消耗定额。材料的用量标准应根据企业产品的设计、生产和工艺的现状，结合企业经营管理水平的情况和降低成本任务的要求，考虑材料在使用过程中发生的必要损耗，并按照产品的零部件来制定各种原料及主要材料的消耗定额。

因此，直接材料的标准成本可利用下述公式计算：

$$\text{单位产品耗用的某种材料的标准成本}=\text{该种材料的价格标准}\times\text{该种材料的用量标准}$$

$$\text{单位产品直接材料的标准成本}=\sum(\text{某种材料的价格标准}\times\text{该种材料的用量标准})$$

例 9-1 至例 9-4 参考答案

【例 9-1】 丰和企业生产甲产品需要 A、B 两种材料。

要求： 根据表 9-1 中的数据，计算甲产品耗用的直接材料标准成本。

表 9-1 甲产品直接材料标准成本

标准	A 材料	B 材料
价格标准（元/千克）：		
购买单价	18	27
运杂费	1	2
正常损耗	1	1
合计	20	30
用量标准（千克）：		
设计用量	8	4
允许损耗量	2	1
合计	10	5
标准成本（元）		
直接材料的标准成本（元）		

解

甲产品直接材料标准成本

标准	A 材料	B 材料
价格标准(元/千克)：		
购买单价	18	27
运杂费	1	2
正常损耗	1	1
合计	20	30
用量标准(千克)：		
设计用量	8	4
允许损耗量	2	1
合计	10	5
标准成本(元)		
直接材料的标准成本(元)		

（二）直接人工的标准成本

直接人工的标准成本是由直接人工的价格标准和直接人工的用量标准两项因素决定的。

1. 直接人工的价格标准

直接人工的价格标准就是标准工资率，通常由劳动部门根据用工情况制定。如果采用计件工资制，标准工资率是生产单位产品所支付的生产工人工资，即计件工资单价；如果采用计时工资制，标准工资率是单位工时标准工资率，它是由标准工资总额除以标准总工时来计算的，即：

标准工资率＝标准工资总额÷标准总工时

2. 直接人工的用量标准

直接人工的用量标准就是工时用量标准，也称工时消耗定额，是指企业在现有的生产技术条件、工艺方法和技术水平的基础上，考虑提高劳动生产率的要求，采用一定的方法，按照产品生产加工所经过的程序，确定的单位产品所需耗用的生产工人工时数。在制定工时消耗定额时，还要考虑生产工人必要的休息和调整时间，以及机器设备的停工清理时间，使制定的工时消耗定额既合理又先进，从而达到成本控制的目的。

因此，直接人工的标准成本可按照下面的公式来计算：

单位产品直接人工的标准成本＝标准工资率×工时用量标准

【例 9－2】 丰和企业生产甲产品需要经过两道工序，该企业实行计时工资制。

要求：根据表 9－2 中的数据，计算甲产品的直接人工标准成本。

表 9－2　甲产品的直接人工标准成本

标准	工序一	工序二
工资率标准：		
基本生产工人人数（人）	30	50
每人每月标准工时（小时）	22×8＝176	22×8＝176
每月标准总工时（小时）	176×30＝5 280	176×50＝8 800
每月工资总额（元）	52 800	105 600
每小时工资（元）	10	12
工时标准：		
必要时间（小时）	2.2	4
调整设备时间（小时）	0.3	0.4
工间休息（小时）	0.3	0.5
其他（小时）	0.2	0.1
合计（小时）	3	5
标准成本（元）		
直接人工的标准成本（元）		

解

甲产品的直接人工标准成本

标准	工序一	工序二
工资率标准：		
基本生产工人人数（人）	30	50
每人每月标准工时（小时）	22×8=176	22×8=176
每月标准总工时（小时）	176×30=5 280	176×50=8 800
每月工资总额（元）	52 800	105 600
每小时工资（元）	10	12
工时标准：		
必要时间（小时）	2.2	4
调整设备时间（小时）	0.3	0.4
工间休息（小时）	0.3	0.5
其他（小时）	0.2	0.1
合计（小时）	3	5
标准成本（元）		
直接人工的标准成本（元）		

（三）制造费用的标准成本

制造费用的标准成本是由制造费用价格标准（分配率标准）和制造费用用量标准（工时用量标准）两项因素决定的。

1. 制造费用的价格标准

制造费用的价格标准，也就是制造费用的分配率标准。其计算公式为：

制造费用分配率标准=标准制造费用总额÷标准总工时

2. 制造费用的用量标准

制造费用的用量标准，也就是工时用量标准，其含义与直接人工的用量标准相同。

由于成本按其性态可分为变动成本和固定成本。所以，制造费用按其与业务量的关系可分为变动制造费用和固定制造费用两部分。在制定制造费用的标准成本时，也应分别制定变动制造费用的标准成本和固定制造费用的标准成本。

其计算公式为：

变动制造费用的标准成本=变动制造费用分配率标准×工时用量标准

固定制造费用的标准成本=固定制造费用分配率标准×工时用量标准

【例9-3】 承例9-2，丰和企业生产甲产品的两道工序分别在两个车间进行，该企业采用完全成本计算法。

要求：根据表9-3中的数据，计算甲产品的制造费用标准成本。

表 9-3　甲产品制造费用标准成本

标准	一车间	二车间
直接人工标准总工时（小时）	5 280	8 800
变动制造费用预算：		
间接材料费用	10 400	25 400
间接人工费用	10 000	30 000
水电费	6 000	15 000
合计（元）	26 400	70 400
变动制造费用分配率标准		
工时用量标准（小时）	3	5
变动制造费用标准成本		
固定制造费用预算：		
折旧费	2 200	6 600
管理人员工资	2 400	7 300
其他费用	680	3 700
合计（元）	5 280	17 600
固定制造费用分配率标准		
工时用量标准（小时）	3	5
固定制造费用标准成本		
车间制造费用标准成本		
制造费用的标准成本（元）		

解

甲产品制造费用标准成本

标准	一车间	二车间
直接人工标准总工时(小时)	5 280	8 800
变动制造费用预算：		
间接材料费用	10 400	25 400
间接人工费用	10 000	30 000
水电费	6 000	15 000
合计(元)	26 400	70 400
变动制造费用分配率标准		
工时用量标准(小时)	3	5
变动制造费用标准成本		
固定制造费用预算：		
折旧费	2 200	6 600
管理人员工资	2 400	7 300
其他费用	680	3 700
合计(元)	5 280	17 600
固定制造费用分配率标准		
工时用量标准(小时)	3	5
固定制造费用标准成本		
车间制造费用标准成本		
制造费用的标准成本(元)		

（四）单位产品的标准成本的计算

制定了上述各项内容的标准成本后，即可汇总制定单位产品的标准成本。

1. 变动成本法下单位产品的标准成本的计算

在变动成本法下，单位产品标准成本的计算公式如下：

单位产品的标准成本＝直接材料的标准成本＋直接人工的标准成本
＋变动制造费用的标准成本

2. 完全成本法下单位产品的标准成本的计算

在完全成本法下，单位产品标准成本的计算公式如下：

单位产品的标准成本＝直接材料的标准成本＋直接人工的标准成本
＋变动制造费用的标准成本＋固定制造费用的标准成本

【例 9－4】 承例 9－1 至例 9－3。

要求： 根据资料，编制丰和企业甲产品的标准成本构成表（见表 9－4）。

表 9－4 单位甲产品的标准成本

成本项目	价格标准	用量标准	标准成本（元）
直接材料：			
A 材料	20 元/千克	10 千克	
B 材料	30 元/千克	5 千克	
合计			
直接人工：			
工序一	10 元/小时	3 小时	
工序二	12 元/小时	5 小时	
合计			
变动制造费用			
一车间	5 元/小时	3 小时	
二车间	8 元/小时	5 小时	
合计			
固定制造费用			
一车间	1 元/小时	3 小时	
二车间	2 元/小时	5 小时	
合计			
制造费用合计			
单位产品标准成本			

解

单位甲产品的标准成本

成本项目	价格标准	用量标准	标准成本(元)
直接材料:			
A 材料	20 元/千克	10 千克	
B 材料	30 元/千克	5 千克	
合计			
直接人工:			
工序一	10 元/小时	3 小时	
工序二	12 元/小时	5 小时	
合计			
变动制造费用			
一车间	5 元/小时	3 小时	
二车间	8 元/小时	5 小时	
合计			
固定制造费用			
一车间	1 元/小时	3 小时	
二车间	2 元/小时	5 小时	
合计			
制造费用合计			
单位产品标准成本			

任务三 成本差异的计算与分析

任务描述

产品的标准成本是一种预定的目标成本。在标准成本制度下，由于多种原因，企业在一定时期生产一定数量的产品所发生的实际成本与标准成本可能会出现差异。

思考：什么是成本差异？从哪些方面进行成本差异分析？差异产生的原因是什么？

任务目标

熟悉成本差异的概念和类型，掌握成本差异的计算与分析。

相关知识

一 成本差异的概念及类型

在标准成本制度下，成本差异是指一定时期生产一定数量的产品所发生的实际成本与相关的标准成本之间的差额。根据不同的分类标准，成本差异可分为不同的类别。

（一）按成本差异构成内容分类

成本差异按构成内容的不同可分为总差异、直接材料成本差异、直接人工成本差异和制造费用成本差异。这种划分方法只是从静态上指明差异的最终结果及主要构成要素，并不能表明各种差异形成的具体原因。

1. 总差异

总差异，即生产某种产品所发生的实际总成本与标准总成本之间的差异。总差异能够反映企业成本管理工作的总体情况。

2. 直接材料成本差异

直接材料成本差异，即生产一定数量的某种产品实际耗用的直接材料成本与直接材料的标准成本之间的差异。

3. 直接人工成本差异

直接人工成本差异，即生产一定数量的某种产品实际耗用的直接人工成本与直接人工的标准成本之间的差异。

4. 制造费用成本差异

制造费用成本差异，即生产一定数量的某种产品实际耗用的制造费用支出与制造费用的标准成本之间的差异。

（二）按成本差异形成过程分类

成本差异按形成过程的不同可分为价格差异和用量差异。

1. 价格差异

价格差异是由于直接材料、直接人工和变动制造费用等要素实际价格水平与标准价格水平不一致而产生的成本差异。其计算公式为：

价格差异=(实际价格－标准价格)×实际产量下的实际用量

2. 用量差异

用量差异是由于直接材料、直接人工和变动制造费用等要素实际用量消耗与标准用量消耗不一致而产生的成本差异。其计算公式如下：

用量差异=标准价格×(实际产量下的实际用量－实际产量下的标准用量)

（三）按成本差异的性质分类

成本差异按性质的不同可分为有利差异和不利差异。

1. 有利差异

有利差异，是指因实际成本低于标准成本而形成的节约差，通常用“F”表示。

2. 不利差异

不利差异，是指因实际成本高于标准成本而形成的超支差，通常用“U”表示。

有利与不利是相对的，并不是有利差异越大越好。例如，不能为了盲目追求成本的有利差异，而不惜以牺牲质量为代价。因此，在进行成本差异分析时，应该处理好成本与质量的关系。

（四）按成本差异是否可控分类

成本差异按是否可控，分为可控差异和不可控差异。这种划分方法有利于调动相关部门和人员参与成本控制的积极性，有助于考核和评价成本指标。

1. 可控差异

可控差异，是指与主观努力程度相联系而形成的差异，又叫主观差异。它是成本差异控制的重点。

2. 不可控差异

不可控差异，是指与主观努力程度关系不大，主要受客观原因影响而形成的差异，又叫客观差异。

二 成本差异的计算与分析

（一）直接材料成本差异的计算与分析

直接材料成本差异是指在实际产量下，直接材料的实际成本与标准成本之间的差额。直接材料成本差异按其形成原因可分为价格差异和数量差异两种。

1. 直接材料价格差异

直接材料价格差异是材料的实际价格脱离标准价格而形成的差异。直接材料价格差异发生的原因很多，如市场价格的变动、材料采购来源的变动、订货批量的大小、运输方式与途径不同、紧急订货等。对直接材料价格差异的形成和责任，应当根据具体情况作具体的分析。凡属于采购工作所引起的差异应由采购部门负责；属于生产上的原因所造成的差异，如紧急订货，则应由生产部门负责。只有明确原因，分清责任，才能发挥价格差异分析应有的作用。

2. 直接材料数量差异

直接材料数量差异是在标准价格下材料实际耗用数量脱离标准耗用数量而形成的差异。影响直接材料数量差异的因素也是多方面的，如技术革新、综合利用、改进配方、合理下料等，都是降低材料用量的途径；而废品损失、大材小用、优材劣用等，则是增加材料消耗量的重要原因。直接材料数量差异通常是在生产过程中形成的，一般应由生产部门负责。但有时也可能是由采购工作引起的，如购进了质量较差的材料而引起耗用量的增加，由此形成的不利差异应由采购部门负责，不能归咎于生产部门。

有关公式如下：

直接材料成本差异＝实际产量下直接材料的实际成本－实际产量下直接材料的标准成本

＝直接材料价格差异＋直接材料数量差异

直接材料价格差异＝（直接材料实际价格－直接材料标准价格）
×实际产量下直接材料的实际用量
直接材料数量差异＝直接材料标准价格×（实际产量下直接材料的实际数量
－实际产量下直接材料的标准数量）

例9-5至例9-10
参考答案

【例 9－5】 以表 9－4 中甲产品的标准成本资料为准，已知 20×7 年 12 月份该企业实际生产甲产品 125 件，实际耗用 A 材料 1 000 千克，其实际单价是 18 元/千克；实际耗用 B 材料 900 千克，其实际单价是 32 元/千克。

要求： 计算并分析甲产品的直接材料成本差异。

解

A 材料成本差异＝
其中：
A 材料价格差异＝
A 材料数量差异＝
B 材料成本差异＝
其中：
B 材料价格差异＝
B 材料数量差异＝
所以，甲产品的直接材料成本差异＝
计算结果表明：

（二）直接人工成本差异的计算与分析

直接人工成本差异是指在实际产量下，直接人工的实际成本与标准成本之间的差额。直接人工成本差异按其形成原因可分为工资率差异和效率差异两种。

1. 工资率差异

工资率差异，即直接人工的价格差异，是实际人工价格脱离标准而形成的人工价格差异。直接人工工资率差异形成的原因包括直接生产工人升级和降级使用、奖励制度未产生实效、工资调整、加班或使用临时工、出勤率变化等。实际工作中，直接人工价格差异的原因复杂而且难以控制，一般归属于人事劳动部门管理，具体分析时需要根据实际情况进行评价说明，并与各部门的工作范围与职责相联系。

2. 效率差异

效率差异，即直接人工的数量差异，是实际使用的人工工时脱离标准而形成的数量差异。直接人工效率差异形成的原因包括工作环境不良、工人经验不足、劳动情绪不佳、上岗的新工人比例太多、机器或工具选用不当、设备故障较多、作业计划安排不当、产量太少无法发挥批量节约优势等。这种差异主要是生产部门的责任，但也不是绝对的，例如材料质量不好也会影响生产效率。所以，在分析效率差异时，应该对承担不同责任的部门分别考核评价。

有关公式如下：

直接人工成本差异=实际产量下直接人工的实际成本−实际产量下直接人工的标准成本
=直接人工工资率差异+直接人工效率差异

直接人工工资率差异=(实际人工价格−标准人工价格)×实际产量下的实际工时

直接人工效率差异=标准人工价格×(实际产量下的实际工时−实际产量下的标准工时)

【例 9-6】 承例 9-5，已知 20×7 年 12 月份该企业为生产甲产品，第一道工序实际耗用的人工小时数是 390，实际发生的直接人工成本是 4 095 元；第二道工序实际耗用的人工小时数是 630，实际发生的直接人工成本是 6 930 元。

要求： 计算并分析甲产品的直接人工成本差异。

解

第一道工序实际人工价格=

第一道工序直接人工成本差异=

其中：

第一道工序工资率差异=

第一道工序效率差异=

第二道工序实际人工价格=

第二道工序直接人工成本差异=

其中：

第二道工序工资率差异=

第二道工序效率差异=

所以，甲产品直接人工成本差异=

计算结果表明：

（三）变动制造费用成本差异的计算与分析

变动制造费用成本差异是指在实际产量下，实际发生的变动制造费用与标准变动制造费用的差异。变动制造费用成本差异可以进一步分解为耗费差异和效率差异两种。

1. 变动制造费用耗费差异

变动制造费用耗费差异即变动制造费用的价格差异，它是因变动制造费用的实际耗费脱离标准而导致的成本差异，也称变动制造费用分配率差异。变动制造费用耗费差异形成的原因主要包括标准或预算的估计偏差、间接材料价格的变化、间接材料质量低劣、间接人工工资调整、其他各项费用控制不当等。由于变动制造费用耗费差异形成原因的多样性和复杂性，因此在具体分析时应该分清重点，合理确定责任的归属对象。

2. 变动制造费用效率差异

变动制造费用效率差异即变动制造费用的数量差异，它是因实际耗用工时脱离标准而导致的成本差异。变动制造费用效率差异形成的原因与直接人工效率差异产生的原因相同，其责任归属也与直接人工效率差异相同。

有关公式如下：

变动制造费用成本差异＝实际产量下实际变动制造费用－实际产量下标准变动制造费用
＝变动制造费用耗费差异＋变动制造费用效率差异

变动制造费用耗费差异＝（变动制造费用实际分配率－变动制造费用标准分配率）×实际产量下实际工时

变动制造费用效率差异＝变动制造费用标准分配率×（实际产量下实际工时－实际产量下标准工时）

【例 9－7】 承例 9－5，20×7 年 12 月份该企业为生产甲产品，第一车间实际耗用的机器小时数是 400，第二车间实际耗用的机器小时数是 500，两个车间的实际工时变动制造费用分配率均是 6 元/小时。

要求：计算并分析甲产品的变动制造费用成本差异。

解

第一车间变动制造费用成本差异＝

其中：

变动制造费用耗费差异＝

变动制造费用效率差异＝

第二车间变动制造费用成本差异＝

其中：

变动制造费用耗费差异＝

变动制造费用效率差异＝

所以，甲产品变动制造费用成本差异＝

计算结果表明：

（四）固定制造费用成本差异的计算与分析

固定制造费用成本差异是指在实际产量下，实际发生的固定制造费用与标准固定制造费用之间的差额。固定制造费用成本差异的分析方法与前面各项变动成本费用的差异分析方法不同，分为“二因素分析法”和“三因素分析法”。

1. 二因素分析法

在二因素分析法下，固定制造费用成本差异可进一步分解为固定制造费用预算差异和固定制造费用能量差异。

（1）固定制造费用预算差异，又称为固定制造费用耗费差异，是指固定制造费用的实际金额与预算金额之间的差额。造成固定制造费用预算差异的原因主要包括管理人员工资调整、折旧方法改变、办公用品价格上涨、租赁费变化等。这些因素大多是由客观原因引起的，因此不是企业控制的重点。

（2）固定制造费用能量差异，是指固定制造费用预算与固定制造费用标准成本之间的差额，它反映未能充分使用现有生产能量而造成的损失。造成固定制造费用能量差异的原因主要包括原设计生产能力过剩、机器故障、设备检修引起的停工、订单减少、人员技术水平有限等。固定制造费用能量差异主要应由高层管理人员负责，也有可能与计划部门、生产部门、采购部门、销售部门等有关，具体责任归属应视实际情况具体分析。

有关公式如下：

固定制造费用成本差异＝固定制造费用实际数－标准固定制造费用
＝实际产量下实际固定制造费用－固定制造费用标准分配率×实际产量下实际工时

固定制造费用耗费差异＝固定制造费用实际数－固定制造费用预算数
＝实际产量下实际固定制造费用－预算产量下标准固定制造费用

固定制造费用能量差异＝预算产量下标准固定制造费用－实际产量下标准固定制造费用
＝固定制造费用标准分配率×(预算产量标准工时－实际产量标准工时)

【例 9-8】 承例 9-5，20×7 年 12 月份该企业甲产品的预计生产能力是 150 件。为生产甲产品，第一车间实际发生的固定制造费用总额是 320 元，第二车间实际发生的固定制造费用总额是 1 200 元。

要求：用二因素分析法计算并分析甲产品的固定制造费用成本差异。

解

第一车间固定制造费用成本差异＝

其中：

固定制造费用耗费差异＝

固定制造费用能量差异＝

第二车间固定制造费用成本差异＝

其中：

固定制造费用耗费差异＝

固定制造费用能量差异＝

所以，甲产品固定制造费用成本差异＝

计算结果表明：

2. 三因素分析法

在三因素分析法下，固定制造费用成本差异可进一步分解为固定制造费用耗费差异、固定制造费用闲置能量差异、固定制造费用效率差异。

（1）固定制造费用耗费差异，又称为固定制造费用开支差异，是指固定制造费用的实际金额与预算金额之间的差额。

（2）固定制造费用闲置能量差异，是指固定制造费用在实际产量下的实际工时未能达到生产能力而形成的生产能力利用差异。

（3）固定制造费用效率差异，是指固定制造费用在实际产量下的实际工时脱离标准工时而形成的差异。

在三因素分析法中，固定制造费用耗费差异与二因素分析法中的固定制造费用耗费差异相同，而固定制造费用闲置能量差异和固定制造费用效率差异之和等于二因素分析法中的固定制造费用能量差异。

有关公式如下：

固定制造费用耗费差异＝实际产量下实际固定制造费用－预算产量下标准固定制造费用

固定制造费用闲置能量差异＝固定制造费用标准分配率×（预算产量标准工时－实际产量实际工时）

固定制造费用效率差异＝固定制造费用标准分配率×（实际产量实际工时－实际产量标准工时）

【例 9－9】 承例 9－8，该企业为生产甲产品，第一车间实际耗用的机器小时数是 400，第二车间实际耗用的机器小时数是 600。

要求： 用三因素分析法计算并分析甲产品的固定制造费用成本差异。

解

第一车间固定制造费用成本差异＝

其中：

固定制造费用耗费差异＝

固定制造费用闲置能量差异＝

固定制造费用效率差异＝

第二车间固定制造费用成本差异＝

其中：

固定制造费用耗费差异＝

固定制造费用闲置能量差异＝

固定制造费用效率差异＝

所以，甲产品固定制造费用成本差异＝

计算结果表明：

【例 9－10】 蓝天企业采用标准成本控制系统，20×7 年 3 月甲产品的实际产量是 1 200 件，变动制造费用的预算总额是 5 000 元，固定制造费用的预算总额是 3 000 元，预计本月产量为 1 000 件。单位甲产品的标准成本与实际成本资料如表 9－5、表 9－6 所示。

表 9－5 单位甲产品的标准成本

成本项目	价格标准	用量标准	标准成本（元）
直接材料：			
A 材料	2.0 元/千克	9.6 千克/件	

续表

成本项目	价格标准	用量标准	标准成本（元）
B材料	3.6元/千克	3.0千克/件	
合计			
直接人工	4.0元/小时	5.0小时	
变动制造费用	1.0元/小时	5.0小时	
固定制造费用	0.6元/小时	5.0小时	
单位产品标准成本			

表 9-6　单位甲产品的实际成本

成本项目	实际价格	实际用量	实际成本（元）
直接材料：			
A材料	1.9元/千克	9.5千克	
B材料	3.8元/千克	3.2千克	
合计			
直接人工	4.1元/小时	4.8小时	
变动制造费用	1.1元/小时	4.8小时	
固定制造费用	0.55元/小时	4.8小时	
单位产品实际成本			

要求：计算并填列表 9-5 和表 9-6，根据计算结果分析甲产品的直接材料成本差异、直接人工成本差异、变动制造费用成本差异、固定制造费用成本差异。

解

(1)　直接材料成本差异的计算与分析。

A材料成本差异=

其中：

A材料价格差异=

A材料数量差异=

B材料成本差异=

其中：

B材料价格差异=

B材料数量差异=

所以，甲产品的直接材料成本差异=

计算结果表明：

(2)　直接人工成本差异的计算与分析。

直接人工成本差异=

其中：

直接人工工资率差异=

直接人工效率差异=

所以，甲产品直接人工成本差异=

计算结果表明：

(3) 变动制造费用成本差异的计算与分析。

变动制造费用成本差异=

其中：

变动制造费用耗费差异=

变动制造费用效率差异=

所以，甲产品变动制造费用成本差异=

计算结果表明：

(4) 固定制造费用成本差异的计算与分析（二因素分析法）。

固定制造费用成本差异=

其中：

固定制造费用耗费差异=

固定制造费用能量差异=

所以，甲产品固定制造费用成本差异=

计算结果表明：

(5) 固定制造费用成本差异的计算与分析（三因素分析法）。

固定制造费用成本差异=

其中：

固定制造费用耗费差异=

固定制造费用闲置能量差异=

固定制造费用效率差异=

所以，甲产品固定制造费用成本差异=

计算结果表明：

案例分析

本模块引例中格兰仕公司通过虚拟联合规模扩张，实现了资本和市场的同步扩张，获得了无可比拟的成本优势。成本是一项重要的综合性经济指标，涉及企业生产经营的方方面面。在实际工作中，通过降低成本、控制各项费用支出，可以帮助企业节省开支，从而提高经济效益。因此，为了保证全面预算所确定的各项目标和任务的顺利完成，企业管理层和全体员工必须共同努力，加强成本控制。

在生产经营过程中，格兰仕根据一定时期预先建立的成本管理目标，在生产耗费发生以前和成本控制过程中，对各种影响成本的因素和条件采取了一系列预防和调节措施，以保证成本管理目标实现。

从狭义层面而言，格兰仕进行成本控制主要是对生产阶段产品成本的控制，即运用一定的方法对产品生产过程中构成产品成本的一切耗费，进行科学严格的计算、限制和监督，将各项实际耗费限制在预先确定的预算、计划或标准的范围内，并分析实际脱离计划的原因，积极采取应对措施，以实现全面降低成本目标。

从广义层面而言，格兰仕进行成本控制是对企业生产经营过程中各方面、各环节、各阶段的所有成本进行控制。这种控制在空间上渗透到企业的方方面面，在时间上贯穿了企业生产经营的全过程，与成本预测、成本决策、成本规划、成本考核共同构成现代成本管理系统。

技能训练

一、单项选择题

1. 在标准成本控制下的成本差异是指（　　）。

A. 实际成本与标准成本的差异　　B. 实际成本与计划成本的差异

C. 预算成本与标准成本的差异　　D. 实际成本与预算成本的差异

2. 下列选项中，属于标准成本控制系统前提和关键的是（　　）。

A. 标准成本的制定　　B. 成本差异的分析

C. 成本差异的计算　　D. 成本差异的账务处理

3. 固定制造费用的实际金额与预算金额之间的差额称为（　　）。

A. 效率差异　　B. 能量差异　　C. 耗费差异　　D. 闲置能量差异

4. 标准成本控制的重点是（　　）。

A. 标准成本的制定　　B. 成本差异的计算分析

C. 成本控制　　D. 成本差异的账务处理

5. 在成本差异分析中，变动制造费用耗费差异类似于（　　）。

A. 直接人工效率差异　　B. 直接材料用量差异

C. 直接材料价格差异　　D. 直接人工成本差异

二、多项选择题

1. 标准成本控制系统的内容包括（　　）。

A. 成本差异的分配　　B. 成本差异的计算分析

C. 成本差异的账务处理　　D. 标准成本的制定

2. 固定制造费用成本差异可分解为（　　）。

A. 耗费差异　　B. 闲置能量差异　　C. 效率差异　　D. 用量差异

3. 在实务中，贯彻成本控制的例外管理原则时，确定“例外”的标志有（　　）。

A. 重要性　　B. 变动性　　C. 一贯性　　D. 特殊性

4. 影响直接材料耗用量差异的因素有（　　）。

A. 工人的技术熟练程度　　B. 设备的完好程度

C. 用料的责任心　　D. 废品率的高低

5. 可以套用“用量差异”和“价格差异”模式的成本项目是（　　）。

A. 直接材料　　B. 直接人工　　C. 固定制造费用　　D. 变动制造费用

三、判断题

1. 标准成本是通过精确的调查、分析与技术测定而制定的，用来评价实际成本、衡量工作效率的一种预计成本。（　　）

2. 标准成本按其制定所根据的生产技术和经营管理水平，分为理想标准成本和完美标准成本。（　　）

3. 直接人工效率差异、变动制造费用效率差异和固定制造费用效率差异三者形成的原因是相同的，只是程度不同。（　　）

4. 直接人工效率差异和变动制造费用分配率差异属于价格差异。（　　）

5. 变动制造费用效率差异产生的主要原因有市场物价的涨跌、工资水平的升降等。（　　）

四、计算题

1. 已知某企业甲产品的直接材料标准单价为 3 元/千克，标准用量为 200 千克；实际单价为 3.2 元/千克，实际用量为 195 千克。预计生产甲产品 600 件，实际生产甲产品 650 件。

要求：计算甲产品的直接材料价格差异、直接材料数量差异、直接材料成本差异。

2. 已知某企业甲产品的标准人工工资率为 11 元/工时，标准用量为 10 工时；实际人工工资率为 11.8 元/工时，实际用量为 9.5 工时。预计生产甲产品 600 件，实际生产甲产品 650 件。

要求：计算甲产品的直接人工工资率差异、直接人工效率差异、直接人工成本差异。

技能训练参考答案

模块十

责任会计

学习目标

知识目标

- 了解责任会计的概念、基本内容和基本原则
- 掌握责任中心的设置及各自的职能
- 掌握责任中心的业绩考核指标

技能目标

- 初步具有制定内部转移价格的能力
- 能计算责任中心的主要考核指标

引例

责任会计在青海油田的实施

青海油田创立于1955年，几十年来持续稳定发展，已成为一个集油气勘探、开发、储运、加工、销售为一体的大型综合性石油企业。青海油田在发展过程中，为了保持企业高速运转和对市场的快速反应能力，其组织结构经过了一系列动态调整，已形成了一整套针对不同单位工作性质、不同工作情况的经营责任指标体系和考核、奖惩办法，在实行责任会计方面效果显著。青海油田将企业分为油气主业系统、专业服务系统、多元开发系统和社会化服务系统四个责任中心，建立岗位责任权限制度，基层管理者对于权限范围内的事务不必再层层请示报告，可以自行处理。同时，将企业总体目标进行分解，建立指标体系，将各单位自己的生产经营目标具体化。青海油田还建立了合理的奖惩激励制度，考核委员会审定各责任单位的经济效益后进行奖惩兑现。奖惩分明的激励和约束机制激发了企业上下完成各项指标的积极性，从而较好地完成了总体目标。

请 分 析： 青海油田实施责任会计有哪些具体措施？

分析提示： 分权管理，建立责任中心，进行责任中心指标考核等。

任务一 责任会计认知

任务描述

企业编制了全面预算后，工作的重心就是如何完成预算的各项指标。为此企业需要将预算指标进行分解，落实到具体的职能部门，定期考核、评价各部门指标的完成情况，这些工作需要通过责任会计制度来完成。

思考： 什么是责任会计？它包括哪些内容？建立责任会计制度应遵循什么原则？

任务目标

了解责任会计的概念，掌握责任会计的内容和原则。

相关知识

一 责任会计的含义

责任会计是在分权管理的条件下，为适应企业内部经济责任制的要求，在企业内部建立若干责任单位，并对其分工负责的经济业务进行规划与控制，以实现业绩考核与评价的一种内部会计控制制度。责任会计是管理会计的一个子系统，责任会计的建立对于企业提升经营管理水平、提高经济效益具有深远意义。

二 责任会计的作用

实行责任会计的主要作用如下。

（一）有利于贯彻经济责任制

实行责任会计后，将全面预算分解为责任预算，明确了每个责任单位在预算期的工作目标与具体任务，促使各责任单位关心自己控制的各项指标，了解本单位执行工作的情况并不断完善。

（二）有利于将各责任单位的经营目标与企业的经营总目标相统一

各责任单位的经营目标实质上是企业经营总目标的具体体现，二者是统一的。实行责任会计可以确立经营目标的一致性，促使各级管理人员为实现企业经营目标而协调工作。

（三）有利于考核各个经营单位的工作业绩

实行责任会计可以让企业高层管理者明确各责任单位工作业绩的考核标准，使考评结果更加合理。同时将职工绩效与经济利益相结合，有利于调动企业各级员工的工作积极性，可以提升工作效率。

三 责任会计的基本内容

责任会计的基本内容，是指企业为了建立和推行责任会计应具备的基础和条件。其基本内容主要包括以下几个方面。

（一）合理划分责任中心，明确权责范围

实行责任会计，首先要根据分级管理的要求，合理划分责任中心，即根据企业的具体情况和内部管理的实际需要，把其所属的各部门、各单位划分为若干分工明确的责任中心，并规定这些中心的负责人的责权范围及要完成的经济指标，同时赋予他们相应的经营决策权，并规定对他们所负责的成本、收入、利润或投资收益等重要指标向上级责任中心承担经济责任。

（二）正确编制责任预算，确定考核标准

划分责任中心后，根据责任中心和责任范围的不同，将根据全面预算所确定的企业生产经营总目标和任务，按责任中心进行分解、落实，并为每个责任中心编制具体的责任预算，作为其开展经济活动的依据和业绩评价的基本标准。

（三）建立信息跟踪与报告系统，进行反馈控制

在预算的实施过程中，每个责任中心都应相应地建立一套完整的记录、计算和评价有关责任预算执行情况的信息跟踪系统，定期编制业绩报告来跟踪反映实际执行情况。管理层根据责任中心的业绩报告，分析导致实际数与预算数差异的原因，并督促其迅速采取有效措施对经营活动进行控制和调节，以保证企业总体目标的实现。

（四）正确评价和考核实际业绩

根据责任中心的业绩报告，对各责任中心业绩报告中的实际数与预算数进行比较分析，正确评价和考核各责任中心的工作业绩和经营效果。然后根据制定的一套严密周详的奖惩制度，按实际工作成果的好坏进行奖惩，力求做到公正合理、奖罚有据。最大限度地调动责任中心的积极性和主动性，以保证经济责任制的贯彻执行。

四 责任会计的基本原则

责任会计是用于企业内部控制的会计。由于企业的特点不同，确定的责任会计形式往往各有所异。但对任何企业来说，要建立一套科学的、有效的责任会计制度，一般应遵循以下基本原则。

（一）可控性原则

可控性原则是指对责任中心所赋予的责任应以其可控制为前提。即每个责任单位只对可控制和管理的因素如成本、收入、利润和资金等负责，对其权力不及的或控制不了的经济活动不承担经济责任。在考核中也将责任中心不能控制的因素尽可能排除，以确保责、

权、利关系的紧密结合。

（二）目标一致原则

责任会计是企业管理会计的一个组成部分。责任中心内部权责范围的确定、责任预算的编制及责任中心业绩的考评，都应与企业的总目标保持一致，避免责任中心因片面追求本单位利益而损害企业总体利益和其他责任中心利益。

（三）责、权、利相结合原则

责、权、利相结合原则，就是要明确企业内部各个责任中心的责任和权力，并规定相应的业绩考核标准，根据其责任履行情况给予适当的奖惩，将经济效益与经营成果直接挂钩，做到以责定权，奖惩分明，充分调动各责任中心和职工的积极性。

（四）反馈性原则

为了保证各责任中心对其经营业绩的有效控制，要求各责任中心对其经营生产活动及时提供准确的信息，一方面要把相关信息反馈给责任中心，使其及时调控自己的行为；另一方面要向上一级责任中心及时反馈信息，以便有关负责人能及时了解所负责范围内的情况。

（五）激励性原则

实施责任会计的目的之一在于最大限度地调动企业全体职工的积极性和创造性，更好地完成企业的总体目标。因此所确定的责任目标和责任预算应该是合理的、切实可行的。与之相配套所确立的各种奖惩措施，应该与所付出的劳动相匹配，这样才能不断激励各责任中心努力工作以实现预算目标。

思考与分析：

什么是分权管理，有什么优点和缺点？

任务二 责任中心的划分

任务描述

在分权管理的前提下，为了实行有效的内部控制，企业通常都要采用统一领导、分级管理的原则，在其内部合理地划分责任中心承担经营责任，并赋予相应的权限，按照成绩优劣进行奖惩，从而调动一切积极因素，促使下属单位各尽其责并协调配合。根据控制范围的大小和业务流程特点，责任中心一般可分为成本中心、利润中心和投资中心三种类型。

思考： 什么是责任中心？责任会计如何对其进行划分？各责任中心的含义与特征是什么？

任务目标

掌握责任中心的含义与分类，明确各责任中心的考核指标。

相关知识

一　责任中心概述

（一）责任中心的含义

责任中心是指具有一定的管理权限，承担相应经济责任，并享受相应利益的企业内部责任单位。

（二）责任中心的类型

划分责任中心是建立企业责任会计制度的首要问题，责任中心的划分方法与数量取决于企业内部控制和考核的要求。一般来说，凡是在管理上可分的并具有可以辨认的责任特征，都可以作为责任中心。通常企业划分责任中心依据两个标准：一是能够明确划分与辨认其经营业绩；二是具有可以单独考核其业绩的衡量标准。

某乳业公司责任中心应用实践

根据企业内部责任单位不同的权责范围及业务经营特点，可以将责任中心分为成本中心、利润中心和投资中心三类。

二　成本中心

（一）成本中心的含义

成本中心是指会发生成本或费用支出，但不会直接带来收入的责任中心，它处于企业推行责任会计制度设置的基础责任层次。成本中心是企业中范围最广的责任中心，企业内部凡是有成本发生、需要对成本负责，并能够控制成本的单位，都可以是成本中心。如企业的分厂、车间、工段、班组、个人等都可以成为成本中心。至于企业中的人事部门、行政部门、会计部门、财务部门等不进行生产而只提供一定专业性服务的单位，则被称为“费用中心”，其实质上属于广义的成本中心。

成本中心是没有收入的，因此它无须对收入、利润或投资负责。

（二）成本中心的考核指标

一般来说，成本中心业绩考核评价的对象是责任成本而不是全部成本，责任成本就是责任中心当期发生的各项可控成本之和。因此需要先将成本区分为可控成本与不可控成本两类，成本中心只对可控成本负责。

可控成本是指责任中心能够知道其将要发生并能够计量、控制和调整的成本，责任中心能够将此类成本的控制责任进行分解落实并予以考核评价。除此之外的成本为不可控成本。可控成本与不可控成本在一定的时空条件下可以发生相互转化。

小贴士

成本的可控性是相对于责任中心来说的，一个成本中心的不可控成本经常是另一个成本中心的可控成本。例如，材料消耗是生产部门的可控成本，但因为材料采购成本过高而引起的成本差异是生产部门的不可控成本，却是材料供应部门的可控成本。又如维修、供水、供电等企业内部劳务提供部门的成本，如果按规定的计划单位成本分配给受益部门，则属于受益部门的可控成本，但如果按其实际成本分配，则属于受益部门的不可控成本。

成本中心需要定期编制业绩报告，在其业绩报告中应从全部成本中区分出可以控制的责任成本，对其实际数与预算数进行差异分析，据此对成本中心的工作成果进行考核评价。

在对成本中心进行考核时，可以对责任成本的变动额和变动率两个指标进行分析，公式如下：

$$\text{责任成本变动额}=\text{实际责任成本}-\text{预算责任成本}$$

$$\text{责任成本变动率}=\frac{\text{责任成本变动额}}{\text{预算责任成本}}\times 100\%$$

实际责任成本如果小于预算责任成本，可能是成本中心通过提高劳动生产率、降低材料消耗而取得的成绩，也可能是没有完成预期产量等原因导致的成本下降；反之，实际责任成本大于预算责任成本，可能是成本中心管理不善导致，也有可能是成本中心超额完成预期产量等原因引起的，需要结合实际情况进行分析。

例 10-1 至例 10-4 参考答案

【例 10-1】 已知 A 企业一生产车间作为一个成本中心，2 月份计划产量为 4 000 件，预计每件消耗材料 10 千克，单价 10 元/千克；实际产量为 5 000 件，实际每件消耗材料 8 千克，单价 12 元/千克。

要求： 计算该成本中心的直接材料责任成本变动额和变动率，并分析评价该成本中心的成本控制情况。

解

责任成本变动额=

责任成本变动率=

计算结果表明：

对其原因进行分析：
由于材料价格上升对成本的影响=
由于材料用量降低对成本的影响=

分析：

三 利润中心

（一）利润中心的含义

利润中心是既能带来收入又会发生成本的业务部门。因为利润是收入与成本费用之差，因此利润中心既要控制成本，也要对应取得的收入进行控制。利润中心通常处于企业中的较高层次，因此适用于企业中具有独立收入来源、能进行全面会计核算的阶层，如分公司、分厂等具有独立经营权的部门。

利润中心通常分为自然利润中心和人为利润中心两种。自然利润中心是指可以直接对外销售产品获取收入的利润中心。这类利润中心直接面对市场，具有材料采购、生产决策、价格制定和产品销售等权限。虽然它是企业内部的一个责任单位，但是功能与独立企业相近。人为利润中心是指只对内部责任单位提供产品或劳务而获取“内部销售收入”的利润中心。即产品或劳务不直接面对企业外部市场，而是在企业内部按照内部转移价格进行销售，实现内部利润。工业企业的大多数成本中心都可以转化为人为利润中心，如纺织企业的纺纱车间可以将织出来的纱按内部转移价格卖给织布车间，织布车间将织好的坯布作价卖给印染车间，则纺纱车间和织布车间就是人为的利润中心。

（二）利润中心的考核指标

对利润中心的考核与评价应以贡献边际与税前净利为重点，公式如下：

利润中心贡献边际总额=销售收入总额－变动成本总额

营业利润=利润中心贡献边际总额－利润中心固定成本总额

对利润中心的评估主要基于其盈利能力。因此，利润中心需要编制单独揭示公司利润中心收入与费用情况的责任利润表，并将责任利润表的结果与预算数、前期业绩相比较。

【例 10-2】 已知A公司的第一事业部是其自然利润中心。本期预计实现内部销售收入440 000元，变动成本预计为271 000元，固定成本预计为100 400元；本期实现内部销售收入450 000元，该利润中心的变动成本为270 000元，固定成本为101 000元。

要求：计算该利润中心各项考核指标，并评价其利润完成情况。

解

利润中心预计贡献边际总额=

预计营业利润=

实际贡献边际总额=

实际营业利润=

计算结果表明：

四 投资中心

（一）投资中心的含义

投资中心是指获得管理层授权，对与该中心经营活动相关的重大资本投资决策负责的利润中心。投资中心是企业责任中心中处于最高层次的责任中心，适用于规模和经营权利较大的部门，如事业部、子公司或分公司等。在组织形式上，投资中心一般具有法人资格，而利润中心是否有法人资格取决于上级责任中心的需要，成本中心基本不具备法人资格。

因为投资中心要对其投资效益负责，为准确计算各个投资中心的投资效果，保证考核结果的公平和准确，各投资中心之间共同使用的资产应进行划分，并按照适当的标准对共同发生的成本进行分配，对于各投资中心之间的现金、存货、固定资产等资产的暂时调剂使用，也应该有偿。

（二）投资中心的考核指标

为了评估投资中心的业绩，除了考核成本、收入、利润指标外，还必须客观地计量在该中心经营过程中所用资产的经济效果。投资中心的业绩常用投资报酬率和剩余收益两个指标来衡量。

1. 投资报酬率

投资报酬率，也叫投资利润率，是指投资中心的营业利润与投资额之间的比例。该指标揭示了投资中心资产的利用效果，公式如下：

$$投资报酬率=\frac{营业利润}{投资额（营业资产平均占用额）}\times 100\%$$

【例 10-3】 已知 A 投资中心本期实现销售收入 600 万元，实现税前利润 120 万元，营业资产平均占用额为 300 万元。

要求： 计算该投资中心的投资报酬率。

解

投资报酬率=

该指标揭示了投资中心的资产利用效率，用于考核投资中心运用资产的盈利能力。但投资报酬率指标也存在一定局限性。一是各投资中心为达到较高的投资报酬率，可能会减少投资以降低固定资产净值，从而提高投资报酬率数值，导致对企业有利的投资项目无法进行；也可能会选择可以提升本投资中心投资报酬率的项目进行投资，但所选项目会损害企业的整体利益，但使得投资中心的近期目标背离企业的长远目标。二是为计算各投资中心的投资报酬率，必须将联合使用的资产在投资中心之间进行分配，很难做到完全公平合理。为了克服投资报酬率的缺陷，可以考虑用剩余收益指标进行评价。

2. 剩余收益

剩余收益是指投资中心获得的利润扣减其最低投资报酬后的余额。最低投资报酬通常根据占用资产总额和规定的最低报酬率计算所得。具体公式如下：

剩余收益＝营业利润－总投资额×预期最低报酬率

【例 10－4】　已知 A 公司的一投资中心 20×6 年营业资产为 600 000 元，营业利润为 120 000 元。该投资中心面临一次投资的机会，需要投资 300 000 元，预期收益为 54 000 元（预期最低报酬率为 15%）。

要求：计算并填列表 10－1，从剩余收益和投资报酬率的角度，评价该投资中心是否应该选择新投资项目。

表 10－1　A 公司投资中心投资预算指标　　单位：元

项目	营业资产	营业利润	最低投资报酬	剩余收益	投资报酬率
投资前					
新投资项目					
合计					

解

A 公司投资中心投资预算指标　　单位:元

项目	营业资产	营业利润	最低投资报酬	剩余收益	投资报酬率
投资前					
新投资项目					
合计					

从例 10－4 中可以看出，以剩余收益作为评价指标可以防止投资中心的本位主义，因此应该采用剩余收益作为主要的评价指标，促使各投资中心的获利目标与公司总的获利目标保持一致。

思考与分析：

企业内部的成本中心、利润中心和投资中心之间有什么关系？

任务三 内部转移价格

任务描述

在实际工作中，企业的各责任中心之间往往会互相提供产品和劳务，为了明确划分责任中心的经济责任，制定正确的经营决策，客观评价责任中心的工作业绩，调动企业各部门的生产经营积极性，就必须正确制定企业内部转移价格。

思考：什么是内部转移价格？它是如何确定的？

任务目标

掌握内部转移价格的含义和制定原则，掌握企业内部转移价格的制定方法。

相关知识

一 内部转移价格的含义

在责任会计中，内部转移价格是指各责任中心相互转移产品或劳务时所使用的计价结算标准。企业内部各责任中心既相互关联又相互独立地各自开展经营活动，它们之间经常互相提供产品和劳务，正确制定企业的内部转移价格，才能合理考核评价各责任中心的业绩，这也是企业实行责任会计的必然要求。

二 内部转移价格的制定原则

企业制定内部转移价格，必须遵循以下原则：

（1）独立性原则。

（2）全局性原则。

（3）激励性原则。

三 内部转移价格的制定方法

企业内部转移价格通常依据市场价格来制定，或者依据成本来制定。在实际工作中，有以下三种方法来制定内部转移价格。

（一）根据市场价格制定内部转移价格

这种方法以产品或劳务的市场价格作为内部转移价格，是假设企业内部各个责任中心相互独立，各自经营，相互竞争。这种方法实际上是使企业内部各个责任中心直接面临市场，在企业内部造成一种竞争性的经营环境。如果制定的转移价格与市场情况一致，利润中心的净利润就可以作为评价其经营效果的依据。

例10－5至例10－7
参考答案

【例10－5】 甲公司有A、B两个利润中心，A利润中心生产的配件具有完全竞争的市场，市场价格为30元/套，变动成本为20元/套；B利润中心以该种配件为原料组配为成品向市场出售，售价50元/套，变动加工费用为8元/套。

要求： 假设A、B利润中心年生产能力为30 000套，以市场价格作为内部转移价格，填写表10－2，并分析两个利润中心以及公司的收益情况。

表10－2 甲公司及A、B利润中心收益测算 单位：元

项目	A利润中心	B利润中心	公司收益
销售收入			
减：变动成本			
贡献边际			

解

甲公司及A、B利润中心收益测算 单位:元

项目	A利润中心	B利润中心	公司收益
销售收入			
减:变动成本			
贡献边际			

根据市场价格制定内部转移价格时，企业内部的责任中心应有自主选择的权利，其产品可以在企业的责任中心之间转移，也可以直接通过市场销售。但内部转让的产品或劳务往往具有一定的特殊性，如果没有市场价格作为标准，就会导致采用这种方法制定内部转移价格的局限性。

（二）根据以市场价格为基础的协商价格制定内部转移价格

协商价格是在产品或劳务没有市场价格，或者市场价格变动幅度较大，无法作为参考标准时，由企业内部买卖双方以正常的市场价格为基础，协商确定的内部转移价格。以市场价格为基础的协商价格确定内部转移价格，具体有两种情况。

1. 卖方有剩余生产能力

在市场不完全竞争条件下，卖方如果无法售出所有产品会形成过剩产能。在满足了市场需求后，只要内部买方出价高于该产品的单位变动成本，就可以增加卖方和公司的收益。这种协商价格一般介于市场价格和单位变动成本之间。

【例10－6】 已知资料如例10－5，如果A利润中心年生产能力为60 000套，对外销售30 000套，其他条件不变。

要求： 分别填写表10－3、表10－4、表10－5，分析下列三种情况下甲公司及两个利

润中心的收益情况：

（1）A、B利润中心经过协商确定内部转移价格为25元/套。

（2）A利润中心不肯让步，以30元/套的价格向B利润中心出售产品，B利润中心选择从外部购买。

（3）A利润中心不肯让步，以30元/套的价格向B利润中心出售产品，B利润中心选择从A利润中心采购。

表10-3 甲公司及A、B利润中心收益测算（1） 单位：元

项目	A利润中心	B利润中心	公司收益
销售收入			
减：变动成本			
贡献边际			

表10-4 甲公司及A、B利润中心收益测算（2） 单位：元

项目	A利润中心	B利润中心	公司收益
销售收入			
减：变动成本			
贡献边际			

表10-5 甲公司及A、B利润中心收益测算（3） 单位：元

项目	A利润中心	B利润中心	公司收益
销售收入			
减：变动成本			
贡献边际			

解

甲公司及A、B利润中心收益测算（1） 单位：元

项目	A利润中心	B利润中心	公司收益
销售收入			
减：变动成本			
贡献边际			

甲公司及A、B利润中心收益测算（2） 单位：元

项目	A利润中心	B利润中心	公司收益
销售收入			
减：变动成本			
贡献边际			

甲公司及A、B利润中心收益测算（3）　　单位：元

项目	A利润中心	B利润中心	公司收益
销售收入			
减：变动成本			
贡献边际			

由例10－6可见，具体的转移价格反映了A、B两个利润中心间利润分配的问题，而转移价格的高低取决于两个利润中心管理者的谈判和获取信息等能力。

2. 卖方想要节省销售费用

卖方对外销售一般会发生销售费用，而内部交易往往可以节省这笔费用，使得公司整体受益。此时的协商价格以“市场价格－销售费用”为基础进行协商较为合理。

【例10－7】　已知资料如例10－5，如果A利润中心生产产品的变动成本为20元/套，其中有4元销售费用，A、B利润中心协商的价格为27元。

要求：其他条件不变，填写表10－6并分析甲公司及两个利润中心的收益情况。

表10－6　甲公司及A、B利润中心收益测算　　单位：元

项目	A利润中心	B利润中心	公司收益
销售收入			
减：变动成本			
贡献边际			

解

甲公司及A、B利润中心收益测算　　单位：元

项目	A利润中心	B利润中心	公司收益
销售收入			
减：变动成本			
贡献边际			

通常协商价格要考虑双方的经济利益和企业整体利益，会比市场价格稍微低一些。但在协商过程中各个责任中心容易发生争执，需要企业管理部门进行协调，共同参与制定。

（三）成本加成法制定内部转移价格

1. 标准成本加成法

这种方法是以产品或劳务的标准成本加上一定的合理利润作为各责任中心之间转移产

品或劳务的内部转移价格。这种方法简单易行，能避免以实际成本转移产品时的成本转嫁问题，可以分清买卖双方的经济责任，调动双方的积极性。但是确定加成利润率难免带有主观随意性，需要慎重对待，合理确定。

2. 实际成本加成法

这种方法以实际成本为基础，加上一定的合理利润作为计价基础。这种方法可以使销售产品和劳务的责任中心得到一定的利润，能够调动其积极性。但会将销售一方的浪费和无效劳动转嫁给买入一方的责任中心承担，弱化责任中心降低成本的责任心。同时利润加成率的确定带有主观随意性，也会影响双方经营业绩指标的考核和评价。

制定企业内部转移价格的过程，实质上是企业内部各责任中心分配利益的过程。为合理考核和评价各责任中心的业绩，调动其经营的主动性、积极性，应当以企业整体利益最大化为前提，具体分析企业内部情况，选择适合的内部转移价格制定方法。

小贴士

企业可以根据管理实际需要，人为提升或降低内部转移价格。例如，对于生产需求量较大、市场价格较高的材料和半成品，内部转移价格可以适当定低一些，以鼓励企业自己生产，减少外部采购；对于企业生产需求量较小、市场价格较低的材料和半成品，可以将内部转移价格定高一些，从而鼓励外部采购。

案例分析

本模块引例中青海油田在分权管理的基础上实施了责任会计，将企业内部划分为四个责任中心，责任中心的管理者可以自行处理权限范围内的事务，提高了生产经营效率。同时青海油田建立了责任指标体系，明确了各责任中心的经营目标，并制定了相应的奖惩激励制度，对责任中心指标完成情况进行考核和评价，从而激励企业各责任中心积极工作以完成企业总体目标。

技能训练

一、单项选择题

1. 成本中心控制和考核的内容是（　　）。

A. 产品成本　　B. 标准成本　　C. 责任成本　　D. 预算成本

2. 以产品在企业内部流转而取得“内部销售收入”为特征的责任中心称为（　　）。

A. 标准成本中心　　B. 投资中心

C. 自然的利润中心　　D. 人为的利润中心

3. 计算剩余收益的公式为（　　）。

A. 利润－投资额×预期投资收益率

B. 利润－投资额×预期最高投资收益率

C. 利润＋投资额×预期最低投资收益率

D. 利润－投资额×预期最低投资收益率

4. 某投资中心 20×6 年度的投资额为 20 000 元，预期最低投资收益率为 15%，剩余收益为 2 000 元，则本年度的利润为（　　）元。

A. 1 000　　B. 3 000　　C. 5 000　　D. 4 000

5. 一个责任中心，如果不形成或者不考核其收入，而着重考核其发生的成本，称为（　　）。

A. 利润中心　　B. 成本中心　　C. 收入中心　　D. 投资中心

6. 公司制企业的下列责任单位中，可以作为投资中心的是（　　）。

A. 公司　　B. 车间　　C. 班组　　D. 职工

二、多项选择题

1. 投资中心的考核指标包括（　　）。

A. 利润　　B. 成本　　C. 投资报酬率　　D. 剩余收益

2. 某企业的甲利润中心常年向乙利润中心提供产品，在其他条件不变的情况下，如提高产品的内部转移价格，可能出现的结果是（　　）。

A. 甲利润中心内部利润增加　　B. 乙利润中心内部利润减少

C. 企业利润总额增加　　D. 企业利润总额减少

3. 制定内部转移价格的作用有（　　）。

A. 利于明确划分责任中心的经济责任

B. 利于把责任中心的业绩考核建立在客观、可比的基础上

C. 利于调动企业内部各部门的生产积极性

D. 利于制定正确的经营决策

4. 利润中心分为（　　）。

A. 自然利润中心　　B. 人为利润中心　　C. 实际利润中心　　D. 标准利润中心

5. 成本中心可以是（　　）。

A. 车间　　B. 分厂　　C. 班组　　D. 职工

三、判断题

1. 内部转移价格是企业之间相互买卖产品或劳务的结算价格。（　　）

2. 可控成本总是针对特定责任中心来说的。一项成本，对某个责任中心来说是可控的，对另外的责任中心来说可能是不可控的。（　　）

3. 当供应方提供的产品或劳务没有现成的市场价格时，可以采用协商价格作为内部转移价格。（　　）

4. 一般来讲，责任中心之间相互提供产品或劳务，最好以实际成本作为内部转移价格。（　　）

5. 成本不属于利润中心负责的范畴。（　　）

四、计算题

1. 已知 A 投资中心投资额为 1 000 000 元，年税前利润额为 180 000 元，该投资中心

的预期最低投资报酬率为16%。

要求： 计算A投资中心的投资报酬率和剩余收益。

2. 蓝天企业有甲、乙两个投资中心，要求的最低投资报酬率为10%，现两个投资中心均有一个投资方案可以选择，预计会产生如表10-7所示的影响。

表10-7 甲、乙投资中心投资预算指标 单位：万元

项目	甲投资中心		乙投资中心	
	投资前	投资后	投资前	投资后
营业资产	50	100	100	150
营业利润	4	8.6	15	20.5
投资报酬率	8%	（ ）	15%	（ ）
剩余收益	-1	（ ）	5	（ ）

要求：（1）计算并填列表中空白。

（2）运用剩余收益指标分别就两投资中心是否应追加投资进行决策。

3. 佳美公司有三个业务类似的投资中心，并使用相同的预算进行控制，要求最低投资报酬率为16%。其20×7年有关资料如表10-8所示。

表10-8 佳美公司三个投资中心资料表 单位：万元

项目	预算数	实际数		
		A投资中心	B投资中心	C投资中心
销售收入	200	180	210	200
营业利润	18	19	20	18
投资额	100	90	100	100

要求：（1）运用投资中心考核相关指标对三个投资中心的业绩进行评价。

（2）对三个投资中心的业绩进行优劣排序。

技能训练参考答案

第四篇

管理会计综合应用

模块十一

管理会计的岗位分析应用

学习目标

知识目标

- 掌握管理会计岗位分工
- 理解管理会计岗位分工的内容
- 熟悉职业院校技能大赛管理会计竞赛环节的竞赛内容

技能目标

- 能够理解管理会计各岗位分工分析的指标体系
- 能够完成管理会计各岗位分工指标的分析
- 能够结合职业院校技能大赛管理会计竞赛环节的资料进行分析

引例

魏文王问名医扁鹊："你家兄弟三人，都精于医术，到底哪一位最好呢?"扁鹊答："长兄最好，中兄次之，我最差。"文王再问："为何?"扁鹊答："长兄治病，是治病于病情发作之前。由于一般人不知道他事先能铲除病因，所以他的名气无法传出去。中兄治病，是治病于病情初起时。一般人以为他只能治轻微的小病，所以他的名气只及本乡里。而我是治病于病情严重之时。一般人都看到我在经脉上穿针放血、在皮肤上敷药等，所以以为我的医术高明，名气因此响遍全国。"

对于企业管理，我们应该博采扁鹊三兄弟之长，从战略出发，推行包括目标分解、预算编制、预算控制、预算分析考评在内的全面预算管理，最终实现事前算赢、事中控赢、事后多赢。充分体现管理会计作为企业的战略、业务、财务一体化最有效的工具，使管理会计的应用成为企业持续成功的关键因素。

大数据、人工智能的迅猛发展，加速了管理会计时代的到来。近几年来，财政部不断发文支持管理会计发展和人才培养，2016 年年末，管理会计被纳入我国《会计改革与发展“十三五”规划纲要》，管理会计的应用在实际工作中被广泛重视，也因此被引入职业教育竞赛平台。本模块结合职业院校技能大赛管理会计竞赛环节的内容进行编写，内容划分为资金管理、成本管理、营运管理和绩效管理四个岗位应用分析。大赛要求管理会计的岗位分析采用现代会计信息系统，依据会计信息系统中的财务、业务数据和外部相关的政策、法律、经济等信息，运用管理会计工具方法进行预测、决策、分析、控制和评价等决策支持。管理会计技能竞赛涉及的课程包括管理会计基础、企业财务管理、企业财务分析、Excel 在财务管理中应用、企业内部控制以及相关管理会计基本技能。

任务一 资金管理岗位分析应用

任务描述

随着各个企业的迅速发展，跨区域经营的企业越来越多，这就出现了如何对企业资金进行控制和管理的问题。有的企业由于资金管理手段落后，资金控制能力不足，使得资金使用效益低下，在企业经营过程中付出了沉重的代价。资金管理的原则主要是实行计划管理，对各项资金的使用，既要适应国家宏观管理的要求，又要按照企业的经营决策有效地利用资金。

思考：企业的资金管理包括哪些内容？

任务目标

掌握投资决策的定性、定量分析方法，并做出合理决策；运用筹资决策的分析方法，进行筹资决策；掌握财务预算编制方法，进行现金预算编制、预计利润表编制、预计资产负债表编制。

相关知识

资金管理岗位的工作内容主要包括投资决策分析、筹资决策分析和财务预算编制。

一 投资决策分析

以企业战略为导向，通过定性、定量分析，做出项目投资决策。采用的方法有 PEST 分析、SWOT 分析及贴现的现金流量法（现金流量估算、净现值法、现值指数法、内含报酬率法等）等。

宏观环境因素的介绍

（一）项目投资定性分析

1. 宏观环境分析（PEST 分析）

一般来说，影响企业发展的外部环境分析可以从宏观环境、产业环境和竞争环境几个层面展开。

其中，宏观环境因素可以概括为以下四类：政治和法律环境因素、经济环境因素、社会和文化环境因素、技术环境因素。

2. SWOT 分析

SWOT 分析是一种综合考虑企业内部条件和外部环境的各种因素，进行系统评价，从而选择最佳经营战略的方法。

典型的 SWOT 分析格式

SWOT 分析的目的在于提供企业在市场中所处地位的分析。在此基础上，进一步明确下一步的方向，即选择战略。

S 是指企业内部的优势（Strengths），W 是指企业内部的劣势（Weakness），O 是指企业外部环境的机会（Opportunities），T 是指企业外部环境的威胁（Threats）。

SWOT 分析组合的应用如表 11－1 所示。

表 11－1　SWOT 分析组合的应用

内部环境	外部环境	
	机会（O）	威胁（T）
优势（S）	Ⅰ 增长型战略（SO）	Ⅳ 多种经营战略（ST）
劣势（W）	Ⅱ 扭转型战略（WO）	Ⅲ 防御型战略（WT）

（二）项目投资定量分析方法

1. 项目现金流量估算（案例分析见模块七中例 7－1）

资产（项目）的价值即未来现金流量的现值。项目是否可行，均是以现金流量为对象进行评价的。一个投资项目能否顺利进行，有无经济上的效益，不一定取决于有无会计期间的利润，而在于能否带来正的现金流量，即整个项目能否获得超过项目投资的现金回收。

（1）项目现金流量的含义。

现金流量：由一项长期投资方案所引起的未来一定期间所发生的现金收支。

现金净流量（Net Cash Flow，NCF）：现金流入量与现金流出量相抵后的余额。

项目现金流量是指项目产生的现金流量增量，即由于该项目而导致的企业现金净流量的增加量，一个项目是否上马都会发生的现金流量不应纳入该项目的现金流量。

（2）项目现金流量的计算。

投资项目从整个经济寿命周期来看，大致可以分为三个阶段：投资期、营业期、终结期，现金流量的各个项目也可以归属于各个时点阶段之中。

三个阶段项目现金流量的计算

2. 净现值法（案例分析见模块七中例 7－18）

净现值的计算公式为：

$$净现值（NPV）=未来现金净流量现值-原始投资额现值$$

（1）评价标准。

1）净现值≥0，方案可行，说明方案的实际报酬率不低于所要求的最低报酬率。

净现值＜0，方案不可行，说明方案的实际投资报酬率低于所要求的最低报酬率。

2）其他条件相同时，净现值越大，方案越好。

（2）净现值法的优缺点。

优点：

1）适用性强：基本满足项目年限相同的互斥投资方案决策。

2）能灵活地考虑投资风险：折现率与风险有关。

缺点：

1）所采用的贴现率不易确定。

2）不适用于原始投资额现值不同的独立投资方案的比较决策。

3）不能对寿命期不同的互斥投资方案进行直接决策。

3. 净现值率法（案例分析见模块七中例 7-19）

净现值率的计算公式为：

净现值率（$NPVR$）=净现值/原始投资额现值

净现值率是正指标，指标值越高越好。

4. 现值指数法（案例分析见模块七中例 7-20）

现值指数的计算公式为：

现值指数=未来现金净流量现值/原始投资额现值

评价标准：

（1）若现值指数≥1（即净现值≥0），方案可行；若现值指数<1（即净现值<0），方案不可行。

（2）现值指数越大，方案越好。

此方法用于原始投资额现值不同的独立投资方案的比较。

5. 年金净流量法（年等额净回收额法）（案例分析见模块七中例 7-21）

年金净流量的计算公式为：

年金净流量($ANCF$)=现金净流量总现值/年金现值系数

评价标准：

（1）年金净流量指标的结果>0，说明每年平均的现金流入能抵补现金流出，投资项目的净现值（或净终值）>0，方案可行。

（2）在比较寿命期不同的投资方案时，年金净流量越大，方案越好。

年金净流量法是净现值法的辅助方法，当各方案寿命期相同时，实质上就是净现值法。它适用于期限不同的投资方案决策。但同时，它也具有与净现值法同样的缺点，不便于对原始投资额现值不相等的独立投资方案进行决策。

6. 内含报酬率法（案例分析见模块七中例 7-22 和例 7-23）

内含报酬率（IRR）=净现值等于零时的折现率（贴现率），即项目实际可能达到的投资报酬率。

（1）评价标准。

如果内含报酬率≥投资者要求的必要收益率，项目可行；否则，项目不可行。

（2）内含报酬率的选择。

1）未来每年现金净流量相等时：未来每年现金净流量×年金现值系数－原始投资额现值=0，采用插值法求解折现率。

2）未来每年现金净流量不相等时：采用逐次测试法求解折现率。

7. 投资回收期法（案例分析见模块七中例 7-14 和例 7-16）

（1）评价标准。

用投资回收期指标评价方案时，回收期越短越好。

（2）投资回收期的计算。

静态回收期：未来现金净流量累计到原始投资数额时所经历的时间。

动态回收期：未来现金净流量的现值等于原始投资额现值时所经历的时间。

投资回收期的计算方法如表 11－2 所示。

表 11－2　投资回收期的计算方法

	静态回收期（不考虑货币时间价值）	动态回收期（考虑货币时间价值）
未来每年现金净流量相等	原始投资额÷每年现金净流量	令：$(P/A, i, n)$＝原始投资额现值÷每年现金净流量，利用插值法求解期数 n
未来每年现金净流量不相等	使“累计净现金流量＝0”的时间	使“累计现金净流量现值＝0”的时间

8. 资产法（案例分析见模块七中例 7－15）

投资利润率（也称投资报酬率）的计算公式为：

投资利润率（ROI）＝年均利润额/投资总额

用投资利润率评价项目时，指标值越高越好。

（三）项目投资的决策应用

1. 独立投资方案的决策

独立投资方案的决策属于筛分决策，评价各方案本身是否可行，即方案本身是否达到某种要求的可行性标准。（单一独立投资方案的财务可行性）

2. 互斥投资方案的决策

（1）评价标准。

互斥投资方案，方案之间互相排斥，不能并存，因此，决策的实质在于选择最优方案，属于选择决策。

（2）决策方法。

年金净流量法是互斥方案最恰当的决策方法。

1）项目的寿命期相等时：不论方案的原始投资额现值大小如何，能够获得更大的获利数额即净现值的，即最优方案。

2）项目的寿命期不相等时：只有将两项目转化成同样的投资期限，才具有可比性，可以找出各项目寿命期的最小公倍期数，作为共同的有效寿命期。但最终结果与年金净流量法决策结果一致。

例 11－1
参考答案

【例 11－1】　现有甲、乙两个机床购置方案，所要求的最低投资报酬率为10％。甲机床投资额为 10 000 元，可用 2 年，无残值，每年产生 8 000 元现金净流量。乙机床投资额为 20 000 元，可用 3 年，无残值，每年产生 10 000 元现金净流量。问：两方案哪个较优？

解

（1）甲方案：

净现值＝

(2) 乙方案

净现值=

计算结果表明：

3. 固定资产更新决策（案例分析见模块七中例 7－24）

固定资产更新决策属于互斥投资方案的决策类型。

（1）评价标准。

1）寿命期相同：选择现金流出总现值小的方案。

2）寿命期不同：选择年金成本小的方案。

注：如果没有做特殊说明，默认新旧设备的生产能力是一致的，由此引起的销售收入等都相等，属于决策的无关因素，不予考虑，故主要考虑的是成本（主要是现金流出及现金流出的抵减项目）因素。

（2）决策方法：净现值法和年金净流量法。

4. 多方案组合排队投资决策

现实世界中会有许多总量资本受到限制的情况出现，无法为全部盈利项目筹资，这时需要考虑将有限的资本分配给哪些项目。多方案组合排队投资决策，也称资本限量决策，是指在企业投资项目有总量预算约束的情况下，如何选择相互独立的项目。决策原则如表 11－3 所示。

表 11－3　资本总量是否受限的决策原则

资本总量是否受限	决策原则
资本总量不受限	所有净现值为正数的项目都可以增加股东财富，都应当被采用
资本总量受限	按现值指数或净现值率排序并寻找净现值最大的组合就成为有用的工具（每 1 元投资创造更多的财富），有限资源的净现值最大化成为具有一般意义的原则

例 11－2
参考答案

【例 11－2】 某公司有 A、B、C、D 四个投资项目可供选择，有关资料如表 11－4 所示。

表 11－4　资本总量是否受限的决策原则　　金额单位：万元

投资项目	原始投资	净现值	现值指数
A	13	7.7	1.59
B	14	6.35	1.45
C	31	13.1	1.42
D	16	6.5	1.41

要求： 当投资总额限定为 45 万元时，做出投资组合决策。

解

按照现值指数的顺序，优先选择 A，在此基础上有两种选择：

（1）向下选择B+D，共使用限额（　　）万元，剩余限额（　　）万元，则A+B+D组合的净现值总量＝

（2）向下选择C，共使用限额（　　）万元，剩余限额（　　）万元，则A+C组合的净现值总量＝

分析：

5. 长期投资决策敏感性分析

投资项目的敏感性分析，通常假定在其他变量不变的情况下，测定某一个变量发生特定变化时对净现值（或内含报酬率）的影响，主要包括两种方法：最大最小法、敏感程度法。

长期投资决策敏感性分析要点与案例

思考与分析：

投资决策失误会产生什么风险？

二　筹资决策分析

筹资决策分析的步骤包括预测资金需要量（销售百分比法、资金习性分析法等），拟定筹资方案，计算资本成本（债务资本成本计算、权益资本成本计算、加权平均资本成本计算等），选择最优筹资方案。

（一）资金需要量预测

1. 因素分析法

因素分析法，又称分析调整法，是以有关项目基期年度的平均资金需要量为基础，根据预测年度的生产经营任务和资金周转加速的要求，进行分析调整，来预测资金需要量的一种方法。

资金需要量的计算公式为：

资金需要量＝(基期资金平均占用额－不合理资金占用额)×(1＋预测期销售增长率)×(1－预测期资金周转速度增长率)

【例11-3】　甲企业上年度资金平均占用额为3 500万元，经分析，其中不合理部分为500万元，预计本年度销售增长5%，资金周转加速2%。则：

预测本年度资金需要量＝(3 500－500)×(1＋5%)×(1－2%)＝3 087（万元）

2. 销售百分比法

假设前提：企业的某些资产和负债与销售额同比例变化。

基本原理：销售百分比法首先假设某些资产与销售额存在稳定的百分比关系，根据销售额与资产的比例关系预计资产额，根据资产额预计相应的负债和所有者权益，进而确定筹资需求量。相关计算公式为：

外部融资需求量(外部筹资增加额)＝(基期敏感资产额－基期敏感负债额)×销售增长率＋非敏感资产增长额－利润留存额

或

外部融资需求量＝(敏感资产销售百分比－敏感负债销售百分比)×销售增长额＋非敏感资产增长额－利润留存额

其中：

（1）经营性资产（敏感资产）：货币资金、应收账款、存货等正常经营中的流动资产。

（2）经营性负债（敏感负债、自发性负债、自动性债务）：应付票据、应付账款等经营性短期债务，产生于经营活动（供产销环节）。不包括筹资性负债，如短期借款、短期融资券、长期负债等。

（3）利润留存额。计算公式为：

利润留存额（内部融资额）＝预计净利润－预计股利支付额
＝预计销售额×销售净利率（*ROS*）×(1－股利支付率)
＝预计销售额×销售净利率（*ROS*）×利润留存率

例11－4
参考答案

【例11－4】 某公司20×6年12月31日的简要资产负债表如表11－5所示。假定该公司20×6年销售额为10 000万元，销售净利率为10%，利润留存率为40%。20×7年销售额预计增长20%，公司有足够的生产能力，无须追加固定资产投资。

要求：计算外部融资需求量。

表11－5 公司资产负债表（简表）
20×6年12月31日

单位：万元

资产	金额	与销售关系%	负债与所有者权益	金额	与销售关系%
			短期借款	2 500	N
货币资金	500	5%	应付账款	1 000	10%
应收账款	1 500	15%	预计负债	500	5%
存货	3 000	30%	应付债券	1 000	N
固定资产	3 000	N	实收资本	2 000	N
			留存收益	1 000	N
合计	8 000	50%	合计	8 000	15%

解

敏感资产销售百分比＝

敏感负债销售百分比＝

20×7年预测资金需要量＝

20×7年预测利润留存额＝

20×7年预测外部融资需求量＝

3. 资金习性分析法

资金习性分析法，是指根据资金习性预测未来资金需要量的一种方法。

资金习性，是指资金的变动同产销量变动之间的依存关系。按照资金同产销量之间的依存关系，可以把资金区分为不变资金、变动资金和半变动资金。

（1）回归直线法。

根据资金占用总额与产销量的关系预测：

资金总额(Y)＝不变资金(a)＋变动资金(bX)

建立回归直线方程组：

$$a\sum X_i + b\sum (X_i)^2 = \sum (X_iY_i)$$

$$na + b\sum X_i = \sum Y_i$$

借助 Excel 求解方程组中的 a、b，即可得到线性方程。

（2）高低点法。

用高低点法分别求出各资金占用项目（如现金、存货、应收账款、固定资产）和资金来源项目的 a 和 b，然后汇总在一起，计算出总的 a 和 b，求出企业变动资金总额和不变资金总额，进而预测资金需求量。

汇总计算 a 和 b 时，需要注意一个问题：由于负债是资金来源，负债的增加减少资金需求，因此，应该减掉负债项目的 a 和 b。相关计算公式为：

最高收入期资金占用量＝$a+b\times$最高销售收入

最低收入期资金占用量＝$a+b\times$最低销售收入

例 11－5
参考答案

【例 11－5】 某企业历年现金占用与销售额之间的关系如表 11－6 所示。

要求： 根据两者的关系，计算现金占用项目中不变资金和变动资金的数额。如果 20×7 年的预计销售额为 3 500 000 元，求 20×7 年的资金需要量。

表 11－6　现金占用与销售额之间的关系　　单位：元

年度	20×2	20×3	20×4	20×5	20×6
销售收入 X	2 000 000	2 400 000	2 600 000	2 800 000	3 000 000
现金占用 Y	110 000	130 000	140 000	150 000	160 000

解

根据资料，采用高低点法来计算现金占用项目中不变资金和变动资金的数额：

不变资金 a＝

变动资金 b=

根据上述思路，存货、应收账款、流动负债、固定资产等也可根据历史资料作这样的划分，然后汇总列于表中。

	年度不变资金（a）	每1元销售收入所需变动资金（b）
流动资产		
现金	10 000	0.05
应收账款	60 000	0.14
存货	100 000	0.22
小 计	170 000	0.41
减：流动负债		
应付账款及应付费用	80 000	0.11
净资金占用	90 000	0.3
固定资产	510 000	0
所需资金合计	600 000	0.3

根据上表的资料得出预测模型为：

Y=

如果20×7年的预计销售额为3 500 000元，则：

20×7年的资金需要量=

（二）资本成本

资本成本是指企业为筹集和使用资本而付出的代价，包括筹资费用和占用费用。资本成本是资本所有权与使用权分离的结果，即出资者让渡资本使用权所带来的投资报酬（必要收益率）。

筹资费用是指企业在资本筹措过程中为获取资本而付出的代价，如借款手续费、证券发行费等。

占用费用是指企业在资本使用过程中因占用资本而付出的代价，如利息、股利等。

1. 个别资本成本计算

（1）基本模式。

资金成本率＝资金占用费÷筹资净额＝资金占用费÷[筹资总额×(1－筹资费率)]

（2）借款资金成本率。

借款资金成本率＝借款额×借款利息率×(1－所得税税率)÷借款净额（借款额扣除手续费后是借款净额）

（3）债券资金成本率。

债券资金成本率＝(债券面值×票面利率)×(1－所得税税率)÷[债券的发行价格×(1－债券筹资费率)]

（4）优先股股票资金成本率。

资金成本率＝筹资总额×固定股息率÷[筹资总额×(1－筹资费率)]

（5）普通股股票资金成本率有几种计算公式：

1）股利增长模型法。如果股利固定不变，则：

普通股股票资金成本率＝每年固定的股利÷［普通股发行价格×(1－普通股筹资费率)］

如果股利增长率固定不变，则：

普通股股票资金成本率＝预期第一年的股利÷［普通股发行价格×(1－普通股筹资费率)］＋股利固定增长率

2）资本资产定价模型法。

普通股股票资金成本率＝无风险利率＋β系数×(市场报酬率－无风险利率)

【例 11－6】　某公司普通股β系数为 1.5，此时一年期国债利率为 5%，市场平均报酬率为 15%，要求计算该普通股资本成本。

例 11－6
参考答案

解

普通股资本成本＝

（6）留存收益的资金成本率与普通股股票的资金成本率计算公式基本相同，只是不需要考虑筹资费率。

2. 加权平均资本成本计算

加权平均资本成本：以各项个别资本在企业总资本中的比重为权数，对各项个别资本成本率进行加权平均而得到的总资本成本率。

权重的价值选择有账面价值权数、市场价值权数、目标价值权数三种。

【例 11－7】　某公司 20×6 年期末的长期资本账面总额为 1 000 万元，其中：银行长期贷款 400 万元，占 40%；长期债券 150 万元，占 15%；普通股 450 万元，占 45%；长期贷款、长期债券和普通股的个别资本成本分别为：5%、6%、9%。普通股市场价值为 1 600万元，债务市场价值等于账面价值。

要求：计算该公司的平均资本成本。

例 11－7
参考答案

解

按账面价值计算：

平均资本成本＝

按市场价值计算：

平均资本成本＝

3. 边际资本成本计算

边际资本成本是企业追加筹资的加权平均成本。企业的个别资本成本和平均资本成本，是企业过去筹集的单项资本的成本或目前使用全部资本的成本。

企业在追加筹资时，不能仅仅考虑目前所使用资本的成本，还要考虑新筹集资金的成本，即边际资本成本。边际资本成本，是企业追加筹资的决策依据。

例 11 - 8
参考答案

应注意，筹资方案组合时，边际资本成本的权数采用目标价值权数。

【例 11 - 8】 某公司设定的目标资本结构为：银行借款 20%、公司债券 15%、普通股 65%。现拟追加筹资 300 万元，按此资本结构来筹资。预计个别资本成本率分别为：银行借款 7%，公司债券 12%，普通股权益 15%。

要求：计算追加筹资 300 万元的边际资本成本。

解

资本种类	目标资本结构	追加筹资额	个别资本成本	边际资本成本
银行借款				
公司债券				
普通股				
合计				

（三）筹资决策

1. 比较资本成本法

通过计算和比较各种可能的筹资组合方案的平均资本成本，选择平均资本成本率最低的方案。

2. 企业价值评估法

企业价值评估法，是在考虑市场风险的基础上，以公司市场价值为标准，进行资本结构优化。即能够提升公司价值的资本结构，就是合理的资本结构。同时，在公司价值最大的资本结构下，公司的平均资本成本率也是最低的。

3. 每股收益分析法

能提高普通股每股收益的资本结构就是合理的资本结构。

当预期息税前利润或业务量水平大于每股收益无差别点时，应当选择财务杠杆效应较大（或普通股股数较少）的筹资方案；反之，则选择财务杠杆效应较小（或普通股股数较多）的筹资方案。

思考与分析：

筹资决策不当会产生什么风险？

三 财务预算编制

本部分内容主要包括现金预算的编制、预计利润表的编制、预计资产负债表的编制三个方面。由于财务预算与业务预算和专门决策预算联系紧密，鉴于知识体系的系统性，本部分内容会涵盖“成本管理岗位”和“营运管理岗位”相关预算知识点的讲解。

（一）预算的分类

预算的分类，如表11－7所示。

表11－7 预算的分类

按预算内容分类（预算体系）	内容	按预算期分类	地位
业务预算	销售预算、生产预算、直接材料预算、直接人工预算、制造费用预算、产品成本预算、销售及管理费用预算	短期预算	分预算（辅助预算）
专门决策预算	资本支出预算	长期预算	
财务预算	现金预算和预计财务报表（预计资产负债表、预计利润表）	短期预算	总预算（最后起到总结作用）

（二）预算的编制方法

1. 固定预算法与弹性预算法（案例分析见模块八中例8－1至例8－5）

固定预算法（静态预算法）：根据预算期内正常、可实现的某一固定的业务量（如生产量、销售量等）水平作为唯一基础来编制预算的方法。

弹性预算法（动态预算法）：在成本性态分析的基础上，依据业务量、成本和利润之间的联动关系，按照预算期内可能的一系列业务量（如生产量、销售量、工时等）水平编制系列预算的方法。

2. 增量预算法与零基预算法（案例分析见模块八中例8－6）

增量预算法：以基期成本费用水平为基础，结合预算期业务量水平及有关降低成本的措施，通过调整有关费用项目而编制预算的方法。

零基预算法：以零为基础的编制计划和预算的方法，它不考虑以往会计期间所发生的费用项目或费用数额，而是一切以零为出发点，根据实际需要逐项审议预算期内各项费用的内容及开支标准是否合理，在综合平衡的基础上编制费用预算。

3. 定期预算法与滚动预算法

定期预算法：以不变的会计期间（如日历年度）作为预算期的一种编制预算的方法。

滚动预算法（连续预算法、永续预算法）：预算期与会计期间脱离，随着预算的执行不断地补充预算，逐期向后滚动，使预算期始终保持为一个固定长度（一般为12个月）的一种预算编制方法。

按照滚动的时间单位不同可分为逐月滚动、逐季滚动、混合滚动。

（三）业务预算编制

1. 销售预算（案例分析见模块八中例8－7）

以销售预测为编制依据，是全面预算的起点；依据收款条件预测预计现金收入（现金预算）、预算期末应收账款余额（预计资产负债表）、预算全年销售收入（预计利润表）。

2. 生产预算（案例分析见模块八中例8－8）

以销售预算为编制依据，只涉及实物量指标，不涉及价值量指标，不直接为现金预算提供资料，是编制直接材料预算和产品成本预算的依据。相关计算公式为：

预计生产量＝预计销售量＋预计期末产成品存货－预计期初产成品存货

期末产成品存货＝下期预计销售量×一定百分比（预算年末产成品存货根据长期销售趋势确定）

期初产成品存货＝上期期末产成品存货＝本期销售量×一定百分比（预算年初产成品存货在编制预算时预计）

3. 直接材料预算（案例分析见模块八中例 8－9）

以生产预算为编制依据。

（1）预计采购量。

预计采购量＝生产需用量＋期末材料存量－期初材料存量

生产需用量＝预计生产量×单位产品材料用量

其中："预计生产量"来自生产预算，"单位产品材料用量"来自标准成本资料或消耗定额资料。

（2）依据付款条件预测预计现金支出（现金预算）、预算期末应付账款余额（预计资产负债表）、预算期末材料余额（预计资产负债表）。

4. 直接人工预算（案例分析见模块八中例 8－10）

以生产预算为编制依据，不需要另外预计现金支出，可直接参加现金预算的汇总。

5. 制造费用预算（案例分析见模块八中例 8－11）

变动制造费用预算以生产预算为依据来编制，固定制造费用预算通常与本期产量无关。全部制造费用扣除折旧费后，参与现金预算的编制。

6. 产品成本预算（案例分析见模块八中例 8－12）

产品成本预算即销售预算、生产预算、直接材料预算、直接人工预算、制造费用预算的汇总。包括生产成本（预计资产负债表）、存货成本（预计资产负债表）和销货成本（预计利润表），与现金预算无关。

7. 销售及管理费用预算（案例分析见模块八中例 8－14）

销售费用预算：以销售预算为基础。

管理费用预算：固定成本预算，以过去实际开支为基础，按预算期的可预见变化来调整。

销售及管理费用预计现金支出＝销售及管理费用预算总额－折旧及摊销费用，纳入现金预算。

（四）专门决策预算编制

管理会计大赛中的专门决策预算主要指投资决策预算，投资决策预算又称资本支出预算，是指与项目投资密切相关的专门决策预算。由于此类预算涉及长期建设项目投资资金的投放与筹措等，并经常跨年度，因此除个别项目外一般不纳入经营预算，但应当计入与之相关的现金预算和预计资产负债表。资本预算表格式如表 11－8 所示。

表 11－8　资本预算表

项目	第 1 季度	第 2 季度	第 3 季度	第 4 季度	全年
投资资本支出（假定当年未完工）					
借入长期借款					

（五）现金预算编制

现金预算的编制依据是业务预算（不涉及生产预算、产品成本预算）和专门决策预算。（案例分析见模块八中例 8－15）

（六）预计利润表编制

（1）编制依据：业务预算、专门决策预算、现金预算。（案例分析见模块八中例 8－16）

（2）所得税费用通常不是根据利润总额和所得税税率计算，而是在利润规划时估计，并已列入现金预算。

（七）预计资产负债表编制

编制依据：计划期开始日的资产负债表；业务预算、专门决策预算、现金预算及预计利润表。（案例分析见模块八中例 8－17）

任务二　成本管理岗位分析应用

任务描述

要做好成本管理和提高成本管理水平，首先要认真开展成本预测工作，规划一定时期的成本水平和成本目标，对比分析实现成本目标的各项方案，进行最有效的成本决策。成本管理的主要内容包括成本预算编制、产品成本计算和产品成本分析三方面内容。

思考：在成本预算的基础上如何进行产品成本的计算与分析？

任务目标

在成本预算的基础上，采用作业成本法计算产品（服务）成本，将计算的当期实际作业成本与预算作业成本及以前会计期间作业成本进行比较，分析形成差异的原因。

相关知识

一　成本预算编制

成本预算的内容主要包括直接材料预算、直接人工预算、制造费用预算、产品成本预算。本部分内容在本模块“任务一　资金管理岗位分析应用”的财务预算编制中已经讲到，此处不再赘述。

二 产品成本计算

（一）作业成本法

1. 作业成本法基本原理

（1）作业成本法相关概念（详见模块三中的二维码：作业成本法的详细阐述）。

（2）作业成本法与传统成本计算法的区别与联系。

联系：在对直接费用的分配上，两者无区别。

区别：在对间接费用（主要是制造费用）的分配上，两者存在不同。

1）传统成本计算法下，制造费用以直接人工工时或机器工时为分配依据，分配路径是“资源—部门—产品”。

2）作业成本法遵循“作业耗用资源、产品耗用作业”的理念，将制造费用各种资源消耗先分配至有关作业；再根据各产品与作业消耗之间的关系，将作业成本分配至产品，分配路径是“资源—作业—产品”。

2. 作业成本法的应用

（1）作业成本法下的成本计算分为两个阶段：

1）资源识别与作业认定，根据作业消耗资源的方式，将作业执行中耗费的资源分派（追溯和间接分配）到作业，计算作业的成本。

2）确定成本对象，根据产品所消耗的成本动因，将第一阶段计算的作业成本分派（追溯和间接分配）到各有关成本对象。

（2）作业成本下产品成本的计算：

某产品当期发生成本＝当期投入该产品的直接成本＋当期该产品耗用的各项作业成本

某产品耗用的作业成本＝$\sum$（该产品耗用的作业量×实际作业成本分配率）

其中：

实际作业成本分配率＝当期实际发生的作业成本/当期实际作业产出

直接成本＝直接材料成本＋直接人工成本

例 11-9
参考答案

【例 11-9】 某企业生产甲、乙两种产品，有关资料如下：

（1）产品的基本资料如表 11-9 所示。

表 11-9 甲、乙产品基本资料

产品名称	年产量（台）	单位产品机器工时（小时）	直接材料单位成本（元）	直接人工单位成本（元）
甲	10 000	10	50	20
乙	40 000	10	30	20

（2）企业每年制造费用总额为 2 000 000 元。甲、乙两种产品的复杂程度不一样，所耗用的作业量也不一样。依据作业动因设置五个成本库。有关资料如表 11-10 所示。

表 11-10　甲、乙产品作业成本资料

作业名称	成本动因	作业成本（元）	作业动因数		
			甲产品	乙产品	合计
机器调整	调整次数	600 000	3 000	2 000	5 000
质量检验	检验次数	480 000	4 000	4 000	8 000
生产订单	订单份数	120 000	200	400	600
机器维修	维修次数	600 000	400	600	1 000
材料验收	验收次数	200 000	100	300	400
合计		2 000 000			

要求：分别用作业成本法与传统成本法计算上述两种产品的单位成本。

解

(1) 用作业成本法计算各项作业的成本动因分配率，将计算结果填入下表。

作业成本动因分配率

作业名称	成本动因	作业成本（元）	作业动因数			
			甲产品	乙产品	合计	分配率
机器调整	调整次数					
质量检验	检验次数					
生产订单	订单份数					
机器维修	维修次数					
材料验收	验收次数					
合计						

(2) 计算作业成本计算法下两种产品的制造费用，将计算结果填入下表。

按作业成本法计算的制造费用

作业名称	作业成本（元）	作业动因数		分配率	分配的制造费用（元）	
		甲产品	乙产品		甲产品	乙产品
机器调整						
质量检验						
生产订单						
机器维修						
材料验收						
合计						

(3) 使用传统成本法分别计算甲、乙两种产品的制造费用。

甲、乙两种产品的机器工时分别为(　　)小时和(　　)小时，制造费用总额为(　　)元。

制造费用分配率＝

甲产品制造费用＝

乙产品制造费用＝

（4）比较两种成本计算法下制造费用分配的结果，将计算结果填入下表。

甲、乙产品制造费用分配表

单位：元

项目	甲产品（产量 10 000 台）				乙产品（产量 40 000 台）			
	总成本		单位成本		总成本		单位成本	
	传统	作业	传统	作业	传统	作业	传统	作业
直接材料								
直接人工								
制造费用								
合计								

（二）标准成本法

1. 标准成本制定（案例分析见模块九中例 9－1 至例 9－4）

根据完全成本法的成本构成内容，产品的标准成本包括直接材料、直接人工和制造费用三个项目。无论是哪一个成本项目，在制定其标准成本时，都需要分别确定价格标准和用量标准，两者相乘即每一个成本项目的标准成本，最终再汇总出单位产品的标准成本。

直接材料的用量标准是在现有生产技术条件下，生产单位产品所需材料的数量，包括构成产品实体的材料和有助于产品形成的材料，以及生产过程中必要的损耗和难以避免的损失所耗用的材料。

直接人工与制造费用的用量标准是在现有生产技术条件下，生产单位产品耗用的必要工作时间，包括对产品直接加工工时、必要的间歇或停工工时以及不可避免的废次品所耗用的工时。

标准成本的基本公式是：

标准成本＝价格标准×用量标准

单位产品直接材料的标准成本＝$\sum$（某种材料的价格标准×该种材料的用量标准）

单位产品直接人工的标准成本＝标准工资率×工时用量标准

变动制造费用的标准成本＝变动制造费用分配率标准×工时用量标准

固定制造费用的标准成本＝固定制造费用分配率标准×工时用量标准

2. 成本差异的计算与分析

成本差异：一定时期生产一定数量的产品所发生的实际成本与相关的标准成本之间的差额，总差异＞0，为超支差；总差异＜0，为节约差。

总差异＝实际产量下实际成本－实际产量下标准成本

＝实际用量×实际价格－实际产量下标准用量×标准价格

＝(实际用量－实际产量下标准用量)×标准价格＋实际用量×(实际价格－标准价格)

＝用量差异＋价格差异

(1) 直接材料成本差异的计算分析（案例分析见模块九中例 9-5）。

直接材料用量差异（主要是生产部门承担责任）=（实际用量−实际产量下标准用量）×标准价格

直接材料价格差异（主要是采购部门承担责任）=（实际价格−标准价格）×实际用量

=实际材料成本−实际用量×标准价格

(2) 直接人工成本差异的计算分析（案例分析见模块九中例 9-6）。

直接人工效率差异（用量差异）（主要是生产部门承担责任）=（实际工时−实际产量下标准工时）×标准工资率

直接人工工资率差异（价格差异）（主要是劳动人事部门承担责任）=实际工时×（实际工资率−标准工资率）

=实际工资总额−实际工时×标准工资率

(3) 变动制造费用成本差异的计算和分析（案例分析见模块九中例 9-7）。

变动制造费用效率差异（用量差异）=（实际工时−实际产量下标准工时）×变动制造费用标准分配率

变动制造费用耗费差异（价格差异）=实际工时×（变动制造费用实际分配率−变动制造费用标准分配率）

=实际变动制造费用总额−实际工时×变动制造费用标准分配率

(4) 固定制造费用成本差异的计算分析。

固定制造费用在一定的范围内是固定的，由于生产量的不足，会造成生产能力的“浪费”，所以在分析的时候需要考虑实际产量和生产能力的差距问题。

固定制造费用成本差异=实际产量下实际固定制造费用−实际产量下标准固定制造费用

=实际工时×实际分配率−实际产量下标准工时×标准分配率

其中：

标准分配率=固定制造费用预算总额÷预算产量下标准总工时

1) 二因素分析法（案例分析见模块九中例 9-8）。

在二因素分析法下，固定制造费用成本差异可进一步分解为固定制造费用预算差异（又称耗费差异）和固定制造费用能量差异。

固定制造费用成本差异=实际产量下实际固定制造费用−固定制造费用标准分配率×实际产量下实际工时

固定制造费用耗费差异=固定制造费用实际数−固定制造费用预算数

=实际产量下实际固定制造费用−预算产量下标准固定制造费用

固定制造费用能量差异=预算产量下标准固定制造费用−实际产量下标准固定制造费用

=固定制造费用标准分配率×（预算产量标准工时−实际产量标准工时）

2) 三因素分析法（案例分析见模块九中例 9-9）。

在三因素分析法下，固定制造费用成本差异可进一步分解为固定制造费用耗费差异、固定制造费用闲置能量差异、固定制造费用效率差异。

固定制造费用耗费差异=实际产量下实际固定制造费用−预算产量下标准固定制造费用

固定制造费用闲置能量差异＝固定制造费用标准分配率×（预算产量标准工时－实际产量实际工时）

固定制造费用效率差异＝固定制造费用标准分配率×（实际产量实际工时－实际产量标准工时）

（三）变动成本法

1. 变动成本法与完全成本法的区别（案例分析见模块三例3-1至例3-3）

变动成本法也叫直接成本法、边际成本法。这种方法把生产制造过程的变动成本（直接材料、直接人工、变动制造费用）计入产品成本，而把固定制造费用和非生产成本列为期间费用（边际贡献的扣除项目）。该方法能够揭示利润和业务量之间的正常关系。

完全成本法，也叫吸收成本法，这种方法把生产制造过程的全部成本（直接材料、直接人工、全部制造费用）都计入产品成本，而把非生产成本列为期间费用（边际费用的扣除项目）。

2. 两种成本法下营业利润差额的变动规律（案例分析见模块三中例3-4）

两种成本法下营业利润的差额具体表现为完全成本法下期末存货吸收的固定制造费用与期初存货释放的固定制造费用之间的差额。

差额＝完全成本法下的利润－变动成本法下的利润

＝期末存货中的固定制造费用－期初存货中的固定制造费用

从一定时期来看，如果产销总体上平衡，那么两种方法计算出的各期总的税前净利是无差异的。两种成本法下税前净利差额的变化规律，即在完全成本法下：

（1）若期末存货吸收的固定制造费用等于期初存货释放的固定制造费用，则税前净利差额为零。

（2）若期末存货吸收的固定制造费用大于期初存货释放的固定制造费用，则税前净利差额大于零。

（3）若期末存货吸收的固定制造费用小于期初存货释放的固定制造费用，则税前净利差额小于零。

三 产品成本分析

（1）实际成本与预算成本的比较。

（2）实际各个期间成本趋势比较分析。

（3）成本差异原因分析。

（案例分析见模块九中例9-10）

任务三 营运管理岗位分析应用

任务描述

营运管理，是指为了实现企业战略和营运目标，各级管理者通过计划、组织、指挥、协调、控制、激励等活动，实现对企业生产经营过程中的物料供应、产品生产和销售等环节的价值增值管理。营运管理领域应用的管理会计工具方法，一般包括本量利分析、敏感性分析、边际分析和标杆管理等。企业应根据自身业务特点和管理需要等，选择单独或综合运用营运管理工具方法，以更好地实现营运管理目标。

思考：企业如何进行营运管理？

任务目标

在采用滚动预算法、零基预算法、弹性预算法等方法进行销售预算编制、成本费用预算编制的基础上，通过保本分析、保利分析、利润敏感性分析、边际贡献法进行经营活动的预测、决策分析，并决策应用。

相关知识

一　销售预算编制

（一）销售预测

（1）定性预测方法。

（2）定量预测方法。

（案例分析见模块五的任务二“销售预测的分析与应用”）

（二）销售预算

本部分在资金管理岗位已进行讲解，这里不再赘述。（案例分析见模块八中例 8－7）

二　费用预算编制

主要是期间费用预算编制，本部分在资金管理岗位已进行讲解，这里不再赘述。（案例分析见模块八中例 8－14）

三　本量利分析

（一）本量利分析概述

1．本量利分析的基本关系式

息税前利润＝销售收入－总成本

＝销售收入－（变动成本＋固定成本）

＝销售量×单价－销售量×单位变动成本－固定成本

＝销售量×（单价－单位变动成本）－固定成本

2．边际贡献方程式

边际贡献总额＝销售收入－变动成本＝销售量×单位边际贡献

单位边际贡献＝单价－单位变动成本

边际贡献率＝边际贡献总额/销售收入＝单位边际贡献/单价

边际贡献总额＝销售收入×边际贡献率

单位边际贡献 ＝单价×边际贡献率

变动成本率＝变动成本总额/ 销售收入＝单位变动成本/单价

边际贡献率＋变动成本率＝1

利润＝(销售收入－变动成本)－固定成本

＝边际贡献总额－固定成本

＝销售量×单位边际贡献－固定成本

＝销售收入×边际贡献率－固定成本

（二）单一产品本量利分析

1. 保本点（盈亏临界点）（案例分析见模块四中例 4－2 至例 4－3）

相关计算公式为：

保本销售量＝固定成本/(单价－单位变动成本)＝固定成本/单位边际贡献

保本销售额＝保本销售量×单价＝固定成本/边际贡献率

保本点越低，企业风险就越小，利润就越高。

降低保本销售量的方法：一是降低固定成本总额；二是降低单位变动成本；三是提高销售单价。

2. 保本作业率（案例分析见模块四中例 4－10）

保本作业率又称盈亏临界点作业率，该指标可以提供企业在保本状态下对生产能力利用程度的要求。

保本作业率＝保本销售量/正常销售量(或实际销售量、预计销售量)×100％

＝保本销售额/正常销售额(或实际销售额、预计销售额)×100％

3. 安全边际（案例分析见模块四中例 4－10）

安全边际，指企业正常销售量（或实际销售量、预计销售量）与保本销售量之间的差额，或正常销售额（或实际销售额、预计销售额）与保本销售额之间的差额。

安全边际量＝正常销售量(或实际销售量、预计销售量)－保本点销售量

安全边际额＝正常销售额(或实际销售额、预计销售额)－保本点销售额

＝安全边际量×单价

安全边际率＝安全边际量/正常销售量(或实际销售量、预计销售量)

＝安全边际额/正常销售额(或实际销售额、预计销售额)

安全边际体现了企业在生产经营中的风险程度大小。安全边际或安全边际率越大，反映出该企业经营风险越小，反之则相反。

4. 保本作业率与安全边际率的关系（案例分析见模块四中例 4－10）

保本作业率＋安全边际率＝1

利润＝安全边际量×单位边际贡献 ＝安全边际额×边际贡献率

销售利润率＝安全边际率×边际贡献率

（三）多种产品保本分析

1. 综合贡献边际率法（案例分析见模块四中例 4－5 至例 4－7）

综合贡献边际率法是在确定了企业综合贡献边际率的基础上，分析多品种条件下本量

利关系的一种方法。

该方法不要求在各品种间分配固定成本，而是将各品种所创造的贡献边际一律视为补偿企业全部固定成本的收益来源。企业的多品种保本额和安全边际额计算公式如下：

多品种的保本额＝全企业固定成本/综合边际贡献率

安全边际额＝多品种的收入总额－多品种的保本额

2. 分算法（案例分析见模块四中例 4－8）

分算法是指按照一定的标准将全厂固定成本在各种产品之间分配，然后就每一个品种分别运用单一产品的保本点分析公式进行本量利分析的方法。

3. 主要品种法（案例分析见模块四中例 4－9）

主要品种法是指在多种产品中确定一种主要品种，对其进行本量利分析，即可完成多品种条件下本量利分析任务的一种方法。

（四）保利分析

目标利润是指息税前利润。相关计算公式为：

目标利润＝销售量×(单价－单位变动成本)－固定成本

目标利润销售量＝(固定成本＋目标利润)/单位边际贡献

目标利润销售额＝(固定成本＋目标利润)/边际贡献率

＝目标利润销售量×单价

例11-10
参考答案

【例 11－10】　某公司生产和销售单一产品，产品的单价为 50 元，单位变动成本为 25 元，固定成本为 50 000 元，现在假定该公司将目标利润定为 58 000 元，预计销售量为 3 600 件。

要求：从单个因素来看，影响目标利润的四个基本要素该做怎样的调整？

解

(1) 实现目标利润的销售量＝

(2) 实现目标利润的单位变动成本＝单价－[（固定成本＋目标利润）/销售量]＝

(3) 实现目标利润的固定成本 ＝边际贡献－目标利润＝

(4) 实现目标利润的单价＝单位变动成本＋[（固定成本＋目标利润）/销售量]＝

（五）利润敏感性分析

利润敏感性分析，是研究本量利模型中的诸因素发生微小变化时，对利润的影响方向和程度。

1. 各因素对利润的影响程度

相关计算公式为：

利润＝销售量×单价－销售量×单位变动成本－固定成本

敏感系数＝利润变动百分比/ 因素变动百分比

例 11－11
参考答案

【例 11－11】 某企业生产和销售单一产品，计划年度内有关数据预测如下：销售量 100 000 件，单价 30 元，单位变动成本为 20 元，固定成本为 200 000 元。假设销售量、单价、单位变动成本和固定成本均分别增长了 10%。

要求： 计算各因素的敏感系数。

解

预计的目标利润＝

(1) 销售量上升 10%：
销售量＝
利润＝
利润变化的百分比＝
销售量的敏感系数＝

(2) 单价上升 10%：
单价＝
利润＝
利润变化的百分比＝
单价的敏感系数＝

(3) 单位变动成本上升 10%：
单位变动成本＝
利润＝
利润变化的百分比＝
单位变动成本的敏感系数＝

(4) 固定成本上升 10%：
固定成本＝
利润＝
利润变化的百分比＝
固定成本的敏感系数＝

2. 目标利润要求变化时允许各因素的升降幅度

各因素的升降幅度是各因素对利润影响程度分析的反向推算，在计算上表现为敏感系数的倒数。比如已知销售量的敏感系数为 2，如果企业要求目标利润上升 10%，则销售量需要上升 5%。

任务四　绩效管理岗位分析应用

任务描述

绩效管理，是指企业与所属单位（部门）、员工之间就绩效目标及如何实现绩效目标达成共识，并帮助和激励员工取得优异绩效，从而实现企业目标的管理过程。绩效管理的核心是绩效评价和激励管理。

绩效评价，是指企业运用系统的工具方法，对一定时期内企业营运效率与效果进行综合评判的管理活动。绩效评价是企业实施激励管理的重要依据。

激励管理，是指企业运用系统的工具方法，调动企业员工的积极性、主动性和创造性，激发企业员工工作动力的管理活动。激励管理是促进企业绩效提升的重要手段。

思考：企业如何进行绩效管理？

任务目标

企业应用平衡计分卡（评价指标体系设计、评分标准设计、计算结果分值等），并编制管理会计信息报告进行绩效考评。也会涉及绩效管理领域的其他管理会计工具方法，如关键绩效指标法、经济增加值法和绩效棱柱模型的应用。

相关知识

一　绩效考评

绩效管理领域应用的管理会计工具方法主要包括平衡计分卡、关键绩效指标法、经济增加值法、绩效棱柱模型。

（一）平衡计分卡

平衡计分卡（BSC），是指基于企业战略，从财务、客户、内部业务流程、学习与成长四个维度，将战略目标逐层分解转化为具体的、相互平衡的绩效指标体系，并据此进行绩效管理的方法。

1. 平衡计分卡四个维度之间的关系

（1）财务层面：要在财务方面取得成功，我们应向投资者展示什么？

（2）客户层面：要实现目标，我们应向客户展示什么？

（3）内部业务流程层面：要投资者和客户满意，哪些业务流程应有所改进？

（4）学习与成长层面：要实现目标，我们将如何改善和提高能力？

2. 平衡计分卡四个维度的绩效评价指标体系

（1）财务维度：以财务术语描述了战略目标的有形成果。评价指标主要包括投资资本回报率、净资产收益率、经济增加值、息税前利润、自由现金流量、资产负债率、资产周转率。

（2）客户维度：界定了目标客户的价值主张。主要包括市场份额、客户满意度、客户获得率、客户保持率、客户获利率、战略客户数量。

（3）内部业务流程维度：确定了对战略目标产生影响的关键流程。评价指标主要包括交货及时率、生产负荷率、产品合格率、存货周转率、单位生产成本。

（4）学习与成长维度：确定了对战略最重要的无形资产。评价指标主要包括员工保持率、员工生产率、培训计划完成率、员工满意度、新产品开发周期。

3. 平衡计分卡所体现的平衡

（1）外部评价指标（如股东和客户对企业的评价）和内部评价指标（如内部经营过程、新技术学习）的平衡。

（2）成果评价指标（如利润、市场占有率）和驱动因素评价指标（如新产品开发等）的平衡。

（3）财务评价指标（如利润）和非财务评价指标（如员工忠诚度、客户满意度）的平衡。

（4）短期评价指标（如利润）和长期评价指标（如员工培训成本、研发费用）的平衡。

4. 战略地图

战略地图，即基于企业愿景与战略，将战略目标及其因果关系、价值创造路径以图示的形式直观、明确、清晰地呈现出来。即将组织的战略实现可视化，通过战略地图来描述组织的无形资产（学习与成长）转化为有形成果的路径。

战略地图的核心内容包括：企业运用人力资本、信息资本和组织资本等无形资产（学习和成长），才能创新和建立战略优势和效率（内部流程），进而把公司的特定价值带给市场（客户），从而实现股东价值（财务）。

5. 平衡计分卡的应用程序

（1）制定战略地图。企业应用平衡计分卡，应该先制定战略地图。

（2）编制绩效计划。战略地图制定后，企业应该以平衡计分卡为核心编制绩效计划，包括构建指标体系、分配指标权重、确定绩效目标值、选择计分方法和评价周期、签订绩效责任书等一系列管理活动。通常，编制绩效计划从企业级开始，层层分解到所属单位（部门），最终落实到具体岗位和员工。

（3）制定战略性行动方案。绩效计划制定之后，企业应该根据其战略主题，制定战略性行动方案，实现短期行动计划与长期战略目标的协同。具体包括选择战略性行动方案、提供战略性资金、建立责任制。

（4）绩效计划与激励计划的执行。具体包括及时下达计划、认真落实计划、对计划执行情况进行监督，确保有效执行。

（5）实施绩效评价与激励。

（6）编制绩效评价与激励管理报告。

（二）关键绩效指标法

关键绩效指标法，是指基于企业战略目标，通过建立关键指标体系，将价值创造活动与战略规划目标有效联系，并据此实施绩效管理的方法。

所谓关键绩效指标（KPI），是指对企业绩效产生关键影响力的指标，是通过对企业战略目标、关键成果领域的绩效特征分析，识别和提炼出的最能有效驱动企业价值创造的指标。

关键绩效指标法可以单独使用，也可与经济增加值法、平衡计分卡等结合使用；应用对象可以是企业，也可以是企业所属单位（部门）和员工。

（三）经济增加值法

经济增加值法，是指以经济增加值为核心，建立绩效指标体系，引导企业注重价值创造，并据此进行绩效管理的方法。

经济增加值（EVA），是指税后净营业利润扣除全部投入资本的成本后的剩余收益。经济增加值及其改善值是全面评价经营者有效使用资本和为企业创造价值的重要指标。

经济增加值＝税后净营业利润－平均资本占用×加权平均资本成本

加权平均资本成本＝债务资本权重×债务资本成本×(1－所得税税率)
＋股权资本比重×股权资本成本

EVA 目标值＝EVA 基准值＋期望的 ΔEVA(经济增加值改善值)

税后净营业利润等于会计上的税后净利润加上利息支出等会计调整项目之后得到的税后利润。

平均资本占用是所有投资者投入企业经营的全部资本，包括债务资本和股权资本。

经济增加值为正，表明经营者在为企业创造价值；经济增加值为负，表明经营者在损毁企业价值。

经济增加值法的应用对象包括企业及其所属单位（部门）和高级管理人员。

（四）绩效棱柱模型

绩效棱柱模型，是指从企业利益相关者角度出发，以利益相关者满意为出发点，利益相关者贡献为落脚点，以企业战略、业务流程、组织能力为手段，用棱柱的五个构面构建三维绩效评价体系，并据此进行绩效管理的方法。利益相关者，是指有能力影响企业或者被企业所影响的人或者组织，通常包括股东、债权人、员工、客户、供应商、监管机构等。

绩效棱柱模型适用于管理制度比较完善、业务流程比较规范、管理水平相对较高的大中型企业。绩效棱柱模型的应用对象可为企业和企业各级所属单位（部门）。

与平衡计分卡相比，绩效棱柱模型从只关心一个或两个利益相关主体的观念中转变过来，逐步关心所有重要的利益相关主体，在从利益相关主体那里得到贡献的同时，还关注了利益相关主体的满意度。该模型创新之处在于既强调了利益相关主体价值的取向，又测量了利益相关主体对组织所做的贡献。

二 责任会计

（一）责任中心考核

责任会计是指为适应企业内部经济责任制的要求，对企业内部各责任中心的经济业务进行规划与控制，以实现业绩考核与评价的一种内部会计控制制度。

1. 成本中心考核

（1）成本中心的含义及特点。

成本中心是指有权发生并控制成本的单位。一般不会产生收入，通常只计量考核发生的成本。只要是对成本的发生负有责任的单位或个人都可以成为成本中心，如车间、工段、班组等。

特点：不考核收入，只考核成本；只对可控成本负责；责任成本（可控成本之和）是成本中心考核和控制的主要内容。

（2）责任成本与可控成本。

责任成本是以具体的责任单位（部门、单位或个人）为对象，以其承担的责任为范围所归集的成本，也就是特定责任中心的全部可控成本。

可控成本是在特定时期内、特定责任中心能够直接控制其发生的成本，其对称概念是不可控成本。

（3）成本中心的考核（案例分析见模块十中例 10－1）。

责任成本变动额＝实际责任成本－预算责任成本

责任成本变动率＝责任成本差异额/预算责任成本×100%

2. 利润中心考核

（1）利润中心的含义及特点。

利润中心是指既能控制成本，又能控制收入和利润的责任单位，同时对成本、收入以及利润负责。包括自然利润中心和人为利润中心。如分厂、分店、分公司。

利润中心与成本中心相比，其权利和责任都相对较大，它不仅要降低绝对成本，还要寻求收入的增长并使之超过成本的增长，即更要强调相对成本的降低。

利润中心往往处于企业内部的较高层次。

（2）利润中心的考核（案例分析见模块十中例 10－2）。

贡献边际总额＝销售收入总额－变动成本总额

部门负责人可控贡献边际（部门经理贡献边际）＝贡献边际－该中心负责人可控固定成本

部门可控利润总额（部门毛利）＝可控贡献边际－该中心负责人不可控固定成本

3. 投资中心考核

（1）投资中心的含义及特点。

投资中心是指既能控制成本、收入和利润，又能对投入的资金进行控制，同时对成本、收入、利润和投资效果负责的单位。如子公司、事业部。

投资中心是最高层次的责任中心，拥有最大的决策权，也承担最大的责任。利润中心与投资中心的区别在于，利润中心没有投资决策权，而且在考核利润时也不考虑所占用的资产。

（2）投资中心的考核（案例分析见模块十中例 10-3 至例 10-4）。

1）投资报酬率：

投资报酬率＝息税前利润/平均经营资产

其中：

平均经营资产＝(期初经营资产＋期末经营资产)/2

2）剩余收益：

剩余收益＝息税前利润－最低投资报酬

＝息税前利润－(平均经营资产×最低投资报酬率)

＝平均经营资产×(投资报酬率－最低投资报酬率)

其中：最低投资报酬率一般大于或等于资本成本，通常采用企业整体的最低期望投资报酬率，也可以是企业为该投资中心单独规定的最低投资报酬率。

（二）内部转移价格

内部转移价格，是指企业内部分公司、分厂、车间、分部等责任中心之间相互提供产品（或服务）、资金等内部交易时所采用的计价标准。

1. 价格型内部转移价格

价格型内部转移价格是指以市场价格为基础制定的、由成本和毛利构成的内部转移价格，一般适用于内部利润中心。

2. 成本型内部转移价格

成本型内部转移价格是指以标准成本等相对稳定的成本数据为基础制定的内部转移价格，一般适用于内部成本中心。

3. 协商型内部转移价格

协商型内部转移价格是指企业内部供求双方通过协商机制制定的，双方利益相对均衡的内部转移价格，主要适用于供求双方分权程度较高，且供方存在较多闲置产能的情况。协商型内部转移价格的取值范围通常较宽，一般不高于市场价，不低于变动成本。

三　财务分析

（一）财务分析与综合评价

1. 财务分析的方法

（1）比较分析法。

对两个或两个以上的可比数据进行对比，找出企业财务状况、经营成果中的差异与问题。

按比较对象划分，比较分析法分为：

1）趋势分析法：与本企业的历史比较。

2）横向比较法：与同行业平均水平或竞争对手比较。

3）预算差异分析法：与预算数据比较。

（2）比率分析法。

1）构成比率：某个组成部分数值/总体数值×100%。

2）效率比率：某项财务活动中所费与所得的比率，反映投入与产出的关系。

3）相关比率：以某个项目和与其有关但又不同的项目加以对比所得的比率。

（3）因素分析法。

连环替代法分析过程

依据分析指标与其影响因素的关系，从数量上确定各因素对分析指标影响方向和影响程度的一种方法。

1）连环替代法：将分析指标分解成各个可计量因素，根据各个因素之间的依存关系，顺次用各因素的比较值（通常是实际值）替代基准值（通常为标准值或计划值），以测定各因素对分析指标的影响。

2）差额分析法：是连环替代法的简化，是利用各个因素的比较值与基准值之间的差额，来计算各因素对分析指标的影响。

差额分析法分析过程

2. 短期偿债能力分析

（1）营运资金：

营运资金＝流动资产－流动负债

＝(总资产－非流动资产)－(总资产－所有者权益－长期负债)

＝(所有者权益＋长期负债)－非流动资产

＝长期资本－长期资产

如果流动资产－流动负债＞0，则与此相对应的“净流动资产”是以长期负债和投资人权益的一定份额为资金来源。

如果流动资产－流动负债＝0，则占用在流动资产上的资金都是流动负债融资。

如果流动资产－流动负债＜0，则流动负债融资，由流动资产和固定资产等长期资产共同占用，偿债能力差。

营运资金为绝对数指标，不便于不同企业之间的比较。

（2）流动比率：

流动比率＝流动资产÷流动负债

表明每1元流动负债有多少流动资产作为保障，该指标值越大，通常表明短期偿债能力越强。

生产企业合理的最低流动比率经验值＝2

流动比率高并不意味着短期偿债能力一定很强，计算出来的流动比率，只有和同行业平均流动比率、本企业历史流动比率进行比较，才能知道这个比率是高还是低。营业周期短、应收账款和存货周转速度快的企业，流动比率低一些是可以接受的；流动比率容易人为操纵，且没有揭示流动资产的构成内容（如大量的存货），只能大致反映企业流动资产的整体变现能力。

（3）速动比率：

速动比率＝速动资产÷流动负债

表明速动资产对每1元流动负债的偿债保障，该指标值越大，通常表明短期偿债能力越强。

企业合理的最低速动比率经验值＝1

速动资产包括货币资金、交易性金融资产、各种应收款项等。不包括存货、预付款项、一年内到期的非流动资产、其他流动资产等。

（4）现金比率：

现金比率＝(货币资金＋交易性金融资产)÷流动负债

表明每1元流动负债有多少现金资产作为偿债保障，最能反映企业直接偿付流动负债的能力。该比率过高意味着企业过多资源占用在盈利能力较低的现金资产上，从而影响企业的盈利能力。现金比率的经验值为0.2。

3. 长期偿债能力分析

（1）资产负债率：

资产负债率＝负债总额÷资产总额×100%

（2）产权比率和权益乘数（EM）：

产权比率＝负债总额÷所有者权益总额

权益乘数＝总资产÷所有者权益

一般来说，产权比率越低，表明企业长期偿债能力越强，债权人权益保障程度越高。产权比率高，是高风险、高报酬的财务结构；产权比率低，是低风险、低报酬的财务结构。产权比率和权益乘数是资产负债率的另外两种表现形式，是常用的反映财务杠杆水平的指标。

（3）利息保障倍数：

利息保障倍数＝息税前利润÷应付利息

＝(净利润＋利润表中的利息费用＋所得税)÷应付利息

公式中的分母“应付利息”是指本期发生的全部应付利息，不仅包括财务费用中的利息费用，还应包括计入固定资产成本的资本化利息。

影响偿债能力的其他因素

（4）有形净值债务率：

有形净值债务率＝负债总额÷(所有者权益－无形资产净值)

（5）影响偿债能力的其他因素。

4. 营运能力分析

（1）流动资产营运能力分析。

1）应收账款周转率：

应收账款周转次数＝营业收入÷应收账款平均余额

＝营业收入÷[(期初应收账款＋期末应收账款)÷2]

应收账款周转天数＝计算期天数÷应收账款周转次数

＝计算期天数×应收账款平均余额÷营业收入

在计算和使用应收账款周转率指标时应注意：

营业收入指的是扣除销售折扣和折让后的销售净额；理论上，应使用“赊销收入”作为周转额。

应收账款余额包括应收账款、应收票据等全部赊销账款在内；应为未扣除坏账准备的金额。

应注意，应收账款期末余额的可靠性问题。如果应收账款受季节性、偶然性或人为原因等因素影响变动较大，最好使用多个时点的平均数，以减少这些因素的影响。

2）存货周转率：

存货周转次数＝营业成本÷存货平均余额＝营业成本÷[(期初存货＋期末存货)÷2]

存货周转天数＝计算期天数÷存货周转次数＝计算期天数×存货平均余额÷营业成本

存货周转速度越快，表明存货占用水平越低，流动性越强，存货转化为现金或应收账款的速度越快，从而增强企业的短期偿债能力及盈利能力。

3）流动资产周转率：

流动资产周转次数＝营业收入÷流动资产平均余额

＝营业收入÷[（期初流动资产＋期末流动资产）÷2]

流动资产周转天数＝计算期天数÷流动资产周转次数

＝计算期天数×流动资产平均余额÷营业收入

（2）固定资产营运能力分析。

固定资产周转次数＝营业收入÷平均固定资产

式中，

平均固定资产＝（期初固定资产＋期末固定资产）÷2

（3）总资产营运能力分析。

总资产周转次数＝营业收入÷平均资产总额

1）如果企业各期资产总额比较稳定，波动不大，则：

平均资产总额＝（期初资产总额＋期末资产总额）÷2

2）如果资金占用的波动性较大，则：

月平均资产总额＝（月初资产总额＋月末资产总额）÷2

季平均占用额＝（1/2季初占用额＋第一月末占用额＋第二月末占用额＋1/2季末占用额）÷3

年平均占用额＝（1/2年初占用额＋第一季末占用额＋第二季末占用额＋第三季末占用额＋1/2年末占用额）÷4

5. 盈利能力分析

（1）营业毛利率＝（营业收入－营业成本）÷营业收入×100%。

（2）营业净利率（销售净利率 *ROS*）＝净利润÷营业收入×100%。

（3）总资产净利率＝净利润÷平均总资产×100%＝营业净利率×总资产周转率（*AT*）。

（4）净资产收益率（*ROE*）＝净利润÷平均净资产（所有者权益）×100%＝总资产净利率×权益乘数＝营业净利率×总资产周转率（*AT*）×权益乘数。

6. 发展能力分析

（1）营业收入增长率＝本年营业收入增长额÷上年营业收入×100%。

（2）总资产增长率＝本年资产增长额÷年初资产总额×100%。

（3）营业利润增长率＝本年营业利润增长额÷上年营业利润总额×100%。

（4）资本保值增值率＝扣除客观因素影响后的期末所有者权益÷期初所有者权益×100%（客观因素指追加投入权益资本）。

（5）所有者权益增长率（资本积累率）＝本年所有者权益增长额÷年初所有者权益×100%。

7. 杜邦分析法

杜邦分析法，是利用各主要财务比率指标间的内在联系，对企业财务状况及经济效益进行综合系统分析评价的方法。

净资产收益率＝净利润/平均净资产

=（净利润/平均总资产）×（平均总资产/平均净资产）

=总资产净利率×权益乘数

=营业净利率×总资产周转率×权益乘数

8. 综合指数法

综合指数法是指根据指数分析的基本原理，计算各项绩效指标的单项评价指数和加权评价指数，据以进行综合评价的方法。

当评价企业经营计划完成情况时，计划水平为标准值；当评价企业经营业绩水平变动情况时，前期水平为标准值；当评价企业在同行业或在全国或国际上所处地位时，可用行业标准值或国家标准值或国际标准值。

相关计算公式为：

单项指标指数=某指标实际值÷该指标标准值

综合指数（绩效指标总得分）$=\sum$（单项指标指数×该项评价指标的权重）

（二）综合绩效评价（功效系数法）

1. 综合绩效评价的内容

企业综合绩效评价指标由20个财务绩效定量评价指标和8个管理绩效定性评价指标组成。

财务绩效定量评价指标由反映财务效益状况、资产营运状况、偿债能力状况和发展能力状况等4个方面的8个基本指标和12个修正指标构成，用于综合评价企业财务会计报表所反映的经营绩效状况。

企业管理绩效定性评价指标包括经营者基本素质、产品市场占有能力（服务满意度）、基础管理水平、发展创新能力、经营发展战略、在岗员工素质、技术装备水平（服务硬环境）、综合社会贡献等8个方面的指标，主要反映企业在一定经营期间所采取的各项管理措施及其管理成效。

财务绩效定量评价指标权重确定为80%，管理绩效定性评价指标权重确定为20%。

2. 评价标准的选择

评价标准值结合评价的目的、范围、企业所处行业、企业规模等具体情况，参考国家相关部门或研究机构发布的标准值确定。

财务绩效定量评价标准划分为优秀（A）、良好（B）、平均（C）、较低（D）、较差（E）五个档次，管理绩效定性评价标准分为优（A）、良（B）、中（C）、低（D）、差（E）五个档次。

对应五档评价标准的标准系数分别为1.0、0.8、0.6、0.4、0.2，差（E）以下为0。标准系数是评价标准的水平参数，反映了评价指标对应评价标准所达到的水平档次。

3. 评价计分

企业综合绩效评价计分方法采取功效系数法和综合分析判断法，其中：功效系数法用于财务绩效定量评价指标的计分，综合分析判断法用于管理绩效定性评价指标的计分。

四　管理会计信息报告

（一）企业管理会计报告的定义与目标

企业管理会计报告，是指企业运用管理会计方法，根据财务和业务的基础信息加工整理形成的，满足企业价值管理和决策支持需要的内部报告。

企业管理会计报告的目标是为企业各层级进行规划、决策、控制和评价等管理活动提供有用信息。

（二）企业管理会计报告的内容

企业管理会计报告体系可以按照多种标志进行分类，包括但不限于：

（1）按照企业管理会计报告使用者所处的管理层级可以分为战略层管理会计报告、经营层管理会计报告和业务层管理会计报告。

（2）按照企业管理会计报告内容不同可以分为综合企业管理会计报告和专项企业管理会计报告。

（3）按照管理会计功能可以分为管理规划报告、管理决策报告、管理控制报告和管理评价报告。

（4）按照责任中心可以分为投资中心报告、利润中心报告和成本中心报告。

（5）按照报告主体整体性程度可以分为整体报告和分部报告。

参考文献

[1] 吴大军．管理会计．7版．大连：东北财经大学出版社，2023.

[2] 刘智宏，孙雪静．管理会计．北京：中国财富出版社，2012.

[3] 刘殿成．管理会计实务．2版．上海：立信会计出版社，2015.

[4] 刘华，张刚民．管理会计基础．北京：清华大学出版社，2013.

[5] 任俊，余冠芳．管理会计实务．上海：上海财经大学出版社，2012.

[6] 中国注册会计师协会．公司战略与风险管理．北京：中国财政经济出版社，2024.

[7] 赵健梅，邢颖．管理会计学．4版．北京：清华大学出版社，北京交通大学出版社，2022.

[8] 冯巧根．高级管理会计．2版．南京：南京大学出版社，2016.

[9] 温素彬．管理会计：理论·模型·案例．3版．北京：机械工业出版社，2019.

[10] 于树彬，刘萍，张晶．管理会计．6版．大连：东北财经大学出版社，2017.

[11] 杜学森，王娜．管理会计实务．北京：高等教育出版社，2021.

[12] 张玲玲，郭艳伟．管理会计．2版．北京：对外经济贸易大学出版社，2014.

[13] 于树彬，刘萍，王忠民．管理会计习题与解答．6版．大连：东北财经大学出版社，2017.